Thomas Rolf
Über die Wahrheit

Thomas Rolf

ÜBER DIE WAHRHEIT
Philosophieren mit Nicolai Hartmann

Bibliografische Information der Deutschen Nationalbibliothek:
Die Deutsche Nationalbibliothek verzeichnet diese Publikation
in der Deutschen Nationalbibliografie; detaillierte bibliografische Daten sind im Internet über http://dnb.dnb.de abrufbar.

Verlag: BoD • Books on Demand GmbH, In de Tarpen 42, 22848
Norderstedt
Druck: Libri Plureos GmbH, Friedensallee 273, 22763 Hamburg

ISBN: 978-3-7597-7739-3

INHALTSVERZEICHNIS

Dieser Essay behandelt eine Grundfrage der Philosophie: Was ist die Wahrheit? So direkt formuliert erscheint diese Frage überheblich. Doch der Eindruck täuscht. Denn trotz der Aura, welche die Wahrheit umgibt, handelt es sich um ein normales Sachthema, über das sich in verständlicher Weise etwas sagen lässt.

Ich werde in diesem Essay darstellen, warum der übergroße Respekt, den manche Menschen vor der Wahrheit haben, ebenso übertrieben ist wie das Zerreden der Wahrheit in privaten oder öffentlichen Meinungen. Beide Tendenzen hängen in ihrer jeweiligen Einseitigkeit zusammen. Die einen heben die Wahrheit auf einen Sockel, die anderen haben Spaß daran, sie von dort oben herunterzustoßen und am Boden zu zerstampfen. Was aber, wenn die Wahrheit ihrer eigenen Natur nach weder Überhöhung noch Erniedrigung zuließe? Was, wenn sie weder großartig noch nichtig wäre? Tatsächlich gehe ich davon aus, dass es so ist. Und deshalb bewegen sich meine Gedanken über die Wahrheit jenseits euphorischer Überhöhungs- und nihilistischer Zerstörungslust.

Seit den Anfängen der abendländischen Philosophie ist die Wahrheit ein bleibender Gegenstand des Denkens – ein Thema, das buchstäblich nicht totzukriegen ist. Die Wahrheit gleicht in ihrer stillen Kraft und Unverwundbarkeit dem weißen Wal im weltberühmten Roman *Moby-Dick oder Der Wal* von Herman Melville (1819-1891). Zwar kann man, wie es der fanatische Ahab als Kapitän des Walfangschiffs ›Pequod‹ versucht, Jagd auf die Wahrheit machen – aber man darf getrost davon ausgehend, dass der weiße Wal der Philosophie diese Angriffe schadlos überstehen wird. Während einige Interpreten von Melvilles Roman in Ahabs Besessenheit ein Gleichnis für die verzweifelte Suche des Menschen nach Erkenntnis und Erfüllung sehen, betrachte ich sie als Sinnbild für den Versuch, sich der Wahrheit philosophisch zu entledigen. Die Ahabs der Philosophie segeln unter den Flaggen von Skeptizismus, Relativismus, Idealismus oder Konstruktivismus – wobei die ersten Fangschiffe bereits in der antiken Philosophie unterwegs sind, z.B. bei den griechischen Skeptikern und Sophisten, während andere, etwa die der Postmodernisten, erst vor wenigen Jahrzehnten in See gestochen sind. Man kann also sagen, dass die Ozeane der Philosophie von Seefahrern wimmeln, die wild entschlossen sind, den weißen Wal der Wahrheit zur Strecke zu bringen. Und trotz aller Unterschiede im Detail stimmen die philosophischen Walfänger darin überein, dass sie im Namen ihrer je eigenen theoretischen Ideale Jagd auf die Idee der Wahrheit machen. Nun macht Melvilles Roman allerdings auf dramatische Weise deutlich, dass der Kampf gegen den weißen Wal zum Scheitern verurteilt ist. Ahab verfängt sich nach mehrtägigem zähen Ringen mit Moby Dick im Seil seiner Harpune und wird auf dem Rücken des Tieres in die Tiefen der See hinabgezogen.

Den philosophischen Wahrheitsjägern ergeht es nicht anders. Auch sie bleiben gegen ihren Willen an die Wahrheit gebunden. Der Grund dafür ist einfach: Jede philosophische Theorie zielt darauf, die Wahrheit zu vertreten. Auch Theorien, die sich in Gestalt von Skeptizismus, Relativismus oder Konstruktivismus inhaltlich gegen die Wahrheit richten, müssen dies im Namen der Wahrheit tun.[1] Ahabs zorniger Ausruf lautet bekanntlich: »Tod dem Moby Dick!«.[2] Und wer in der Philosophie mit dem Slogan »Es gibt keine Wahrheit« den Tod der Wahrheit ausruft, den ereilt das Schicksal Ahabs: Er bindet sich gerade damit selbst an die Wahrheit und wird mit dieser in die Tiefe des Selbstwiderspruchs hinabgerissen. Die Sache ist die: Sollte es die Wahrheit tatsächlich nicht geben, dann wäre die Behauptung des philosophischen Ahab, nun ja: wahr! Man kommt in der Philosophie nicht um den Anspruch auf

---

[1] »Der Angriff auf die Wahrheit«, so der Philosoph Bernard Williams, »ist abhängig von diesen oder jenen Behauptungen, die ihrerseits für wahr gehalten werden müssen« (Wahrheit und Wahrhaftigkeit, Frankfurt/M. 2013, 12). Williams verdeutlicht dies am Beispiel der Geschichtswissenschaft: »Die Vertreter der Ansicht, alle historischen Darstellungen seien ideologische Konstrukte, […] verlassen sich dabei auf eine Darstellung, die ihrerseits historische Wahrheit beanspruchen muss« (ebd., 11f.).

[2] Herman Melville: Moby Dick. Aus dem Amerikanischen von Matthias Jendis, München ⁶2023, 277.

Wahrheit herum, so sehr man sich auch von ihm freizumachen versucht.

Um die eigentümliche Resistenz der Wahrheit wissen die Menschen nicht erst durch philosophische Theorien, sondern unmittelbar aus alltäglicher Erfahrung. Bereits in banalen Konfliktsituationen, in denen es oberflächlich um Rechthaben und Rechtbehalten geht, ist die Frage nach der Wahrheit im Spiel. Ähnliches gilt dort, wo Menschen belogen werden oder sich täuschen. Lüge und Irrtum verweisen indirekt darauf, dass die Wahrheit inmitten menschlicher Alltagserfahrungen jederzeit präsent ist. Die Wahrheit hat überzeitliche Aktualität – und ein Ziel dieses Essays besteht darin herauszufinden, was es mit der eigenartigen Präsenz der Wahrheit auf sich hat.

Wer sich über die Wahrheit Gedanken macht, muss das Rad nicht neu erfinden. Philosophen unterschiedlicher Epochen und Denkrichtungen haben maßgeblich zur Erkenntnis der Wahrheit beigetragen. Einige dieser Erkenntnisse sind in meinen Essay eingeflossen, und ich habe hier und da auch deutlich gemacht, welche philosophischen Meinungen über die Wahrheit ich teile bzw. für falsch halte. Da ein Essay jedoch kein Fachbuch ist, habe ich auf eine schulmäßige Darstellung der verschiedenen philosophischen Wahrheitstheorien verzichtet.[3] Meine Gedanken orientieren sind eher am durchschnittlichen menschlichen Sachverstand. Es geht mir nicht darum, eine neue Wahrheitstheorie anzubieten. Ich möchte lediglich jene Merkmale der Wahrheit etwas klarer herausstellen, die dem Leser aus dem Alltagsbewusstsein heraus bereits in groben Zügen bekannt sind.

Dieses Verfahren hat aus meiner Sicht den Vorteil, dass es am Bekannten ansetzt, dieses aber zugleich stärker als üblich systematisiert. Das Alltagswissen bezüglich der Wahrheit liegt nicht in gedanklich scharfer Form vor; es hat weniger den Charakter von

---

[3] Wer an einer solchen Darstellung interessiert ist, dem empfehle ich die Textsammlung von Gunnar Skirbekk (Hg.): Wahrheitstheorien. Eine Auswahl aus den Diskussionen des 20. Jahrhunderts, Frankfurt/M. 1997 sowie die sehr gute systematische Einführung von Thomas Grundmann: Philosophische Wahrheitstheorien, Stuttgart 2018.

Erkenntnissen als vielmehr den von Gefühlen, Vermutungen und Ahnungen. Ich halte diesen irrationalen Charakter des Alltagsbewusstseins aber nicht für einen Mangel, der durch philosophische Theorien beseitigt werden muss. Im Gegenteil: Ich denke, dass vernünftige Antworten auf die Wahrheitsfrage aus dem Halbdunkel menschlichen Alltags heraus zu entwickeln sind. Hier hat die Wahrheit ihren Ursprung, und auch nur von hier aus gewinnt sie, wie auch immer man sie später theoretisch fasst, ihre existenzielle Bedeutung. Der Essay beginnt daher im ersten Kapitel mit Überlegungen zum Verhältnis von Wahrheit und Alltäglichkeit.

Natürlich ist die Wahrheitsfrage nicht in dem Sinne alltäglich, dass Menschen ständig mit ihr konfrontiert sind. Explizit kommt die Frage, was Wahrheit ist, im Alltag nur selten vor. Doch obwohl die Wahrheit eher nicht zu den gängigen Lebensproblemen zählt, entspringt das gefühlte Wissen von ihr dennoch der Normalität unserer Existenz. Im Alltag leben Menschen ganz praktisch mit der Wirklichkeit der Wahrheit – was sich etwa dort zeigt, wo jemand im Gespräch etwas Wahres sagt. Zwar hat der Mensch im Alltag, anders der professionelle Philosoph, keine Theorie darüber, was er tut, wenn er die Wahrheit sagt oder anderweitig mit ihr in Berührung kommt. Zugleich aber spricht nichts dagegen, dem menschlichen Alltagsbewusstsein in Sachen Wahrheit zu einer möglichst klaren Artikulation seiner selbst zu verhelfen.

Wo sonst, wenn nicht in der Normalität des Alltags, sollte uns die Wahrheit begegnen? Die Vorstellung, dass es im Alltag nur unreife Meinungen, im Bereich philosophischer Theorie dagegen unerschütterliches Wissen über die Wahrheit gibt, ist mit Sicherheit falsch. Einerseits nämlich sind philosophische Wahrheitstheorien in ihren Argumentationen und Resultaten oft dermaßen erfahrungsfern, dass man ihnen beim besten Willen keinen praktischen Erkenntniswert zubilligen kann – ich gehe auf diesen Punkt im fünften Kapitel unter dem Stichwort ›Idole der Wahrheit‹ näher ein. Andererseits sind natürlich auch die Philosophen normale Bewohner des Alltags. Auch sie bekommen es ganz praktisch mit der Realität der Wahrheit zu tun, bevor sie, von diesen Erfahrungen ausgehend, über die Wahrheit nachzudenken beginnen.

Die Wahrheit hat ihren Ort nicht im einsamen Geist der Denkenden, Sprechenden oder Schreibenden. Man kann von theoretischer Warte aus viel über die Wahrheit sagen. Aber letztlich muss man, und zwar vor aller gezielten Reflexion, die Wahrheit irgendwie erfahren haben, damit das, was man philosophisch über sie äußert, nicht abstrakt bleibt. Die Grenzlinie des Wissens über die Wahrheit verläuft nicht zwischen Experten und Laien; und daher besteht auch keine Notwendigkeit, philosophische Theorie und Alltagswissen in einer Darstellung der Wahrheit voneinander zu isolieren. Ich habe mich in diesem Essay jedenfalls bemüht, beide Perspektiven möglichst eng miteinander zu verbinden.

Das normale Leben, in dem die Wahrheit ihren Sitz hat, ist durchaus einer zumindest teilweisen Aufklärung fähig. Das gilt auch für jenes diffuse Wissen über der Wahrheit, das die Menschen auch ohne philosophische Vorkenntnisse besitzen. Es ist ein Irrtum zu glauben, jemand kenne eine Sache nur dann, wenn er über eine Theorie dieser Sache verfügt. Der normale Mensch, so möchte ich behaupten, kennt die Wahrheit, aber er kennt sie nicht als Theoretiker. Jeder Mensch lebt mit der Wahrheit ebenso wie mit Lüge oder Irrtum; nur dass eben nicht jeder zugleich klar sagen kann, womit genau er da eigentlich lebt. Die Stummheit des Alltagswissens und die Rationalität der philosophischen Theorie ergänzen sich also wechselseitig. Und während der Mensch im Alltag die Wahrheit in ihrer unmittelbaren Realität erfährt, kann ihm das gezielte philosophische Nachdenken Mittel an die Hand geben, um zu einer rationalen Einsicht in das von ihm Erfahrene zu gelangen.

Was ist die Wahrheit? Wer die Frage so stellt, fragt unmittelbar nach dem Wesen der Wahrheit. Tatsächlich steht die Wesensfrage, auf die ich im dritten Kapitel eingehe, im Zentrum meiner Überlegungen – und es wird sich zeigen, dass Philosophie und Alltagsbewusstsein bei der Beantwortung dieser Frage große Übereinstimmungen aufweisen. Zugleich aber hängt die Beantwortung der Frage von einem Bündel weiterer Probleme ab, die sich mit Blick auf die Aktualität des Themas ›Wahrheit‹ in den Vordergrund drängen. Die aktuellen Schlagworte sind bekannt: Fake News, postfaktisches Zeitalter usw. Ein jeder spürt wohl, dass die Wahrheit in ernsthafte Schwierigkeiten geriete, wenn in diesen Worten mehr als eine vorübergehende Mode zum Ausdruck käme.

Die skeptischen Fragen hinsichtlich der Wahrheit liegen auf der Hand, und man begegnet ihnen in alltäglichen Diskussionen immer wieder. Gibt es die Wahrheit überhaupt? Und selbst wenn ja: Können wir sie denn überhaupt erkennen und in Worte fassen? Ist es nicht vielmehr so, dass viele ›Wahrheiten‹ existieren, ja dass möglicherweise sogar jeder Mensch ›seine‹ Wahrheit hat? Ist das, was gemeinhin ›Wahrheit‹ genannt wird, vielleicht nur ein Wort, also eine menschliche Erfindung oder Ergebnis sozialer Konventionen? Und dann ist da schließlich noch die Frage des Relativisten: Ist das Wahre, sofern es denn existiert, tatsächlich über Räume und Zeiten hinweg identisch, oder ist es nur gültig in Bezug auf bestimmte Epochen, Kulturen, Weltanschauungen, ja letztlich sogar relativ auf einzelne Personen und deren jeweiligen Wissensstand?

Fragen wie diese dürfen aus mindestens zwei Gründen nicht ausgeblendet werden. Erstens drängen sie sich im Alltag viel unmittelbarer auf als die Wesensfrage (»Was ist die Wahrheit?«), die in ihrer Grundsätzlichkeit fast akademisch wirkt. Zweitens ist offensichtlich, dass die Frage nach dem Wesen der Wahrheit hinfällig wird, wenn sich die Wahrheitsskepsis als zutreffend erweisen sollte. Es ist kaum zu übersehen, dass die alltäglichen Meinungen, die über die Wahrheit im Umlauf sind, das gesamte Spektrum zwischen Skepsis und Gewissheit ausfüllen; das Alltagsbewusstsein weist diesbezüglich eine merkwürdige Ambivalenz auf, von der im zweiten Kapitel des Essays die Rede sein wird. Immerhin haben Meinungen die Eigenschaft, wahr oder falsch sein zu können. Und es wird sich im Verlauf des Buches zeigen, welche der vielen unterschiedlichen Meinungen über die Wahrheit die Probe auf die Wahrheit bestehen, also wahre Meinungen sind.

Dass ich in Bezug auf die angedeuteten skeptischen Fragen parteiisch bin, liegt auf der Hand. Wer würde schon ein Buch über die Wahrheit schreiben, wenn er überzeugt wäre, dass es sie nicht gibt, oder dass sich nichts Verbindliches über sie sagen lässt? Was die Wahrheit angeht, bin ich durch philosophisches Nachdenken sowie aufgrund zunehmender Lebenserfahrung zu einer klaren Position gelangt, die ich im einleitenden Satz dieses Essays so formuliert habe: »Nichts von alldem, was ich bislang gelesen oder gehört habe, kann mich jemals irre machen: Natürlich gibt es die Wahrheit!«. Das ist zunächst natürlich auch nur eine Meinung unter vielen anderen. Im Folgenden werde ich aber versuchen, sie so gut es geht zu begründen. Ich möchte in diesem Buch nicht nur aufzeigen, dass es die Wahrheit gibt, sondern auch ihre wesentlichen Eigenschaften darlegen. Es versteht sich, dass ich zu diesem Zweck die skeptischen und relativistischen Zweifel an der Wahrheit zerstreuen muss; und auch dies habe ich in meinem Essay versucht.

Dabei habe ich Hilfe von bedeutender Seite erfahren. Der Philosoph, ohne dessen geistigen Einfluss ich den Text in der vorliegenden Form nicht hätte schreiben können, ist Nicolai Hartmann (1882-1950). Meine Gedanken zur Wahrheit sind die Frucht einer jahrzehntelangen Beschäftigung mit der Ontologie dieses heute fast vergessenen Denkers. Hartmanns Kategorienlehre war und ist für mich bis heute eine Schule klaren und problemorientierten Philosophierens. Seinen Werken zur Erkenntnistheorie, zur Philosophie des Geistes und der Natur sowie zum strukturellen Aufbau der Welt habe ich es zu verdanken, dass ich nach und nach zu einer realistischen Sicht auf die Wirklichkeit gelangt bin.

Trotz seines ehemals großen Ansehens stand Hartmann bereits in seiner Zeit im Schatten von Martin Heidegger (1889-1976); und als Denker einer neuen philosophischen Sachlichkeit[4] geriet er nach seinem Tod, als der Existenzialismus, die Kritische Theorie sowie die aufkommende Analytische Philosophie dominierten, immer mehr ins Abseits. Gegenwärtig scheint sich dies zu ändern, und es spricht einiges dafür, dass es zu einer Renaissance von

---

[4] Dieses Attribut erhält Hartmanns Denken von Michael Landmann: Das phänomenologische Moment bei Nicolai Hartmann. In: Erkenntnis und Erlebnispunkt phänomenologische Studien, Berlin 1951, 39-84, 46.

Hartmanns Philosophie kommen könnte.[5] Das hängt u.a. damit zusammen, dass in der gegenwärtigen Philosophie realistische Positionen und ontologische Fragestellungen wieder mehr an Bedeutung gewinnen.

Bei meiner Beschäftigung mit Hartmann wurde mir klar, dass die Philosophie letztlich immer Ontologie ist: »Ein theoretisches Denken, das nicht im Grunde ontologisch wäre, gibt es in keiner Form und ist ein Ding der Unmöglichkeit. Es ist offenbar das Wesen des Denkens, dass es nur »etwas«, nicht aber »nichts« denken kann. [...] Das »Etwas« aber tritt jederzeit mit einem Seinsanspruch auf und beschwört die Seinsfrage herauf«.[6] Hartmann hat an diesem Gedanken in allen seinen Werken festgehalten. Und auch ich habe mich bei meiner Beschäftigung mit der Wahrheit an diesem Grundsatz, dessen genauere Bedeutung im Verlauf dieses Buches deutlich werden wird, orientiert. Mein Essay atmet den Geist von Hartmanns Ontologie, und er kann als Beitrag zu ihrer Wiederentdeckung gelesen werden. Zwar ist das Buch ist nicht als Hartmann-Monographie angelegt.[7] Ich nehme bei meinen Überlegungen zum Wahrheitsthema aber viele Einsichten Hartmanns in zusammenhängender Weise auf, so dass man beim Lesen einen Eindruck seiner zentralen philosophischen Ideen gewinnen kann. So oft es mir sinnvoll erschien, habe ich meine eigenen Gedanken durch Textstellen aus Hartmanns Schriften ergänzt. Längere Zitate finden sich vor allem in den Fußnoten, so dass es sich lohnt, auch diese zur Kenntnis zu nehmen.

Noch eine letzte Vorbemerkung. Mein Essay über die Wahrheit verfolgt keine weltanschaulichen Ziele. Wer ihn z.B. in der Erwar-

---

[5] Zur neueren Beschäftigung mit Hartmann vgl. Gerald Hartung, Matthias Wunsch, Claudius Strube (Hg.): Von der Systemphilosophie zur systematischen Philosophie – Nicolai Hartmann, Berlin 2012; Roberto Poli, Carlo Scognamiglio, Frederic Tremblay u.a. (Hg.): The Philosophy of Nicolai Hartmann, Berlin 2011; Predrag Cicovacki: The Analysis of Wonder. An Introduction into the Philosophy of Nicolai Hartmann, New York/London 2014.

[6] Nicolai Hartmann: Zur Grundlegung der Ontologie, Berlin ⁴1965, 4.

[7] Wer eine gut lesbare Einführung in Hartmanns Denken sucht, dem empfehle ich Martin Morgenstern: Nicolai Hartmann zur Einführung, Hamburg 1997.

tung liest, bestimmte politische Überzeugungen bestätigt zu finden, wird daher enttäuscht sein. Aus meiner Sicht ist die Philosophie (ähnlich wie die Kunst) als Instrument für ideologische Zwecke nicht geeignet. Ich betone dies, weil ich den Eindruck habe, dass sich gegenwärtig die gesellschaftspolitische Rolle der Philosophie – ebenso wie das entsprechende Selbstverständnis einiger Philosophen – in eine Richtung entwickelt, die der Eigenart philosophischen Denkens zuwiderläuft. Die Philosophie ist weder politisch korrekt noch inkorrekt; sie ist überhaupt nicht politisch in dem Sinne, dass sie an der »Herstellung kollektiv bindender Entscheidungen« (Niklas Luhmann) beteiligt ist. Daher braucht sich die Philosophie auch nicht an aktuelle gesellschaftliche Trends anzuhängen, sei es um sie passiv mitzumachen oder aktiv mitzubestimmen. Was die Funktion der Philosophie angeht, halte ich es mit Arthur Schopenhauer (1788-1860), der schreibt: »Meiner Meinung nach ist alle Philosophie immer theoretisch, indem es ihr wesentlich ist, sich, was auch immer der nächste Gegenstand der Untersuchung sei, stets rein betrachtend zu verhalten und zu forschen, nicht vorzuschreiben«.[8] Bei der Frage nach der Wahrheit kommt etwas anderes als eine theoretische Betrachtung ohnehin nicht in Frage. Kein Mensch kann anderen Menschen die Wahrheit vorschreiben. Und es gibt auch niemanden, der die Wahrheit besitzt, und dem man daher bloß hinterherzulaufen oder nachzusprechen hätte.

---

[8] Arthur Schopenhauer: Die Welt als Wille und Vorstellung, Köln 2009, 244. Aus meiner Sicht ist die Philosophie die zwar nicht private, wohl aber persönliche Suche nach Erkenntnis auf der Grundlage unwillkürlicher Lebenserfahrung. Die Leitfrage der so verstandenen Philosophie lautet: »Was muss ich gelten lassen?« (Hermann Schmitz: Kurze Einführung in die Neue Phänomenologie, Freiburg 2009, 11f.). Diese Frage richtet sich an mich; und jeder Leser denke hierbei bitte an sich! Man kann diese Frage in letzter Instanz nur in eigenem Namen stellen und gegebenenfalls beantworten, was aber natürlich nicht ausschließt, dass man in einem regen privaten und öffentlichen Gedankenaustausch mit anderen Menschen steht.

1. WAHRHEIT UND ALLTÄGLICHKEIT

1. Natürlich gibt es die Wahrheit

Nichts von alldem, was ich bislang gehört oder gelesen habe, kann mich jemals irre machen: Natürlich gibt es die Wahrheit! Ich verstehe einfach nicht, wie man ernsthaft daran zweifeln kann. Und noch weniger verstehe ich, warum jemand daran zweifeln sollte.

Zweifelt denn wirklich jemand daran? Ernsthaft glauben kann ich das nicht. Doch um ehrlich zu sein, ich weiß es nicht. Jedenfalls fällt mir auf, dass manche Menschen sich irgendwie unwissend stellen, wenn das Gespräch auf die Wahrheit kommt. Sie tun dann oft so, als wüssten sie gar nicht, worum es geht. Oder sie winken müde ab, als wollten sie sagen: »Was, bitte schön, soll das sein, die Wahrheit?«.

Ich finde dieses Verhalten ziemlich merkwürdig. Aber ich habe bislang nicht herausfinden können, warum manche Menschen so reagieren. Gibt es vielleicht tatsächlich eine Art Angst vor der Wahrheit, wie man heute gelegentlich hört?[9] Doch wovor genau hat man da eigentlich Angst? Ich bin kein Psychologe, aber eins erscheint mir sicher: Wenn es eine solche Angst gibt, so beweist doch gerade jemand, der sie hat, dass er auf irgendeine Weise mit der Wahrheit vertraut ist. Denn wie könnte er Angst vor etwas haben, das ihm gänzlich unbekannt ist?

Und doch ist da diese merkwürdige Haltung des Nichtwissens, die ich immer wieder registriere. Vielleicht hat sie ja mit jener Idee von Freiheit zu tun, auf die sich heutige Menschen berufen, wenn sie ihr Recht auf freie Meinungsäußerung einfordern. Diese Freiheit, die durch Gesetze gewährt und in ihrem Umfang wiederum durch Gesetze eingeschränkt wird, erstreckt sich auf ganz verschiedene Meinungsinhalte. Und natürlich ist auch die Wahrheit von der Freiheit, etwas über sie zu meinen und zu äußern, nicht

---

[9] Vgl. etwas den Titel des Buches von Paul Boghossian: Angst vor der Wahrheit. Ein Plädoyer gegen Relativismus und Konstruktivismus, Frankfurt/M. 2013.

ausgenommen. Vielleicht existieren gerade deshalb so viele Meinungen darüber, was die Wahrheit ist, weil es schlicht erlaubt ist, darüber etwas zu meinen. Andererseits kann die Meinungsvielfalt für manche Menschen auch ein Grund zur Irritation sein: Meine ich nur etwas, oder liege ich mit meiner Meinung, die ja nur eine unter vielen ist, auch tatsächlich richtig?

Einige Menschen scheinen in dieser Hinsicht dermaßen verunsichert zu sein, dass sie, um sicher zu gehen, die Wahrheit einfach für inexistent erklären. Das ist der Punkt, an dem ich in den Diskussionen über das Thema die Segel streiche. Wenn in solchen Debatten, die von der Wahrheit doch geradezu getragen werden, die Existenz der Wahrheit bestritten wird: Wie kann man da eigentlich noch sinnvoll weiterdiskutieren? Natürlich müssen solche Gespräche die Wahrheit nicht zum Gegenstand haben; es kann inhaltlich auch um ganz andere Themen gehen. Das Gespräch wird aber letztlich sinnlos, wenn unter den Debattierenden die Überzeugung herrscht, dass es in der Angelegenheit, über man streitet, die Wahrheit ohnehin nicht gibt.[10]

Es sei dahingestellt, ob ein Zusammenhang zwischen persönlicher Meinung und persönlicher Unsicherheit tatsächlich besteht. Klar ist, dass aus der gesetzlich gewährten Freiheit der Meinungsäußerung nicht zwangsläufig eine Vielzahl unterschiedlicher Meinungen zu irgendeinem Thema resultieren muss – man kann sich

---

[10] »Vollends, wo der Meinungsaustausch zum Zweck der Überzeugung des Gegners einsetzt, ist bei aller sachlich gehaltenen Argumentation die stillschweigende Voraussetzung, dass es von einem seienden Sachverhalt nur eine wahre Meinung geben kann. Diese Voraussetzung wird als so selbstverständlich anerkannt, dass, solange noch eine andere Meinung neben der eigenen besteht, diese nicht über den Zweifel an sich selbst hinauskommt und notgedrungen nach Verständigung mit dem Gegner suchen muss. Die Relativität der Meinung ist also nicht sowohl die Aufhebung, als vielmehr gerade die stärkste Bestätigung der Einheit und Absolutheit der Wahrheit. Eine Tendenz zur Verständigung wäre ohne diese ebenso sinnlos wie das Fürwahrhalten der eigenen Meinung selbst« (Nicolai Hartmann: Grundzüge einer Metaphysik der Erkenntnis, Berlin ⁵1965, 423).

durchaus auch einig sein.[11] Klar ist auch, dass sich ein Meinungs-
gegenstand nicht dadurch vervielfältigt, dass es eine Vielzahl von
Meinungsträgern gibt. Wer das behauptet, für den liegt alles im
sprichwörtlichen Auge des Betrachters. Und da es stets mehrere
Betrachter gibt, muss sich für jemanden, der so argumentiert, auch
die Wahrheit in eine Vielzahl von Meinungen zerstäuben. Die
Vorstellung, dass es so sein könnte, ist tatsächlich ein wenig be-
ängstigend. Zumindest nährt sie die Zweifel an der Wahrheit erheblich. Aber keine Angst, so ist es nicht. Es handelt sich, wie wir
noch sehen werden, nur um eine Vorstellung – und vorgestellte
oder gemeinte Realität ist nicht identisch mit Realität als solcher.
Das gilt übrigens grundsätzlich: »Der Begriff der Welt ist nicht die
Welt«.[12] Der Begriff ›Regen‹ etwa macht niemanden nass, wirklicher Regen dagegen schon.

Dass in Sachen Wahrheit jeder Mensch seine Auffassung hat,
ist übrigens trivial: Wessen Meinung soll er auch sonst haben! Das
gilt für jede Meinung, die jemand hat. Immer ist er selbst derjenige, der ›seine‹ Meinung vertritt. Aus dieser Tatsache folgt allerdings nichts, was für die Wahrheitsfrage von besonderer Bedeutung wäre. Vor allem sagt es nichts über die Anzahl der Inhalte,
die in den diversen persönlichen Meinungen kursieren. Man muss
also klar unterscheiden zwischen dem Vertreten einer Meinung
einerseits und dem Inhalt der Meinung, die jemand vertritt, andererseits. Nahezu alle Streitigkeiten über das Thema ›Meinungsfreiheit‹ beruhen darauf, dass man diese beiden Aspekte des Mei-

---

[11] Wie wir noch sehen werden (Kapitel 5, Abschnitt 10), liefert der Konsens
kein Kriterium der Wahrheit. Menschen können übereinstimmen, ohne dass
ihre geteilte Meinung der Wirklichkeit entspricht. Man ist also in Sachen
Wahrheit keineswegs auf der sicheren Seite, wenn man sich einer bestimmten
Meinungsmehrheit anschließt. Das mag beruhigend sein, bedeutet aber nicht
zwangsläufig einen Bezug zur Wahrheit.

[12] Nicolai Hartmann: Der Aufbau der realen Welt, Berlin ³1964, 13. Hartmann
macht zurecht darauf aufmerksam, dass man Seinskategorien und Erkenntnistheorien auf keinen Fall miteinander identifizieren darf. Wie sich im vier-
ten Kapitel dieses Essays zeigen wird, gilt dies auch für den Unterschied zwischen Wahrheit und Wahrheitserkenntnis.

nens, also Äußerung und Inhalt, gedanklich nicht auseinanderhält.

So vergisst man etwa häufig, dass sich die Meinungsfreiheit unmittelbar nur auf das Äußern einer Meinung bezieht, nicht dagegen auf ihren Inhalt. Manche Meinungsinhalte darf man aus rechtlichen Gründen nicht äußern, dies ist durch Gesetze geregelt. Andere Inhalte wiederum darf man rechtlich gesehen zwar äußern, aber man kann sie, sofern man bei klarem Verstand ist, gar nicht ernsthaft meinen. Es gibt Leute, die der Auffassung sind, dass es außerhalb von Märchen und Sagen Gespenster gibt. Sie sind natürlich frei, dies zu meinen und zu äußern. Aber was sie da meinen, steht im Gegensatz zu dem, was der Fall ist, und was somit ernsthaft oder sinnvollerweise gemeint werden kann. Solche Meinungsinhalte sind nicht rechtlich verboten, doch sie verbieten sich gewissermaßen von selbst; da sie schlicht auf nichts zutreffen, gehen sie ins Leere. Dass sie dennoch gemeint werden können, liegt einfach daran, dass das Äußern von Unzutreffendem oder auch von Unsinn weder rechtlich verboten noch praktisch unmöglich ist. Es gibt, von einschlägigen Bestimmungen geltenden Rechts (etwa in Bezug auf Falschaussagen) abgesehen, kein Gesetz, das es den Menschen unmöglich macht, Falsches oder Unsinniges zu meinen und zu äußern. Gerade deswegen ist das heutige Leben so bunt an Meinungsinhalten. Jeder kann im Rahmen der Legalität meinen, was er will, und sei das Gemeinte auch noch so merkwürdig oder geradezu evident widersinnig.

Es ist wie gesagt nur eine Vermutung, dass der Zweifel an der Wahrheit irgendwie mit der Idee des Rechts auf freie Meinungsäußerung zusammenhängt. Vielleicht haben einige Menschen das Gefühl, ihre Freiheit sei gefährdet, wenn es die Wahrheit gibt – was dann allerdings darauf hindeuten würde, dass sie immerhin ein einigermaßen klar umrissenes Bild von der Wahrheit haben. Wie dem auch sei: Ich möchte meine Gedanken über die Wahrheit nicht gleich zu Beginn mit zu vielen Vermutungen belasten. Ich lasse es daher dahingestellt, ob es tatsächlich eine Angst vor der Wahrheit ist, die vor allem bei freiheitsliebenden Menschen zu Zweifeln an der Wahrheit führt.

Dass die Wahrheit auf eine noch näher zu bestimmende Weise für Verbindlichkeit sorgt, ahnt wohl jeder. Doch anstatt darüber zu spekulieren, welche Ängste mit dieser Ahnung verbunden sind, zitiere ich einen Satz von Aristoteles (384-322): »Nicht darum, weil unsere Meinung, du seist weiß, wahr ist, bist du weiß, sondern darum, weil du weiß bist, sagen wir die Wahrheit, indem wir dies behaupten«.[13] Meinen, so will Aristoteles sagen, kann man vieles, und letztlich kann jeder Mensch meinen, was er will. Andererseits ist die Meinungsfreiheit in sachlicher Hinsicht dadurch begrenzt, dass die Wirklichkeit so ist wie sie ist – und eine Meinung kann daran nichts ändern. Man kann die Wirklichkeit mittels Meinungen zutreffend oder unzutreffend wiedergeben, aber man kann sie nicht durch Meinungsäußerungen manipulieren. Und erst recht wird eine Sache nicht dadurch, dass man zu ihr eine Meinung hat, zu dem, was sie ist. Meinungen beziehen sich auf Sachverhalte, aber diese beziehen sich nicht ihrerseits auf Meinungen. Übrigens ist keineswegs jeder Sachverhalt eine Tatsache. Dass ein Gespenst in meinem Haus ist, ist ein Sachverhalt, aber keine Tatsache. Es gibt keine Gespenster, »denn was es nur im Märchen gibt, gibt es nicht«.[14]

Welche Meinung inhaltlich wahr ist, liegt also nicht im Belieben der Meinenden. Vielmehr gilt, dass das Wahrsein eines Meinungsinhalts daran hängt, wie die Wirklichkeit beschaffen ist, die ihrerseits nicht auf menschliches Meinen angewiesen ist. Es mag sein, dass gerade moderne Menschen vor dieser Einschränkung ihrer Meinungen seitens der Realität Angst haben – dass sie also davor zurückschrecken, sich im Sprechen und Denken auf die Wirklichkeit, wie sie ist, einzulassen. Doch wie gesagt, ich möchte diesbe-

---

[13] Aristoteles: Metaphysik, Reinbek bei Hamburg ⁴2005, 250.

[14] Hermann Schmitz: Gibt es die Welt?, Freiburg/München 2014, 22. Schmitz verwendet den Unterschied zwischen Sachverhalt und Tatsache zum Aufbau einer faktizistischen Wahrheitstheorie, der ich mich in diesem Essay anschließe. Unter Berufung auf Aristoteles betont Schmitz, dass die Entscheidung über die Wahrheit einer Meinung »allein bei der Wirklichkeit liegt« (ebd., 37).

züglich nichts mutmaßen und auch keine anthropologischen oder sozialpsychologischen Spekulationen anstellen.

2. Instinkt und Expertise

Ebenso wenig wie Vermutungen möchte ich allgemein verbreitete Wertvorstellungen über die Wahrheit zum Ausgangspunkt meiner Gedanken machen. Viele Menschen sehen in der Wahrheit etwas dermaßen Erhabenes, dass alle Versuche, generelle Aussagen über sie zu machen, aus ihrer Sicht zum Scheitern verurteilt sind. Man muss jedoch das Vorurteil der Erhabenheit der Wahrheit so lange nicht teilen, bis man diese Eigenschaft am Phänomen der Wahrheit tatsächlich festgestellt hat. Das ist nur durch eine gezielte Untersuchung der Wahrheit möglich, nicht dagegen durch blindes Vertrauen auf die Richtigkeit von Vorurteilen.

Vorurteile sind Urteile, die man abgibt, ohne über die jeweiligen Urteilsinhalte nachgedacht zu haben. Zwar sind Vorurteile nicht notwendig falsch oder irreführend, und lebenspraktisch kann man auf sie auch kaum verzichten.[15] Aber sie sind eben nicht der persönlichen Einsicht entsprungen, sondern werden als fest verschnürte Meinungspakete von anderer Seite her übernommen – und zwar ganz unabhängig davon, ob sie wahr sind oder nicht. Was die Wahrheit angeht, werden wir einige solche Vorurteile im Laufe des Essays näher kennenlernen. Es wird sich zeigen, ob sie jeweils berechtigt sind oder nicht.

Was die Idee der Erhabenheit der Wahrheit angeht, so sind die Philosophen verschiedener Zeiten an der Entstehung dieses Vorurteils nicht ganz unbeteiligt gewesen. Viele von ihnen haben sich über die Wahrheit in einer Weise geäußert, die auf beachtliche Probleme bei ihrem Verständnis hindeutet; was sich dann auch in den entsprechenden Texten dieser Philosophen zeigt, die für den Laien nicht gerade leicht zu verstehen sind. Es ist aber durchaus

---

[15] Über die praktische Bedeutung von Vorurteilen hat Hans-Georg Gadamer in seinem Buch *Wahrheit und Methode* (1960) viel Erhellendes geschrieben.

denkbar, dass professionelle Wahrheitstheoretiker von Schwierigkeiten berichten, die außerhalb ihrer Theorien nicht existieren. Natürlich ist die Philosophie von Hause aus eine Art Expertin in Sachen Wahrheit: Welche andere Wissenschaft sollte es auch sein, die sich unmittelbar mit der Wahrheit und ihren Merkmalen beschäftigt? Aber es könnte sein, dass eine zu tief greifende Expertise den Horizont der Experten verengt. Man kann nämlich durch ein Zuviel an Theorie die Phänomene, auf die sich die Theorie beziehen soll, auch aus den Augen verlieren.

Wo dies geschieht, spricht man von Fachidiotie. In einer Zeit, in der die Probleme sowie die Ansprüche an deren erwünschte Lösung komplex sind, erscheint der sprichwörtliche Tunnelblick der Experten häufig unvermeidbar. Es kann vorkommen, dass die Entwickler komplexer Theorien ihrerseits an den Problemen, die es doch eigentlich zu lösen gilt, aktiv mitstricken. Die Philosophie jedenfalls hat, auch hinsichtlich ihrer diversen Wahrheitstheorien, ein hohes Maß an Kompliziertheit erreicht. Das schlichte Gefühl für die Wahrheit, das die Menschen im täglichen Leben begleitet, ist in diesen Theorien nicht ganz verdrängt. Aber es ist doch weit in den Hintergrund gerückt. Dass manche ›Wahrheitsprobleme‹ hausgemacht, also durch intensives Theoretisieren allererst entstanden sind, sollte man ist nicht grundsätzlich ausschließen. Das lässt sich aber erneut nur herausfinden, wenn man das Phänomen der Wahrheit möglichst direkt untersucht. Man darf philosophischen Theorien jedenfalls nicht per se eine größere Autorität einräumen als der vorphilosophischen Intuition. Und man wird spätestens dann skeptisch sein dürfen, wenn Theorien etwas behaupten, was eigenen Intuitionen massiv zuwiderläuft.

Bereits die Idee, es könne Experten in Sachen Wahrheit geben, ist mit Vorsicht zu genießen. Zumindest ist nicht unmittelbar einzusehen, warum man bei Fragen der Wahrheit auf irgendwelche belehrenden Instanzen hören sollte. Dass es Lehrer oder Experten für bestimmte Wirklichkeitsbereiche gibt, ist zweifelsohne richtig. Aber die Wahrheit ist kein Erfahrungsgegenstand, auf den man sich so spezialisieren kann wie z.B. auf Antike Geschichte, Computersysteme, Landschaftsgärtnerei oder Automotoren. Kann die

Wahrheit für philosophische Experten denn etwas anderes sein als für die entsprechenden Laien? Ich denke nicht. Philosophen können sicherlich besser erklären, was die Wahrheit ist. Aber zu meinen, die Wahrheit sei für sie etwas anderes als für den Laien, widerspricht eindeutig dem normalen Wahrheitsgefühl.

Wenn professionelle Denker den fachlich Uneingeweihten darlegen, was es mit der Wahrheit auf sich hat, dann ist das so ähnlich wie wenn ein Mechaniker einer Person ohne technische Kenntnisse einen Automotor erklärt. Die jeweiligen Experten verfügen über Sachwissen, und die Wahrheit ist ebenso eine erklärbare Sache wie ein Automotor (wenngleich sicherlich eine weniger greifbare und offensichtliche Sache). Der Punkt ist der, dass jemand, dem irgendeine Sache erklärt wird, nicht vollständig ahnungslos ist; wäre er es, so würde er nichts von dem verstehen, was ihm erklärt wird. Absolutes Nichtverstehen oder völlige Unkenntnis gibt es gar nicht, denn dies würde voraussetzen, dass der menschliche Geist eine unbeschriebene Tafel ist – und das ist er, vom geburtlichen Beginn der individuellen Existenz an, nie und nimmer. Machen Sie selbst die Probe, und fragen Sie sich: »Welche Sache verstehe ich absolut nicht, welche Sache ist mir vollkommen unbekannt?« Wenn Sie eine beliebige Sache finden, dann wissen Sie immerhin schon, dass es diese Sache irgendwie gibt und dass es sich um eine Sache handelt; und Sie wissen bestimmt auch, in welchem Zusammenhang Ihnen diese Sache trotz ihrer vermeintlichen Unvertrautheit begegnet ist (oder begegnen könnte). Ihr vermeintlich absolutes Nichtwissen hat also immer schon angefangen aufzuhören. Oder genauer, es hat gar nicht wirklich bestanden, es war letztlich nichts weiter als eine reine Idee.

Absolut keine Ahnung von etwas haben: Das gibt es nicht. Man kann zwar sagen, man habe absolut keine Ahnung von etwas, aber wörtlich genommen stimmt es nicht. Man weiß immer schon irgendetwas über die Dinge, und sei es auch nur im Sinne eines instinktiven Spürens, Fühlens oder eben Ahnens. Ohne jedes Vorwissen wäre es unmöglich, dass einem Kenner irgendeine Sache genauer erklären. Es ist aber möglich, und zwar im Falle von Automotoren genauso wie im Falle der Wahrheit. Letztlich haben auch die Kenner mit ihrem Wissen oder ihrem Können nicht bei null angefangen; so etwas wie eine Anlage, ein Talent, ein Interesse war auch bei ihnen vor aller Übung, die schließlich den Meister gemacht hat, da. Natürlich bringt die Erfahrung nach und nach einen inhaltlichen Zuwachs an Kenntnissen und Fertigkeiten. Aber man darf sich keinen punktuellen Anfangszustand des Lernens vorstellen, in dem zunächst ›nichts‹ da ist, während dann in einem zweiten Schritt ›alles‹ hinzukommt. Für das Verstehen gilt das Gleiche wie für das Handeln: Einen Sprung von ›nichts‹ zu ›etwas‹ gibt es nicht. Zumindest kann weder unsere Sinnlichkeit noch unser Verstand einen derart radikalen Übergang erleben oder denken.

Der Begriff ›Instinkt‹ drückt dieses immer schon ansatzweise Bestehen von Wissen und Können treffend aus; denn der Instinkt ist dasjenige, was Lebewesen auch dann relativ sicher leitet, wenn ihnen, wie im normalen Leben, keine präzisen Leitvorstellungen und keine ausformulierten Handlungsregeln zur Verfügung stehen. Tiere haben in diesem Sinne keinen Plan; sie verhalten sich selbst dort noch, wo sie dem äußeren Anschein nach lernen, gemäß instinktiver Leitfäden. Und was das Instinktive beim Menschen angeht, so bin ich keineswegs der Meinung, dass wir im Gegensatz zu den Tieren instinktschwache Lebewesen sind. Ich halte es in diesem Punkt mit dem Philosophen Richard Müller-Freienfels (1882-1849), der schreibt: »Der Mensch hat sogar mehr Instinkte als das Tier; sie ragen hinein in sein Verstandesleben, wenn sie auch vielfach durchkreuzt und unsicher gemacht werden«.[16] Natürlich haben die Menschen die Welt nach und nach immer mehr rationalisiert und sich selbst immer sublimer kultiviert. Doch das heißt nicht, dass sie jemals zur Gänze rationalisiert oder kultiviert sein werden. Instinktives Fühlen, Ahnen oder auch Wittern sind Eigenschaften, die bei den Menschen trotz aller Rationalisierung und Kultivierung nicht einfach verschwinden können. Da ist etwa der Instinkt des Realpolitikers für die passende Gele-

---

[16] Richard Müller-Freienfels: Irrationalismus. Umrisse einer Erkenntnislehre, Leipzig 1922, 158.

genheit des Handelns, der Torinstinkt des Stürmers beim Fußball oder auch einfach der richtige Riecher des Alltagsmenschen (z.b. für das rechte Wort zur rechten Zeit). Und selbst über ein scheinbar so entlegenes Phänomen wie die Wahrheit weiß der Mensch vieles auf eher instinktive Weise, also lange bevor das eigentliche Begreifen und geistige Durchdringen des Wahrheitsphänomens einsetzt. Der entsprechende Instinkt ist freilich auch irritierbar. In diesem Fall hält ein Mensch etwas für die Wahrheit, was auf sie gar nicht zutrifft.

Ich möchte es so ausdrücken: Ich habe das sichere Gefühl, dass viele Menschen ein sicheres Gefühl dafür haben, was die Wahrheit ist. Natürlich behaupte ich nicht, dass die Wahrheit für alle Menschen dermaßen transparent ist, dass sie darüber akademische Reden halten könnten. Ich meine aber, dass ein Gespür dafür, was die Wahrheit im Wesentlichen ausmacht, bei vielen Menschen da ist. Natürlich können die Philosophen den Nicht-Philosophen helfen, ihr instinktives Vorwissen gedanklich zu präzisieren. Aber auch Philosophen können ihr professionelles Wissen über die Wahrheit nur dadurch schärfen, dass sie aus dem Bereich des zunächst instinktiv Erlebten schöpfen. Schließlich können sie die Wahrheit nicht erfinden, und sie können auch nicht darauf warten, dass sie ihnen von einem ideellen Himmel, gleichsam wie aus dem Nichts, zufällt. Die normalen Quellen des Wissens über die Wahrheit sind der Instinkt und die Alltagserfahrung. Und philosophische Wahrheitstheorien sind im Grunde das Ergebnis einer besonders intensiven geistigen Auseinandersetzung mit dem, was viele Menschen auch ohne Theorien ahnungsweise wissen.

Die Tatsache, dass ein solches alltägliches Vorwissen besteht, deutet darauf hin, dass die Wahrheit nicht ganz so geheimnisvoll ist, wie oft behauptet wird. Ich erlaube mir daher im Folgenden bewusst den Gedanken, dass die Wahrheit weder ein unlösbares Problem darstellt noch eine Aura des Erhabenen besitzt. Auf diese Weise distanziere ich mich von vielen Geschichten oder auch Dogmen, die sich im Laufe der Ideengeschichte um die Wahrheit herum gebildet haben. Ich wende mich stattdessen jenen Merkmalen der Wahrheit zu, die mir, wie instinktiv und diffus sie auch sein mögen, als allgemein bekannt sowie als gut fasslich erscheinen.

Damit ist auch gesagt, dass meine Gedanken über die Wahrheit nicht im strengen Sinne auf eine Theorie hinauslaufen. Theorien, die etwas Bestimmtes erklären wollen, müssen das, was sie erklären wollen, zunächst stets wie eine Art Rätsel erscheinen lassen. Sie müssen Dinge, die den meisten Menschen vor aller Theorie in groben Zügen vertraut sind, zu etwas Unbekanntem verklären, damit sie sie nachfolgend aufklären können. Es würde an dieser Stelle zu weit führen nachzuweisen, dass dies bei Theorien tatsächlich immer so ist; dass sich also Theoretiker gegenüber demjenigen Ausschnitt der Wirklichkeit, den sie erforschen möchten, sozusagen dümmer stellen als sie tatsächlich sind.[17] Philosophische Wahrheitstheoretiker machen hierbei keine Ausnahme. Auch sie stellen ihren Gegenstand oft als etwas ursprünglich Unbekanntes und Fremdes dar, um dann das Licht philosophischer Aufklärung umso heller leuchten zu lassen.

Dieses Vorgehen, das keineswegs zynisch oder gar betrügerisch sein muss, hat dann seine Berechtigung, wenn es das theoretische Denken zur Aufklärung des vortheoretischen Wahrheitsgefühls einsetzt. Ich selbst möchte einen solchen Ansatz in diesem Essay aber vermeiden. Ich möchte in den folgenden Kapiteln weder eine Theorie der Wahrheit präsentieren noch auf wissenschaftliche Distanz zur Wahrheit gehen. Für mich ist die Wahrheit weniger ein Rätsel oder ein Problem, als vielmehr eine Gegebenheit – eben ein Phänomen, und noch dazu eins, das aus dem normalen Alltagsleben in Umrissen vertraut ist. Mit dem Begriff ›Phänomen‹ meine ich hier erneut keinen Fachbegriff (was man vermuten könnte, wenn man an die philosophische Strömung der Phänomenologie denkt). Ich meine damit einfach, dass die Wahrheit im Leben der Menschen da ist und eine ganz praktische Rolle spielt. In dieser grundlegenden Vertrautheit der Wahrheit einer

---

[17] Der Nachweis dieses Phänomens findet sich bei Maurice Merleau-Ponty: Das Sichtbare und das Unsichtbare, München [2]1994, 31ff.

elementaren menschlichen Lebensfunktion liegt aus meiner Sicht die Normalität der Wahrheit.

Was die Wahrheit ist, und warum sie ein normales Phänomen darstellt: Das ist damit natürlich noch nicht gesagt. Aber noch stehen wir ganz am Anfang, und die folgenden Gedanken werden diese Fragen nach und nach zu beantworten suchen.

3. Die Wahrheit sagen: Ein Beispiel

Beginnen wir mit einem einfachen Beispiel, auf das ich im Laufe des Essays immer wieder zurückkommen werde. Angenommen, ein Mann kommt spät am Abend von einer Feier bei seinem Freund nach Hause, und seine Frau fragt ihn: »Wo warst Du?«. Auf diese Frage kann der Mann antworten: »Ich war auf Dieters Feier!«. Es mag banal klingen, aber es ist so: Indem der Mann dies sagt, sagt er die Wahrheit; und jeder Leser, so denke ich, kann das ohne Probleme zugeben. Wir haben es hier mit einem ebenso schlichten wie klassischen Fall von die-Wahrheit-Sagen zu tun – ein Fall, der zudem nicht ausgedacht, sondern direkt aus dem Leben gegriffen ist. Natürlich sind nicht alle Fälle für das Sagen der Wahrheit so einfach wie in diesem Beispiel. Das Beispiel reicht aber dennoch aus, um einerseits radikale Zweifel an der Wahrheit auszuschließen, und um andererseits das Prinzip des die-Wahrheit-Sagens zu verdeutlichen.

Das Beispiel macht vor allem eins deutlich: Bestimmte Antworten auf bestimmte Fragen – etwa auf die Frage danach, wo man gewesen ist – können leicht als ein Sagen der Wahrheit identifiziert werden. Dass die Frau von ihrem Mann wahrheitsgemäß über dessen Aufenthaltsort unterrichtet wird, bedeutet, dass der Mann wirklich oder tatsächlich an dem Ort war, von dem er sagt, dass er dort gewesen ist. Im Laufe des Essay wird sich zeigen, dass die Wahrheit stets etwas mit dem Verhältnis zwischen etwas Wirklichem und dem, was jemand über dieses Wirkliche sagt oder denkt, zu tun hat. Das Prinzip ist denkbar einfach, so kompliziert oder komplex die Inhalte, um die es jeweils geht, auch sein mögen.[18]

Bei unserem Beispiel fällt auf, dass die Antwort des Mannes recht knapp ausfällt. Es fällt dem Mann nicht im Traum ein, jede einzelne Stelle der Wohnung, an der er sich während des Besuchs bei seinem Freund aufgehalten hat, zu erwähnen. Er antwortet auf die Frage nicht mit einer exakten Wiedergabe aller Raumpositionen, die er im Laufe des Abends eingenommen hat, sondern mit einer groben, aber durchaus zutreffenden Andeutung, die das Ganze seines Aufenthaltsortes treffend bezeichnet: »Ich war auf Dieters Feier!«. Man kann das Sagen der Wahrheit also entweder detailreich gestalten, indem man viele Einzelheiten der fraglichen Situation wiedergibt – so wie man es etwa als Zeuge bei einer Gerichtsverhandlung tut. Oder aber man deutet, wie der Mann im Beispielfall es tut, nur ein einziges prägnantes Rahmendatum an, das die gesamte Situation überblickhaft repräsentiert. Im Anschluss an Ernst Cassirer (1875-1945) kann man auch von »symbolischer Prägnanz«[19] der Darstellung sprechen: Ein einzelner vielsagender Eindruck genügt, um dem Zuhörer die Ganzheit der Situation umrisshaft vor Augen zu führen.

Dabei gilt es zu beachten, dass die eher grobe oder großzügige Wiedergabe eines Geschehens nicht ›weniger‹ wahr ist als eine entsprechende Detailschilderung. Der Unterschied liegt allein im mehr oder minder großen Inhaltsreichtum der jeweiligen Aussage. Für das Sagen der Wahrheit kommt es, wie wir noch sehen werden, nicht in erster Linie auf die Menge oder die Differenziert-

---

[18] Dass die Wahrheit in der Übereinstimmung von Aussagen oder Vorstellungen mit der Wirklichkeit beruht, gilt in der Philosophie als Kerngedanke der Korrespondenztheorie der Wahrheit. Ihr Grundprinzip wurde von Aristoteles formuliert und vom ihm ausgehend bis ins Mittelalter (u.a. Thomas von Aquin: »veritas est adaequatio rei et intellectus«) tradiert. In der Moderne bricht diese Tradition bis auf einige Ausnahmen (u.a. Immanuel Kant, Alfred Tarski) ab; eine ein Vielzahl neuer, nicht-realistischer Wahrheitstheorien tritt an ihre Stelle. Dieser Essay versteht sich als eine Neubelebung der traditionellen Auffassung.

[19] Vgl. Ernst Cassirer: Symbolische Prägnanz, Ausdrucksphänomene und ›Wiener Kreis‹, Hamburg 2011.

heit der Informationen über das Wirkliche an. Wesentlich ist, dass das jeweils Gesagte oder allgemein das Dargestellte auf das Wirkliche zutrifft. Die von einem Kind angefertigte Strichzeichnung eines Menschen ist natürlich weniger differenziert als die Darstellung in einem Lehrbuch der Anatomie. Da es sich in beiden Fällen aber um die Darstellung eines Menschen handelt, wird man in beiden Fällen auf die Frage »Was ist das?« wahrheitsgemäß das Gleiche antworten: »Ein Mensch«, oder eben, in reflektierter Fassung: »Ein Bild von einem Menschen«.

Wohl jeder dürfte ohne großes Nachdenken verstehen, was es heißt, in diesem Sinne die Wahrheit zu sagen. Es passiert im Alltag sehr häufig, dass jemand die Wahrheit sagt, und daran ist nichts rätselhaft oder geheimnisvoll. Das generelle Schema ist immer identisch: Jemand war irgendwo, und dann wird er gefragt, wo er war. Und dann sagt er, wo er war – das ist es auch schon. Jeder hat so etwas schon oft erlebt, sei es als Fragender, sei es als Antwortender. Denn es geschieht sehr häufig, dass man gefragt wird und dann die Wahrheit sagt. Ich will damit natürlich nicht behaupten, dass sich menschliche Kommunikation in einem nüchternen Austausch von Informationen erschöpft. Der Reichtum der gesprochenen Sprache und ihrer Funktionen ist enorm, und vieles, was Menschen sagen, hat mit der Wahrheit unmittelbar gar nichts zu tun. (Ich komme auf diesen Punkt später noch zurück.) Fest steht aber, dass sich das Sagen der Wahrheit auch dann relativ klar identifizieren lässt, wenn das Meiste von dem, was Menschen im Rahmen alltäglicher Kommunikation tun, unmittelbar gar nichts mit einem direkten Aussagen der Wahrheit (oder auch der Unwahrheit) zu tun hat.

Um die besondere Art, wie das Sagen der Wahrheit in den Alltag eingebettet ist, noch deutlicher zu machen, betrachten wir ein weiteres Beispiel. Jemand hat sich ein neues Auto gekauft, einen blauen Citroen C1. Nun ruft er einen Bekannten an und erzählt ihm nach einigem Hin und Her: »Ach übrigens, ich habe mir vorgestern einen neuen Wagen gekauft!«. »Sag' bloß; na dann Glückwunsch! Was denn für einen?«. »Den neuen C1, als Cabrio, in dunkelblau!«. »Klingt gut! Wo hast Du den gekauft?«. Dann erzählt der Anrufer, wo er den Wagen gekauft hat, wie teuer er war, was mit dem alten Wagen passiert ist und vieles andere mehr. Ein ganz alltägliches Gespräch, ein Gespräch wie tausend andere auch. Aber, und darauf kommt es mir an: Es ist ein Gespräch, in dem viele Male die Wahrheit gesagt wird, ohne dass die Sprechenden darauf achten oder sich theoretisch dafür interessieren.

Dass der Ausdruck ›die Wahrheit sagen‹, wenn man ihn näher beleuchtet, nicht ganz unproblematisch ist, wird sich noch zeigen. Hier geht es mir zunächst nur darum festzuhalten, dass das Phänomen selbst – also die Tatsache, dass Gespräche dieser Art im Alltag häufig stattfinden – unbestreitbar ist.[20] Und da das Sagen der Wahrheit oft ein Aspekt solcher Gespräche ist, ist auch das Vorkommen der Wahrheit im Alltag nicht weiter problematisch oder diskutabel. Die Wahrheit ist in solchen Gesprächen wie selbstverständlich anwesend, ohne dass das Licht der Aufmerksamkeit auf sie fällt. Sie ist im Alltag ebenso hintergründig da wie die Atmung oder der Boden unter unseren Füßen. Und gerade weil wir normalerweise nicht bemerken, dass wir atmen, fest auf dem Boden stehen oder die Wahrheit sagen, kommt es ihnen auch nicht in den Sinn, diese Phänomene anzuzweifeln. Wie soll man etwas auch bezweifeln, wenn es einem gar nicht direkt vor Augen steht?

Wer gegen diese Überlegung einwendet, sie sei doch ziemlich trivial, dem würde ich entgegnen: Richtig, das Sagen der Wahrheit ist trivial! Aber das bedeutet nur, dass die Wahrheit viel einfacher beschaffen ist als man, von Vorurteilen über ihre Erhabenheit geleitet, denkt. Überhaupt wird der Essay den Leser des Öfteren mit Sachverhalten konfrontieren, die äußerst selbstverständlich erscheinen. Man sollte diese Selbstverständlichkeit aber nicht als ein Problem ansehen, sondern darin einen unmittelbaren Hinweis auf die Phänomenalität der Wahrheit sehen. Ob das, was auf den ersten Blick trivial erscheint, dann auch wirklich trivial ist, muss sich ohnehin noch zeigen.

---

[20] Vgl. dazu den Abschnitt über »Sprache und Wissen in der Alltagswelt« in Peter L. Berger, Thomas Luckmann: Die gesellschaftliche Konstruktion der Wirklichkeit. Eine Theorie der Wissenssoziologie, Frankfurt/M. ²⁸2021, 36-48.

Zurück zum Beispiel des Ehepaares. Wenn der Mann von seiner Frau gefragt wird, wo er gewesen ist, dann muss er auf diese Frage natürlich nicht antworten. Er kann auch schweigen, mit einer Lüge antworten oder anfangen, von ganz anderen Dingen zu reden. Es besteht für ihn grundsätzlich kein Zwang, die Wahrheit zu sagen. Wenn er aber auf die Frage seiner Frau den Ort angibt, an dem er war, dann sagt er die Wahrheit. Gleiches würde gelten, wenn er seiner Frau unaufgefordert erzählen würde, wo er gewesen ist – wenn er also nicht nach seinem Aufenthaltsort gefragt würde, sondern diesen von sich aus mitteilte. Es ist offensichtlich, dass für das Sagen der Wahrheit keine explizite Frage-Antwort-Situation nötig ist.

Wir haben damit bereits ein erstes Ergebnis. Wir wissen, dass die Wahrheit im zwischenmenschlichen Reden vorkommt, und zwar konkret dort, wo jemand wahrheitsgemäß etwas mitteilt oder Menschen einander wahrheitsgemäß über etwas informieren. Etwas Wahres im Alltag sprachlich zu äußern: Das ist die vertrauteste Art und Weise, wie einem die Wahrheit begegnet. Dass so etwas geschieht, wissen wir aus Erfahrung, und es bereitet uns kaum Verständnisprobleme. Es ist auch gar nicht recht klar, was daran unverständlich oder problematisch sein sollte.

Natürlich kann die Wahrheit in inhaltlicher Hinsicht für die Menschen hart oder auch peinlich sein; etwa dann, wenn über eine Person unschöne Dinge öffentlich zur Sprache kommen. Ob die Äußerung der Wahrheit allerdings notwendig schmerzlich ist, das ist eine speziellere Frage, um die es an dieser Stelle nicht geht. Hier sei lediglich festgehalten, dass Menschen im Alltag ohne Anwendung irgendeiner Theorie wissen, was es bedeutet, die Wahrheit zu sagen. Sie wissen dies, ohne zugleich bewusst darauf zu achten, was sie beim Sagen der Wahrheit eigentlich tun. Dass ein solches Wissen besteht, zeigt sich ganz deutlich in Fällen, in denen jemand durch Äußerungen eines anderen bloßgestellt oder entlarvt wird. Bloßstellen und entlarven können Menschen einander nur, wenn sie wissen, worum es beim Sagen der Wahrheit geht – und das wissen sie auch dann, wenn sie beim Sagen der Wahrheit keine besondere Aufmerksamkeit auf ihr Tun lenken.

Es besteht also kein Grund, die Wahrheit bereits am Anfang unserer Überlegungen künstlich zu problematisieren; etwa dadurch, dass wir unser Nachdenken mit einer Begriffsdefinition oder einer vorformulierten Theorie der Wahrheit beginnen. Vor jeder Theorie liegen die Phänomene, von denen die später entwickelten Theorien handeln. So gibt es die Biologie als Theorie des Lebens nur, weil es das Leben, die Soziologie als Theorie gesellschaftlichen Lebens nur, weil es das Phänomen Gesellschaft gibt. Das Leben und die Gesellschaft selbst sind keine Theorien; es sind Phänomene, die man wissenschaftlich oder philosophisch untersuchen kann. Niemand wird ernsthaft sagen wollen, dass es das Leben oder die Gesellschaft nur gibt, wenn es Theorien über sie gibt. Theorien des Lebens oder der Gesellschaft könnten auch fehlen, ohne dass deshalb die Phänomene verschwänden. Die Phänomene liegen den Theorien sachlich voraus, und diese müssen jene zum Ausgangspunkt nehmen. »Gegen Phänomene kämpfen Theorien vergebens. Nur mit den Phänomen können sie etwas leisten«.[21]

Gleiches gilt für die Wahrheit. Auch sie ist zunächst als Phänomen schlicht da, aber die Menschen im Alltag haben über sie normalerweise keine theoretischen Ideen. Und wenn sie gelegentlich doch anfangen, über die Wahrheit zu philosophieren, dann ist der Grund für dieses Theoretisieren in der Regel erneut irgendeine alltägliche Begebenheit: etwa eine Gesprächsrunde, in der sich die Redenden der Wahrheit einmal etwas prinzipieller als sonst üblich zuwenden. In solchen eher seltenen Fällen wird die Wahrheit, wie es dann heißt, zu einem ›Thema‹, also zu einem Gegenstand gezielter Untersuchungen. Aber ein Thema (ebenso wie eine Theorie kann es natürlich nur geben, wenn zuvor, also buchstäblich vorthematisch und vortheoretisch, das entsprechende Phänomen da ist, welchem man sich nunmehr gezielt zuwendet.

Dass die Wahrheit im Alltag ein Phänomen ist, ist leicht zu erkennen. Man braucht nur an Situationen zu denken, in denen jemand sagt, was der Fall ist. Ein älterer Mann mit einem Wintermantel steigt in die U-Bahn, ein Kind hat eine Schultasche auf dem

---

[21] Nicolai Hartmann: Zur Grundlegung der Ontologie, Berlin [4]1965, 150.

Rücken und geht lachend in eine Bäckerei, eine Frau schaut auf ihr Handy und steckt es kurz darauf dann in ihre Handtasche…: Die Welt ist voller Phänomene, über die man mit Sätzen wie diesen etwas Wahres sagen kann. Natürlich achten Menschen nicht ständig bewusst darauf, was um sie herum geschieht. Aber prinzipiell können sie es, und sie tun es auch dauernd mal mehr und mal weniger. Stellen Sie sich vor, jemand würde denken: »Klaus, der mir gerade gesagt hat, das mein Kragen schief sitzt, hat mir damit gerade etwas Wahres gesagt, weil mein Kragen ja wirklich schief sitzt«. Dass Menschen so etwas denken können, ist eine erstaunliche Fähigkeit. Und es ist klar, dass sie diese Fähigkeit auch dann haben, wenn sie im alltäglichen Leben nur selten von ihr Gebrauch machen. Das aber heißt: Im normalen Alltag und seinen Phänomenen liegt die Wurzel für das Nachdenken über die Wahrheit. Wie wir nach und nach sehen werden, besteht die Wahrheit in einer ganz bestimmten Stellungnahme des Menschen zu den Phänomenen.

4. Die Nachdenklichkeit des Epimetheus

Das Sagen der Wahrheit ist ein Musterbeispiel für ein Phänomen. Tagtäglich sagen die Menschen die Wahrheit, ohne jemals schulmäßig in die Theorie der Wahrheit eingeführt worden zu sein. Es ist mit der Wahrheit nicht anders als mit anderen Dingen: Was sie von der Wahrheit wissen, lernen Menschen nicht primär durch wissenschaftliche oder philosophische Schulung, sondern durch alltagspraktischen Nachvollzug. Sie beherrschen auf diese Weise das Sagen der Wahrheit, bevor sie sich, wenn es dazu überhaupt kommt, über die Eigenschaften der Wahrheit theoretisch klarwerden. Für die Praxis des Sagens der Wahrheit gibt es keine Ausbildung. Autofahren lernt man in der Fahrschule, aber eine Schule der Wahrheit gibt es nicht.

Diese Unreflektiertheit ist kein Mangel. Sie gehört unmittelbar zum Phänomen, und sie ist generell ein Merkmal normaler Geschehnisse.[22] Es passiert immer etwas, aber man achtet nicht oder nur beiläufig darauf, dass und wie es geschieht. Das heißt natürlich nicht, dass man überhaupt nicht weiß, was vor sich geht. Im Gegenteil: Man weiß im Zustand normalen Halbdämmerns oft mehr als in Zuständen gesteigerter Konzentration. Allerdings hat das Wissen diesem Fall eine besondere Qualität, die sich von rationaler Kenntnisnahme oder geistiger Durchdringung erheblich unterscheidet. Der Philosoph Wolfram Hogrebe (*1945) hat sich intensiv mit jenen informellen Formen menschlichen Wissens befasst, die unterhalb des Niveaus intellektuellen Auffassens liegen. Seine Beschreibungen machen deutlich, dass das menschliche Bewusstseinsleben in einem tiefensensitiven Ahnen und Spüren gründet, das allem rationalen Erfassen von Situationen vorausgeht. So luzide und fokussiert es an der Oberfläche des Bewusstseins auch zugeht: Die primären Quellen der Einsicht liegen in einer instinktähnlichen Fühlungnahme, welche laut Hogrebe die Deutungsnatur der Menschen ausmacht.[23] Wie Hogrebe zeigt, steht das Ahnen effektiv dem Wissen nahe – denn »ahnen kann man nur das Wahre, das was wirklich sein wird« (ebd., 42). Ahnungen haben also durchaus die Qualität von Wissen, auch wenn sie, anders als etwa wissenschaftliche Erkenntnisse, nicht auf rationalen Überzeugungsgründen basieren.

Die Verankerung der Vernunft in Instinkt, Gefühl und Ahnung hat eine vitale Funktion. Durch sie ist sichergestellt, dass sich die rationalen Schichten im Aufbau der Person nicht verselbständigen, sondern mit dem biopsychischen »Lebensgrund« verbunden bleiben.[24] Die Unterbauung der rationalen durch eine vitale Erkenntnisschicht bewahrt den Menschen vor einem Übermaß an Reizen; denn die Vitalität selegiert schon vor der bewussten Auswahl das für den Organismus und seine Erhaltung Dienliche. Zudem bewahrt der Instinkt die Vernunft auch vor sich selbst, indem

---

[22] Darüber mehr in Thomas Rolf: Normalität. Ein philosophischer Grundbegriff des 20. Jahrhunderts, München 1999.

[23] Vgl. Wolfram Hogrebe: Metaphysik und Mantik. Die Deutungsnatur des Menschen, Frankfurt/M. 1992.

[24] Vgl. Phillip Lersch: Aufbau der Person [11]1970, 107ff.

er ihrer Tendenz, sich in Vorstellungen über die Welt zu verlieren, seine eigene Weisheit als Korrektiv entgegensetzt. Als autonom agierende Bewusstseinsfunktion würde die Intellektualität ihre Bindung an die Schwerkraft des Lebens sowie an das unverfügbare Eigengewicht der Welt einbüßen. Sie würde sich in ein freischwebendes Vermögen ohne vitale Tiefe und Lebenssicherheit verwandeln.

Es ist diese Schwerkraft menschlichen Bewusstseins, die eine völlige Rationalität und Transparenz des Wissens unmöglich macht. Das lässt sich durch Erfahrungen erster Hand leicht zeigen. Wenn man z.B. versucht, hoch konzentriert auf ein Geschehen zu achten, so ist das, was geschieht, immer schon passiert, wenn die Aufmerksamkeit auf das Geschehen bezugnimmt – es sind zeitliche Verläufe (›Prozesse‹), welche die Wirklichkeit ausmachen, und denen die rationale Erkenntnis habhaft zu werden versucht. Das Bewusstsein muss die Aufmerksamkeit stets auf eine soeben verflossene Geschehensphase zurücklenken; Ereignisse sind nämlich keine zeitlosen Seinsblöcke, sondern sie bestehen aus immer schon im Vergehen begriffenen Kontinuen, die die Vernunft nur im Nachhinein begrifflich dingfest machen kann. Das buchstäbliche Passieren der Ereignisse lässt sich durch den Intellekt nicht unmittelbar im Vollzug begreifen, sondern allenfalls geistig feststellen. Das vorbewusste Erleben selbst ist kein aus Einzelbildern zusammengesetzter Film, den man nach Belieben stoppen und wieder in Gang setzen kann.[25] Das Faktum des Passierens weist vielmehr auf den vorrationalen Charakter menschlicher Erfahrung hin: nämlich darauf, dass alles, was dem Menschen widerfährt, auf vergehende Weise existiert. Der unspektakuläre Sinn des Wortes ›Vergänglichkeit‹ besteht darin, dass nicht etwa ›die Zeit‹ vergeht, sondern das, was in der Zeit verläuft – also das Zeit-

---

[25] Um die Darstellung der Unterschiede zwischen Kontinuität und Diskretion hat sich vor allem die Lebensphilosophie verdient gemacht. Besonders einschlägig ist Henri Bergson: Zeit und Freiheit. Versuch über das dem Bewusstsein unmittelbar Gegebene, Hamburg 2016.

liche.[26] Und »alles Reale ist zeitlich«[27], also fortlaufend im Vergehen begriffen.

Der Intellekt kann dieses reale Werden zwar geistig konstatieren, aber nicht unmittelbar im Werden erfassen. Denn er ist auf seine Weise in die Kontinuität der Geschehnisse, auf die er sich geistig bezieht, eingewoben. Die gedankliche Feststellung »Da kommt der Zug« repräsentiert das Geschehen eines sich nähernden Zuges, und das Fassen dieses Gedankens benötigt seinerseits Zeit; es ist, anders als der gedankliche Inhalt selbst, der Kontinuität des Vergehens unterworfen. Die reine Vernunft, die sie sich ganz dem jeweils Festgestellten und dessen logischen Beziehungen widmet, verliert leicht ihre eigene Zeitlichkeit und Lebendigkeit aus dem Blick. Dem Instinkt kann dies nicht passieren. Denn obwohl auch er in durchaus wahrheitsfähiger Weise mit der Realität in Kontakt steht, trifft er keine rationalen Urteile mit überzeitlichem Geltungsanspruch, sondern läuft in seiner situativen Umgebung mit dem konkreten Geschehen mit.

Nicht alles, was geschieht, wird bewusst erfasst, vieles bleibt unbeachtet.[28] Und selbst dort, wo das rationale Bewusstsein dominant im Spiel ist, kommt dieses in zeitlicher Hinsicht zu spät, um das jeweilige Geschehen zu erfassen. Das ist kein Defekt des Geistes, sondern liegt an seiner reaktiven Natur. Es muss zunächst immer etwas passieren, damit sich der Intellekt urteilend darauf

---

[26] »Die Zeit selbst ist gleichförmig, inhaltlos, ein bloß dimensionales Etwas, und darüber hinaus ein unaufhaltsames Fließen, sowie das Schema einer Ordnung im Fluß; aber sie ist nicht das, »was« da fließt und der Ordnung unterliegt. Die Zeit selbst bestimmt nichts, sie bringt nichts und sie verschlingt nichts. Sie »zeitigt« nicht. Wohl aber zeitigen die Ereignisse in ihr. Sie sind es, die einander in der Zeit heraufführen, sich in ihr drängen und verdrängen. Bei ihnen liegt das Bestimmen und das Entscheiden. Die Zeit ist nur die neutrale Realform des Flusses. Sie entscheidet nicht« (Nicolai Hartmann, Möglichkeit und Wirklichkeit, Berlin ³1966, 215).

[27] Nicolai Hartmann, Der Aufbau der realen Welt, Berlin ³1964, 206.

[28] Der Philosoph Markus Gabriel drückt dies so aus: »Es ist niemals der Fall, dass alle Perzepte, die ich gerade habe, von mir bemerkt werden, was man bereits von Leibniz lernen kann und was längst durch psychologische Forschung im Detail belegt ist« (Fiktionen, Frankfurt/M. 2023, 261).

beziehen kann. Das Bewusstsein ist, gerade unter zeitlichem Aspekt, niemals ganz auf der Höhe des Geschehens. Was geschieht, taucht niemals unmittelbar im Spiegel des reflektierenden Bewusstseins auf; da ist immer eine geringfügige Verspätung, mit der das Bewusstsein ein Geschehen auffasst, um es sich mit einer Nachträglichkeit, die dem Geist in der Regel intransparent bleibt, zu repräsentieren. Denken ist also streng betrachtet stets ein Nachdenken. Das gilt sowohl für die zeitliche Verzögerung, mit der der Geist auf das Wirkliche trifft, als auch für den ontologischen Primat, den die Wirklichkeit gegenüber dem zu ihr hinzutretenden Gedanken hat.

Die Verkörperung dieses Tatbestandes in der griechischen Mythologie ist Epimetheus, also der ›danach Denkende‹. Epimetheus symbolisiert den Umstand, dass das Denken nicht nur in zeitlicher, sondern auch in ontologischer Hinsicht eine dem Seienden gegenüber sekundäre (›nachträgliche‹) Instanz ist. Das Seiende wird nicht vom Denken erzeugt, sondern es ist beim Denken, sofern dieses eben ›etwas‹ denkt, vorausgesetzt. Der mythologische Bruder des Epimetheus ist Prometheus: der vorausdenkende Demiurg, dessen Wesensmerkmal die schöpferische Aktivität, und zwar insbesondere das Herstellen von Gegenständen ist (›homo faber‹). Im Gegensatz zu Prometheus verbindet sich mit Epimetheus in erkenntnistheoretischer Hinsicht die Idee, dass die Wirklichkeit kein Produkt des Erkennens ist, sondern sich auf die ansichseiende Realität bezieht. In der Fassung Nicolai Hartmanns besagt die epimetheische Intuition, »dass Erkenntnis nicht ein Erschaffen, Erzeugen oder Hervorbringen des Gegenstandes ist, […] sondern ein Erfassen von etwas, das auch vor aller Erkenntnis und unabhängig von ihm vorhanden ist«.[29]

Während Prometheus als Repräsentant eines Idealismus der aktiven Welterzeugung aufgefasst werden kann, ist Epimetheus der Anwalt eines natürlichen Alltagsrealismus, den Nicolai Hartmann so charakterisiert: »Aller philosophischen Standpunktbil-

---

[29] Nicolai Hartmann: Grundzüge einer Metaphysik der Erkenntnis, Berlin 51965, 1.

dung vorgelagert ist ein natürlicher Standpunkt, der nicht zur Deutung des Gegebenen erdacht wird, sondern der selbst mit gegeben ist, auf dem sich der gesunde Menschenverstand vorfindet, wenn er zu reflektieren beginnt. Dieser Standpunkt ist derart verwachsen mit dem praktischen Leben, dass er überhaupt erst bemerkt wird, wo ein reflektierter, philosophischer Standpunkt in Gegensatz zu ihm tritt. Er deckt sich mit der *natürlichen Weltansicht*, steht ausgesprochen diesseits aller Theorie, erstreckt sich aber […] bis tief in das wissenschaftliche Weltbild hinein. An bestimmender Kraft und Aktualität für das menschliche Bewusstsein läßt sich kein künstlicher Standpunkt mit ihm vergleichen. Er bleibt praktisch in Kraft, auch wo die Theorie ihn überflügelt hat, und selbst der überzeugteste Anhänger einer weit von ihm abweichenden Theorie kehrt notgedrungen und in aller Naivität zu ihm zurück, sobald er sich vor die einfachste praktische Lebensfrage gestellt sieht« (ebd., 133).

Um die Idee epimetheischer Nachdenklichkeit weiter zu profilieren, wenden wir sie noch einmal auf das Thema ›Zeitlichkeit‹ an. Die Nachträglichkeit des Geistes gegenüber dem Realen zeigt sich nicht nur, wie bereits angedeutet, im Hinblick auf Vergangenes, sondern betrifft auch sein Verhältnis zur Zukunft. Auch das Künftige ist aus Sicht des Alltagsbewusstseins kein Produkt des Denkens, sondern hat den Charakter eines Widerfahrnisses. Dies gilt auch dann, wenn das Bewusstsein dem Lauf der Ereignisse antizipierend vorauseilt. Die gedankliche Vorwegnahme des Kommenden ist natürlich in gewissem Umfang möglich. Aber weder ist die Antizipation das allgemeine Prinzip menschlicher Erfahrung noch ist das Vorweggenommene mit dem schließlich Eintretenden bzw. Wahrgenommenen identisch.

Das Künftige ist etwas von sich aus Kommendes, nicht dagegen Resultat geistiger oder technisch-praktischer Antizipationen – denn »es kommt stets anders als man denkt«. Das bedeutet auch, dass die landläufige Vorstellung der Zukunft als etwas, das sich von der Gegenwart aus gestalten lässt, zumindest einseitig ist. Stellt man sich die Zukunft als etwas unbestimmt Offenes vor, in dem vieles Mögliche verwirklicht werden kann, so denkt man sie unwillkürlich gemäß dem Modell der geistigen Vorwegnahmen; man hält die Antizipation unwillkürlich für den Realgrund des Künftigen, so als ob es ohne die Erwartung keine Zukunft geben könne. Doch natürlich kommt Zukünftiges auch ohne Vorhergedachtsein – was die Zukunft mit sich bringt, ist niemals identisch mit dem Erwarteten, zumal die Weichen für das dereinst Kommende bereits gegenwärtig fortlaufend durch die realen Geschehnisse gestellt werden.[30] Man kann diese Überlegungen zu einer allgemeinen These bündeln: Die Idee einer geistigen Totalreflexion auf Vergangenes sowie die einer vollendeten Vorwegnahme des Künftigen wird der Realität der menschlichen Erfahrung nicht gerecht. Es handelt sich um einen prometheischen Idealismus, der das Pendant zur epimetheischen Einstellung des natürlichen Bewusstseins darstellt.

Diese Gedanken lassen sich nahtlos an das Wahrheitsthema anknüpfen. Auch das alltägliche Sprechen über Ereignisse, das beim Sagen der Wahrheit stattfindet, hat im Bewusstsein der Sprecher den Charakter epimetheischer Nachdenklichkeit. Ohne vorheriges Geschehen, so weiß der gesunde Menschenverstand, ist kein sinnvolles Sprechen über Geschehenes möglich. Das Seiende oder Geschehende liegt oder geschieht vor seiner Thematisierung, welche erst nachträglich einsetzen kann. Der Alltagsrealismus ist also, ohne es zu reflektieren, von der folgenden Überzeugung getragen: »Wenn es kein Ansichseiendes gibt, so gibt es auch keine Erkenntnis. Denn es gibt dann nichts, was erkannt werden kann«.[31] Dieses stillschweigende Bewusstsein liegt nicht nur der wissenschaftlichen Erkenntnistätigkeit zugrunde, sondern es trägt auch die Erkenntnisprozesse des Menschen im Alltag.

Der epimetheischen Alltagseinstellung ist natürlich bewusst, dass nicht alles, was existiert, auch erkannt wird. Viele Dinge bleiben dauerhaft hintergründig: Sie existieren, ohne dass ihr Nicht-Erkanntsein einen Einfluss auf ihr Dasein hat. Der Umgang mit

---

[30] Näheres über die modalen Verhältnisse innerhalb der realen Welt findet sich in Nicolai Hartmann: Möglichkeit und Wirklichkeit, Berlin [3]1966.
[31] Nicolai Hartmann: Zur Grundlegung der Ontologie, Berlin [4]1965, 149.

diesen Dingen erfolgt ohne Besinnung oder gegenständliches Bewusstsein. Dinge sind praktisch zur Hand, aber sie werden nicht zu Objekten intellektueller Zuwendung.[32] Das zeigen z.B. die alltäglichen Routinetätigkeiten, für deren Funktionieren es keiner bewussten Initiative bedarf. Es zeigt sich auch bei organischen Prozessen oder bei unwillkürlichen leiblichen und seelischen Regungen, deren Ablauf keine prometheische Aktivität impliziert: »Was ich nicht weiß, macht mich nicht heiß«, heißt es im Volksmund, der damit auf das sinnvolle Verborgensein solcher Phänomene für den Zugriff des Intellekts anspielt. Verborgenheit bedeutet natürlich nicht, dass das, was Menschen unbewusst oder implizit ahnen oder wissen, überhaupt nicht existiert. Es heißt nur, dass Dinge oder Prozesse für die epimetheische Nachdenklichkeit als unerkannte existieren, ohne dass sie aufgrund ihrer Unbedachtheit eine störende Macht ausüben; vorausgesetzt natürlich, dass sie – anders als etwa psychisch Verdrängtes, das sich an der seelischen Oberfläche als Dysfunktionalität zeigt – ihre stille Arbeit auf normale Weise tun.

Die rationale Aufmerksamkeit meldet sich in der Regel erst dann, wenn Dinge aufsässig werden oder Funktionen gestört sind. Dann schlägt die Stunde des Prometheus: Gegenstände werden nun im strengen Sinne gegenständlich, also zu Objekten gezielter theoretischer Betrachtung oder praktischer Intervention. Dies bedeutet aber nicht, dass sie nicht auch vor bzw. unabhängig von dieser Objektivierung da sind; funktionierende Dinge oder Prozesse sind, wie das epimetheische Bewusstsein weiß, nicht weniger wirklich als dysfunktionale. Der Unterschied liegt nicht im Sein oder Nichtsein der Dinge, sondern in der Art ihres Gegebenseins. Der prometheischen Rationalität liegen die Dinge in Objektform vor, also als Themen einer sachlich forschenden Einstellung. In der epimetheisch alltäglichen Einstellung hingegen sind sie auf informelle und primär erlebnismäßige Weise gegeben. Der Stift

---

[32] Zum Gedanken der Zuhandenheit der Dinge vgl. Martin Heidegger: Sein und Zeit, Tübingen [19]2006, §§15-16.

z.B. ist beim Zeichnen natürlich vorhanden[33]; er taucht aber im problemlosen Gebrauch dermaßen unter, dass der Zeichner ihn in seinem Dasein und Sosein gar nicht als Stift bemerkt. Das Wissen um die Existenz des Stiftes ist epimetheisch und informell, es ist – gleichsam in Gestalt eines wissenden Nichtwissens – ganz in der Tätigkeit des Zeichnens verschwunden. Man weiß im Moment des Zeichnens streng genommen nicht, was ein Stift an sich ist; aber man weiß es im Sinne leiblicher Kommunikation eben doch, da man den Stift problemlos verwendet.[34]

Der Philosoph Maurice Merleau-Ponty (1908-1961) drückt die Haltung epimetheischer Nachdenklichkeit auf eine fast poetische Weise aus, wenn er das Verhältnis von wissenschaftlicher und vorwissenschaftlicher Weltbegegnung wie folgt beschreibt: »Zurückgehen auf die ›Sachen selbst‹ heißt zurückgehen auf diese aller Erkenntnis vorausliegende Welt, *von* der alle Erkenntnis spricht und bezüglich deren alle Bestimmungen der Wissenschaft notwendig abstrakt, signitiv, sekundär bleibt, so wie Geographie gegenüber der Landschaft, in der wir allererst lernten, was dergleichen wie Wald, Wiese und Fluss überhaupt ist«.[35] Diese Haltung eines phänomenologischen Realismus wird auch meine weiteren Überlegungen zum Wahrheitsthema bestimmen.

---

[33] Dies betont Nicolai Hartmann: »[…] »zuhanden« sein kann überhaupt nur das, was zunächst einmal vorhanden ist. Es kann nur »für mich sein«, wenn es überhaupt »ist«« (Zur Grundlegung der Ontologie, Berlin ⁴1965, 197). Hartmann wendet sich mit dieser Bemerkung gegen die Überspitzung der Zuhandenheit bei Heidegger. Zwar hat Heidegger, so Hartmann, durchaus Recht: Das normale bzw. alltägliche Sein des Hammers liegt in seinem Gebrauch. Aber es gilt eben, dass nur ein Hammer, der da ist, gebraucht werden kann. Der Hammer als solcher geht also nicht in seinem Gegebensein für den Benutzer auf.

[34] Den Begriff der leiblichen Kommunikation verwende ich im Anschluss an Hermann Schmitz: Der Leib, Berlin/Boston 2011, 29-53.

[35] Maurice Merleau-Ponty: Phänomenologie der Wahrnehmung, Berlin 1966, 5.

5. Alltäglichkeit und Echtheit

Mit sprachlichen Äußerungen, zu denen das Sagen der Wahrheit zählt, steht es ähnlich wie mit nicht-sprachlichen Prozessen oder Verhaltensweisen. Die Menschen machen fast ständig Äußerungen, oder, etwas bissiger formuliert: Sie reden und reden. Aber indem sie dies tun, beobachten oder spiegeln sie ihr Reden nicht; das geschieht allenfalls in pathologischen Fällen oder in künstlich arrangierten Übungssituationen. Das heißt aber nicht, dass das alltägliche Sprechen aufgrund seiner Unbewusstheit zu einem bloßen Gerede wird. Was bloß halbbewusst gesagt wird, muss keineswegs weniger seriös oder gar zwangsläufig unwahr sein. Und umgekehrt können vorformulierte Reden bei offiziellen Anlässen durchaus auch von einer bloß hohlen oder teilnahmslosen Klarheit sein. Das Formelle solcher Reden ist jedenfalls kein Garant für die Wahrheit oder Unwahrheit des Gesagten, während umgekehrt ein wortfindungsgestörtes, also um treffende Worte ringendes Sprechen durchaus eine Echtheit des Suchens und Forschens anzeigen kann.

Authentisches Sprechen im Modus höchster Wahrhaftigkeit darf also unter Wahrheitsgesichtspunkten nicht verklärt werden. Auch als scheinbar freies Sprechen verliert es niemals seine Bindung an das Alltägliche: Es findet, nicht anders als ein beliebiger Small Talk, nach wie vor im Strom des normalen Gesprächslebens statt, von dem es sich auch durch die vermeintliche Tiefe und Bedeutsamkeit seiner Themen und Absichten nicht befreien kann. Man stelle sich einmal vor, die Menschen wären in Wort und Tat ständig absolut präsent, authentisch und achtsam: Es gäbe dann so etwas wie Normalität und Alltäglichkeit gar nicht mehr, und vor lauter Pathos käme niemand mehr auch nur einen einzigen Schritt weiter. Insofern ist Luthers Satz: »Hier stehe ich, und ich kann nicht anders!« nicht nur in geschichtlicher, sondern auch in sachlicher Hinsicht legendär. Der Mensch kann immer anders. Wenn nicht er, wer denn sonst.

Malen Sie sich diesen Zustand absoluter Echtheit bildlich aus. Der Mensch wäre in jedem Augenblick seines Daseins geistig hellwach, und die irrationalen Bereiche unwillkürlichen Erfahrens und Erlebens wären voll durchleuchtet. In einem solchen Zustand wäre der Geist in alle Richtungen offen – hochgradig aufnahmebereit und im höchsten Maße transparent. Alles erschiene ihm bedeutsam, entscheidend, sensationell; eine existenzialistische Begeisterung würde um sich greifen, und an die Stelle prosaischer Alltagserfahrung würde ein spirituelles Gefühl der All-Einheit von Mensch und Welt treten. Das Gemeinschaftsleben in einer solchen Welt wäre erfüllt von einer Art kollektiver Geistesgegenwart sowie von einem Gefühl totaler Grenzenlosigkeit und Verbundenheit. Vielleicht würden die Menschen in diesem Daseinszustand nur noch ›in allerhöchsten Tönen‹ über Dinge wie die Wahrheit sprechen. Es ist jedenfalls kein Zufall, dass die Wahrheit, wie der Philosoph Hans Blumenberg (1920-1996) gezeigt hat, traditionell sehr häufig mit der Metapher des Lichts in Verbindung gebracht worden ist[36] – insbesondere die Aufklärungsphilosophen haben ihr Denken als eine Philosophie der rationalen Erleuchtung (›enlightenment‹) der Welt verstanden. Das Ziel einer radikal verstandenen Aufklärung ist die Erzeugung einer geeinten Menschheit in einer (sowohl theoretisch als auch praktisch-politisch) gelichteten Welt. Aus dieser finalen und umfassend wahrhaften Welt ist der Idee nach alles Ambivalente und Dunkle verschwunden.

Ich vermute, dass diese Phantasie, zumindest in ihrer extremen Variante, bei Ihnen nicht nur gute Gefühle auslöst. Realistisch betrachtet kann man aber sofort Entwarnung geben. Nichts spricht dafür, dass es eine vollkommen aufgeklärte Menschheit jemals geben wird. Zwar kann man sich Zustände äußerster Geistigkeit, Echtheit und Endgültigkeit imaginär ausmalen, aber man kann sie, im doppelten Sinne des Wortes, nicht realisieren. Um es eher anzudeuten als direkt auszusprechen: Irgendwann geht jedes glanzvolle Fest zu Ende. Dann geht die Festbeleuchtung aus, und es stellen sich wie von selbst Müdigkeit und Schlaf ein. Der Mensch hat sicherlich Verwandtschaft mit dem Lichtbringer Pro-

---

[36] So etwa in Hans Blumenberg: Licht als Metapher der Wahrheit. In: Studium generale 10 (1957), 432-447.

metheus. Aber enger verwandt dürfte ihm auch hier Epimetheus sein, der Repräsentant des Unvorsichtigen, Vagen, Chaotischen und Menschlich-Allzumenschlichen. Sollte es also tatsächlich eine Art letzte Wahrheit des individuellen wie sozialen Lebens geben, so besteht diese – jedenfalls sofern es um Menschen und nicht um Götter oder Maschinen geht – sicherlich nicht aus reinem Licht oder aus unbegrenzter und weltweiter Klarheit. Gerade wenn es um die letzten Dinge geht, behält das Nichtwissen wohl immer die Oberhand.[37]

Aus genau diesem Grund halte ich auch den Gedanken, dass die Wahrheit die Menschen frei machen wird, für irreführend; zumindest wenn man die Wahrheit am Grad ihrer existenziellen Strahlkraft bemisst. Die Wahrheit hat, wie sich noch zeigen wird, nur indirekt mit Freiheit zu tun. Gegenüber humanistischen Erlösungsvorstellungen ganz unterschiedlichen Zuschnitts möchte ich behaupten, dass die Wahrheit den Menschen nicht befreit, sondern allenfalls zufriedenstellt. Anders gesagt: Angesichts des chaotischen Wechsels von Licht und Schatten im menschlichen Leben sorgt die Wahrheit für relative Beruhigung – es ist dies die Ruhe einer nüchternen und realistischen Sicht auf die Welt und die realen Möglichkeiten ihrer Erkenntnis und Gestaltung. Es ist klar, dass ein beruhigter und zufriedener Mensch auch ein freier Mensch ist. Aber die Freiheit, die aus der Beruhigung durch die Wahrheit entspringt, hat nichts mit Erleuchtungsextremismus zu tun. Das versteht sich letztlich von selbst: Persönliche oder politische Freiheit ist stets nur in faktischen Situationen, die man weder gewählt hat noch zur Gänze theoretisch durchschaut, zu verwirklichen. Daher kann Aufklärung auch niemals in Radikalaufklärung umschlagen, die an der Aufhebung der Ambivalenzen von

---

[37] Der Gegenaufklärer Arthur Schopenhauer macht die Grenzen menschlichen Wissens sehr deutlich, wenn er schreibt, dass »vom Dasein, Wesen und Ursprung der Welt ein vollständiges, bis auf den letzten Grund gehendes und jeder Anforderung genügendes Verständnis unmöglich ist« (Die Welt als Wille und Vorstellung, Köln 2009, 986). Bezeichnenderweise trägt das letzte Kapitel von Schopenhauers Hauptwerk den Titel »Epiphilosophie« – eine Referenz an die Figur des Epimetheus.

Licht und Schatten arbeitet.[38] Das gegen die Alltäglichkeit des Lebens gerichtete Pathos der Wahrhaftigkeit und Endgültigkeit, das die Radikalaufklärung kennzeichnet, geht weit über ein vernünftige Bemühen um Wahrheit und Erkenntnis hinaus. Im Grunde geht es den radikalen Aufklärern auch weniger um die Erkenntnis der realen Welt, als vielmehr um deren revolutionäre Umgestaltung. Da es mir hier jedoch einzig um die Perspektive des Alltagslebens geht, möchte ich solchen Visionen an dieser Stelle nicht weiter nachgehen.

6. Über Unsichtbarkeit und Nichtsein

Die Begrenztheit menschlichen Wissens und Erkennens ist ein anthropologischer Tatbestand. Sie ist nicht der Überfülle an Informationen in unserer Zeit geschuldet, sondern beruht auf dem strukturellen Zusammenhang, der zwischen der Wirklichkeit und ihrer Erfahrung besteht. Die Wirklichkeit als Inbegriff all dessen, was in der Welt geschieht, ist jederzeit und allerorts vollständig. Sie enthält keine Lücken, Leerstellen oder Löcher. Es gibt also in der Welt kein Nichts; Leere und Nichtigkeit sind Eigenschaften menschlicher Welterfahrung, nicht hingegen Merkmale der Welt selbst.[39] Allein durch die Struktur der menschlichen Erfahrung öffnet sich in der Welt eine Art virtuelle Dimension, in der sich Lückenhaftigkeit und relative Leere einstellen können. Solche Phänomene haben ihren Ursprung im Aspekt der Welt, also in der menschlichen Weltansicht. Und die Ansicht der Welt ist nicht die Welt selbst, sondern lediglich ein Teil von ihr. Sie entspringt der Fähigkeit des menschlichen Geistes, eine Ansicht oder Anschauung der Welt zu gewinnen, und zwar nicht erst in den Wissenschaften, sondern bereits im Alltag selbst.

---

[38] Vgl. Jonathan I. Israel, Martin Mulsow (Hg.): Radikalaufklärung, Frankfurt/M. 2014.

[39] Zum Ursprung des Nichts in der menschlichen Negation vgl. Jean-Paul Sartre: Das Sein und das Nichts. Versuch einer phänomenologischen Ontologie, Reinbek bei Hamburg [23]2022, 49-118.

Natürlich wird die Wirklichkeit dadurch, dass sie in einem geistigen Bild wiederkehrt, nicht zu einem Scheingebilde. Denn wie sollte etwas, das erfahren oder erkannt wird, durch sein Erfahren- oder Erkanntwerden an Realität einbüßen und irreal werden? Man darf die Unvollständigkeit unserer Erfahrungen und Erkenntnisse nicht mit der Fülle und Vollständigkeit der Welt als solcher verwechseln. Einem Menschen kann etwas fehlen, er kann Mangel erfahren. Die Welt als solche aber ist kein Bewusstsein; sie macht keine Erfahrungen, und ihr kann es daher auch an nichts mangeln. Umgekehrt gilt: Erfahrungen des Mangels sowie des Überflusses gehören – wie die Erscheinungsweisen der Welt für den Menschen ganz generell – zur Welt und ihrer Vollständigkeit. Denn Menschen sind weltliche Wesen, die durch ihre Mangelerfahrungen auf besondere Weise zur Vollständigkeit der Welt beitragen.

Diese Struktur menschlicher Erfahrung ist nichts Subjektives in dem Sinne, dass sie für den einen Menschen gilt, für den anderen dagegen nicht. Menschsein bedeutet, voll und ganz weltlich zu sein; es bedeutet aber zugleich beschränkt zu sein in der Erfahrung und Erkenntnis dessen, was die Welt (und damit auch der Mensch) ist. Ich gehe im zweiten Kapitel des Buches noch näher darauf ein, wo genau die Subjektivität menschlichen Erkennens ihren Platz hat. Ich möchte aber schon hier betonen, dass die Erfahrung und Erkenntnis der Welt, auch wenn dabei Subjektives eine Rolle spielt, auf keinen Fall zu einer Irrealisierung der Wirklichkeit führt.

Ich betone diesen Punkt, weil er für die Frage nach der Wahrheit von großer Bedeutung ist. Der entscheidende Gedanke ist der, dass die Welt auf unser Bewusstsein nicht angewiesen ist, um sie selbst zu sein, während umgekehrt die menschliche Erkenntnis der Welt bedarf, damit es sie – erstens – überhaupt geben kann, und damit sie – zweitens – Erkenntnis ›von etwas‹ sein kann. Es ist offenkundig, dass etwas dadurch, dass es der Erkenntnis entgeht, nicht inexistent oder zu bloßem Schein wird; Nicht-Bemerktwerden bedeutet nicht Nicht-Sein. Man kann sich sehr leicht klarmachen, dass bereits eine geringfügige Verschiebung der Aufmerksamkeit Dinge bemerkbar macht, die bislang unbemerkt geblieben sind, während anderes, das soeben noch in Sicht war, nunmehr unkenntlich wird oder sich entfernt. In solchen Fällen ist nicht zunächst etwas da, um kurz darauf ›zu nichts‹ zu werden. Dass Dinge verschwinden bedeutet, dass sie sich der aktuellen Kenntnisnahme entziehen; es bedeutet nicht, dass sie zunichtewerden. Die Dinge kommen nicht aus nichts und werden nicht zu nichts. Es ist unsere Aufmerksamkeit, die sich verändert, indem sie einige Dinge im Blick behält und andere aus den Augen verliert.

Der Mensch kann nur erkennen, was im weitesten Sinne des Wortes da ist. Hierin liegt eine ursprüngliche Angewiesenheit der Erfahrung auf Seiendes. Natürlich sind Menschen auch aktiv; sie gehen auf die Welt zu und erkunden ihre Umgebung. Selbst dort jedoch, wo ihr Blick auf bislang Unsichtbares oder Unbekanntes fällt, können sie nur sehen oder entdecken, was unabhängig von ihrer Umschau an Ort und Stelle da ist. Entsprechendes gilt für das Übersehen, also für das Nichtbemerken von etwas. Auch dies ist nur möglich, wenn das, was menschlichen Blicken entgeht, da ist oder geschieht, indem es eben an seiner Stelle Teil der Weltfülle ist. Was der eine übersieht, kann ein anderer von seinem Ort oder mit seiner Sensibilität sehen oder erfahren. Es kann natürlich auch sein, dass manche Dinge dauerhaft unerkannt oder unentdeckt bleiben. Aber sie hören deswegen nicht auf, da zu sein und so zu sein, wie sie sind.

Gerade im Alltag kommt absichtliches oder unabsichtliches Übersehen ebenso häufig vor wie das bewusste Beachten oder das intentionale Suchen und Erforschen der Wirklichkeit. Was die konkrete Lebensaktualität, das praktische Interesse der Menschen im jeweiligen Ich, Hier und Jetzt überschreitet, gelangt kaum in den Fokus der Aufmerksamkeit. Weit draußen auf irgendeinem gottverlassenen Acker liegt ein langsam verrottender Leinenbeutel. Wahrscheinlich wird ihn niemals jemand sehen, geschweige denn näher betrachten oder gar untersuchen. Wohl das Meiste im Alltag bleibt in diesem Sinne unbemerkt. Solche Dinge und Geschehnisse sind in ihrer Bestimmtheit allerdings auch dann vorhanden, wenn sie niemals entdeckt werden. Sie sind in ihrem Dasein und Sosein nicht auf den menschlichen Entdeckerblick und dessen Neugierde angewiesen. Wer den Titel des Liedes »Ich war noch niemals in New York« (Udo Jürgens) einmal mit Verstand bedenkt, der weiß, worauf diese Bemerkung hinausläuft. Die Stadt New York ist da, auch wenn jemand sie noch nie besucht hat oder niemals besuchen wird. So sehr es auch gegen unseren anthropozentrischen Stolz geht, so wenig lässt es sich ändern: New York, diese große Stadt an der Ostküste der USA, erwartet unser Kommen in keiner Weise. Und vor allem fängt New York nicht dann oder deshalb zu existieren an, wenn oder weil irgendein Mensch dort ankommt.

Ein idealistischer oder konstruktivistischer Ansatz tut sich mit der These einer vom Bewusstsein unabhängigen Welt schwer – denn er fußt auf der prometheischen Idee einer Abhängigkeit des Seienden wie Nichtseienden von menschlicher Aktivität. Eine solche Abhängigkeit lässt sich allerdings nur in Bezug auf artifizielle Umgebungen sinnvoll vertreten, während sie in Bezug auf die reale Welt, an der sich das epimetheische Nachdenken orientiert, zu absurden Konsequenzen führt. Natürlich kann man, z.B. im Film oder im Computerspiel, ganze Städte mit Leichtigkeit auf- oder umbauen; Filmemacher und Computerspieldesigner wandeln tatsächlich in den Fußstapfen des Prometheus. Doch was sie erzeugen, ist Schein bzw. Illusion. Denn im Film oder im Computerspiel sieht oder bereist man keine Städte, sondern hat es – während man tatsächlich im Kinosaal bzw. am Computer sitzt – mit bloßen Stadtphantomen zu tun. Es mag sein, dass in Bezug auf solche Phantome alles in der Hand der Macher und Designer liegt. Aber diese haben keine Macht über die Wirklichkeit, sondern über imaginäre und damit zuletzt höchst provinzielle ›Welten‹. Diese entspringen der Einbildung der Produzenten und bedienen allein die Imagination der Zuschauer oder Nutzer. Dass die Realität nicht auf ein Objekt der Einbildungskraft reduzierbar ist, weiß jeder, der den Kinosaal nach Filmende verlässt oder seinen Computer nach Spielende herunterfährt. Die Welt als solche ist kein virtueller Schauplatz; und alle Virtualitäten, die sich der Mensch im

Modus der Einbildungskraft gönnt, realisieren sich in der Welt und betreffen die wirkliche menschliche Erfahrung.[40] Es ist doch so: Was im Film oder im Computerspiel unerkannt bleibt, das ist, sofern es in der expliziten Darstellung nicht vorkommt, für das Bewusstsein des Zuschauers oder Spielers tatsächlich nichtseiend. Doch diese Tatsache darf nicht darüber hinwegtäuschen, dass die Darstellung bereits als solche ausschließlich Nichtseiendes erscheinen lässt – das artifiziell Präsentierte existiert nicht und steht zudem in keiner repräsentierenden Beziehung zur realen Welt.[41] Man kann in dem Film »Titanic« keine Person namens Dorothée Schubert entdecken, weil eine solche im Film schlicht nicht vorkommt. Aber auch wenn man im Film Jack Dawson (gespielt von Leonardo DiCaprio) präsentiert bekommt, kann man diesen dort nicht erkennen – denn erkennen kann man nur, was wirklich ist, und es gibt eben in Wirklichkeit keinen Jack Dawson. Dem epimetheisch Nachdenklichen ist ohne Weiteres klar: Jack Dawson ist ein Produkt des Prometheus, ein Konstrukt menschlicher Einbildungskraft.

Der Unterschied zwischen Unerkanntsein und Nichtsein wird noch deutlicher, wenn man ihm in der Sphäre der Zwischenmenschlichkeit nachspürt. In sehr einfühliger Weise hat Nicolai Hartmann dies in seiner *Ethik* (1925) getan. Er schreibt: »Die Lebenswege kreuzen sich mannigfach. Unzählige Menschen begegnen dem Menschen. Aber wenige sind es, die er im ethischen Sinne wirklich ›sieht‹, wenige, für die er den teilhabenden Blick hat […]. Und umgekehrt, wie wenige, von denen er selbst ›gesehen‹ wird! Welten begegnen sich, flüchtig streift Oberfläche an Oberfläche, in der Tiefe bleiben sie unberührt, einsam, und entfernen sich wieder. Oder sie laufen parallel ein Menschenalter und mehr, äußerlich verknüpft, vielleicht gefesselt aneinander, und bleiben einander verschlossen. Gewiss kann und soll nicht jeder

---

[40] Vgl. Claus Beisbart: Was heißt hier noch real? Wirklichkeiten in Zeiten von Computersimulation und virtueller Realität, Stuttgart 2024.

[41] Den Begriff artifizielle Präsenz verwende ich in Anlehnung an Lambert Wiesing: Artifizielle Präsenz. Studien zur Philosophie des Bildes, Frankfurt/M. [5]2018.

Mensch sich in jeden beliebigen versenken und verlieren. Gerade die tiefere Teilhabe bleibt singulär und exklusiv. Aber ist es nicht so, dass in diesem allgemeinen Vorbeigehen dennoch ein jeder mit der stillen Sehnsucht im Herzen einhergeht, von einem Menschen ›gesehen‹, liebend erfasst, erfühlt, erahnt zu werden? Und sieht sich nicht ein jeder hundertfach unverstanden, übergangen, übersehen? Ist nicht die Allen gemeinsame große Enttäuschung des Lebens eben diese, leer auszugehen mit sehnendem Herzen, vergeblich da zu sein für Andere, ungesehen, unempfunden, ungespiegelt und unausgewertet zurückgewiesen zu sein?«.[42]

Sehr eindringlich beschreibt Hartmann hier das Bedürfnis des Menschen nach Beachtung durch die Mitmenschen. Es würde nun fast an Zynismus grenzen, zu behaupten, jemand werde dadurch, dass er im sozialen Verkehr unbeachtet bleibt, zu jemand Nichtseiendem. Streng genommen aber müsste ein konstruktivistischer Ansatz, der das Sein oder Nichtsein eines Menschen vom eigenen oder fremden Bewusstsein abhängig macht, zu dieser Auffassung gelangen. Wir werden im Folgenden noch sehen, zu welchen abwegigen Konsequenzen diese Position auch in wahrheitstheoretischer Hinsicht führt. An dieser Stelle geht es zunächst nur um die Einsicht, dass das Alltagsbewusstsein nicht vom Unerkanntsein einer Sache auf ihr Nichtsein schließt. Dem epimetheisch Nachdenklichen ist, um es mit Hartmanns Worten zu sagen, klar, »dass im Grunde ein jeder weiß um die Sehnsucht des Anderen nach dem sehenden Blick«. Wenn daher jemand »dennoch [am Anderen] vorbeigeht, ohne hingesehen zu haben« (ebd.), so ist gerade das Vorbeigehen am Mitmenschen erfüllt vom Bewusstsein seiner Existenz. Denn von etwas wegzusehen bedeutet, das Übersehene in seinem Dasein zu bestätigen – man könnte und müsste nicht wegsehen, wenn nichts oder niemand da ist. Und umgekehrt gilt, dass ein Mensch nicht erst durch die Beachtung anderer Menschen wirklich wird – sich weniger erkannt oder anerkannt zu fühlen bedeutet nicht, faktisch weniger oder gar nichts zu sein. Die liebevolle Beachtung durch andere ist natürlich wünschens-

---

[42] Nicolai Hartmann: Ethik, Berlin ⁴1962, 14.

wert; sie hat ein ethisches, aber eben kein ontologisches Gewicht. Denn auch derjenige, der »allein mit dem geheimen Leid seiner Einsamkeit« (ebd.) lebt, ist ein wirklicher Mensch.

7. White submarine: Die Hintergründigkeit der Wahrheit

Mit der Wahrheit steht es in einem Punkt ganz ähnlich wie mit der Wahrnehmung, um die es bislang schwerpunktmäßig ging. Die Wahrheit ist im alltäglichen Äußerungsverhalten der Menschen zwar anwesend, doch wird ihre Anwesenheit oft gar nicht bemerkt – sie gleicht dem Moby Dick darin, dass sie sich nur selten an der Meeresoberfläche des Alltags blicken lässt. Menschen sagen zwar laufend die Wahrheit, aber sie lenken ihr Bewusstsein nicht darauf, was es eigentlich bedeutet, die Wahrheit zu sagen. Und selbst, wenn sie spontan oder auf Nachfrage etwas Wahres sagen, bemerken sie normalerweise nicht, dass sie es tun. Sie sprechen dann zwar zutreffend über die Dinge, aber ihr Bewusstsein ist ganz auf diese Dinge selbst gerichtet, nicht dagegen auf die verwendeten Worte; und erst recht nicht auf die Tatsache, dass ihre Worte wahr sind oder auf die Frage, wie das Wahrsein der Worte überhaupt möglich ist. Eine Besinnung darauf, dass gerade etwas gesagt und dass sogar etwas Wahres gesagt wurde, findet im Alltag nur ganz selten statt.

Dieser Gedanke impliziert nicht den Vorwurf der Unachtsamkeit, sondern ist einfach als Feststellung gemeint. Menschen haben im Alltag keine Theorie darüber, was sie tun, während oder indem sie es tun. Das gilt für das Handeln ebenso wie für das Sprechen. Das Sagen der Wahrheit (»Hallo Schatz, laut Navi komme ich um 16.45 Uhr in München an«) läuft, ebenso wie das praktische Tun (Zähneputzen, Einkaufen, Busfahren…), automatisiert und routinisiert ab. Es kann sein, dass jemand täglich viele Male die Wahrheit sagt, ohne dass es ihm oder anderen auffällt. Um praktisch die Wahrheit zu sagen, braucht man nicht zu wissen, was dabei geschieht. Die theoretische Analyse kann nachfolgen, aber das muss nicht sein. In der Regel bleibt sie aus, bei den meisten Menschen sogar ein Leben lang.

Den Menschen im Alltag fehlt, so könnte man sagen, die Fokussierung auf den weißen Wal der Wahrheit, von der der Kapitän der ›Pequod‹ besessen ist. Nicht zufällig wird in einigen Interpretationen der Ahab-Figur in Melvins Roman betont, dass Ahab in seinem prometheischen Aktivismus die normale Bindung an den Alltag verloren hat.[43] An die Stelle einer flüssigen und weitgehend unreflektierten Lebensführung tritt bei ihm die Verengung des Bewusstseins auf Moby Dick als das einzig existierende Lebensthema.[44]

Es ist Ahabs Ziel, den Wal aufzuspüren und zu töten. Zu diesem Zweck muss er aktiv werden, denn der weiße Wal der Wahrheit drängt sich nicht auf. Moby Dick ist da, aber er ist unsichtbar. Tief unter der Oberfläche zieht er seine ruhigen submarinen Bahnen. Und seine ›Weisheit‹ – für die das Weiß seiner Haut als Symbol dienen kann[45] – gleicht jener des Alltagsbewusstseins darin, dass er sich, gewissermaßen gedankenlos, im Hintergrund hält. Er lässt sich, in seinem leisen und trägen Dahingleiten, durch kaum etwas stören. Das ändert sich erst, wenn Gefahr droht; das Alltagsbewusstsein muss durch eine Störung geweckt werden, damit sich das ansonsten Zuhandene oder bloß latent Vorhandene in einen explizit Gegenstand gespannter Aufmerksamkeit verwandelt – oder, wie im Falle des weißen Wals, in vitale Selbstverteidigungsbereitschaft.

---

[43] Vgl. Thomas Woodson: Ahab's Greatness: Prometheus as Narcissus. In: ELH, Volume 33/3 (1966), 351-369.

[44] Ahabs Monomanie kommt im 36. Kapitel («Das Achterdeck«) des Romans deutlich zum Ausdruck: »Aye, aye, und ich werd' ihn ums Kap der Guten Hoffnung hetzen und auch ums Horn herum und um Norwegens Mahlstrom und durch die Flammen der Finsternis, eh ich die Jagd verloren gebe. Und, Männer, das ist es, wofür ihr angeheuert habt! Diesen weißen Wal zu jagen, auf beiden Ozeanen, in allen Winkeln der Welt, bis schwarzes Blut er bläst und tot im Wasser treibt« (Moby Dick, München ⁶2023, 272).

[45] Vgl. das 42. Kapitel des Romans (»Das Weiss des Wals«), in dem der Ich-Erzähler Ismael die zahlreichen Assoziationen mitteilt, die die weiße Farbe bei ihm auslöst.

Stellen Sie sich vor, Sie sitzen mit Bekannten zusammen, und einer aus der Runde sagt plötzlich: »Schaut mal, es fängt an zu regnen!«. Wenn es stimmt, was der Sprecher sagt – es lässt sich ja leicht durch einen Blick aus dem Fenster feststellen – sagt er die Wahrheit. Aber die Wahrheit, obwohl sie nun ausgesagt im Raum steht, ist dennoch in der Aussage gleichsam versteckt. Die Anwesenden denken nämlich nicht unmittelbar an die Wahrheit, sondern sie schauen nach draußen und sehen den einsetzenden Regen. Sie denken überhaupt nicht, sondern nehmen das Geräusch von Regentropfen auf dem Fensterbrett wahr. Dass sich soeben die Wahrheit in Gestalt einer wahren Aussage gemeldet hat, bleibt unbemerkt. Und das gilt auch dann noch, wenn einer der Anwesenden auf die Bemerkung des Sprechers erwidert: »Oh ja, stimmt!«.

Die Art, wie uns in der alltäglichen Kommunikation die Wahrheit begegnet, ist ein Nicht-Bemerken. Das klingt merkwürdig, ist aber doch verständlich. Denn die Wahrheit selbst ist kein Gegenstand, der uns (wie Regen oder wie die Autos auf der Straße) physisch begegnet. Was die Wahrheit stattdessen ist, wird im dritten Kapitel dieses Buches deutlich werden, wo die Untersuchung der Wesensfrage im Mittelpunkt steht. Halten wir hier zunächst fest, dass die Wahrheit im Alltag normalerweise nicht plakativ oder dinglich, sondern hintergründig da ist – und zwar auch dann, wenn es stimmt, was jemand sagt. Denn die Frage ist ja eben, was es heißt, dass etwas ›stimmt‹, und dazu erfährt man im Alltag verständlicherweise herzlich wenig.

Man könnte auch sagen, dass die Wahrheit im Alltag umhergeistert, ja dass sie, wenn sie in sprachlicher Form erscheint, gleichsam still und stumm durch die Situation schwebt. Mit diesem Bild möchte ich die Wahrheit nicht mystifizieren. Ich möchte nur festhalten, dass sie da ist, ohne greifbar zu sein. Man könnte auch sagen, dass die Wahrheit dort, wo sie gesagt wird, wie selbstverständlich oder beiläufig da ist. Die Menschen müssen es nicht darauf anlegen, sie als solche näher kennenzulernen oder gar ihr Wesen zu erfassen. Man kann auf ihre Erkenntnis normalerweise verzichten, zumal von ihr, ähnlich wie vom weißen Wal, keine aktive Bedrohung ausgeht.[46]

Eine derart schwebende, ungreifbare Existenz hat die Wahrheit auch dort noch, wo jemand bewusst und absichtsvoll die Wahrheit sagt; etwa wenn er als Zeuge vor Gericht aussagt und zuvor auf die Wahrheit vereidigt wird. In solchen Fällen rückt die Wahrheit gleichsam näher an das Bewusstsein der beteiligten Personen heran, und im Gerichtssaal mag beim Aussprechen der Eidesformel sogar eine knisternde Stimmung entstehen. Häufig aber wird die Wahrheit gerade in Fällen wie diesen bereits wieder von einer Aura der Erhabenheit umhüllt, was sich dann unter anderem in der Formalität solcher Wahrhaftigkeitsrituale zeigt. Fest steht jedenfalls, dass Menschen auch in derart exponierten Situationen keine Theorie darüber haben, was die Wahrheit ist – was wiederum keinen Mangel darstellt, sondern einfach der praktischen Natur solcher Redeanlässe entspricht.

Selbst eine Person, die sich ausdrücklich zum Ziel setzt, stets und überall die Wahrheit (‹und nichts als die Wahrheit›) zu sagen, benötigt zur Verwirklichung dieses Vorhabens keine theoretischen Kenntnisse darüber, was die Wahrheit ist. Sie muss sich, um ihrem Anspruch auf Wahrhaftigkeit gerecht zu werden, nur eng an die Wirklichkeit halten. Aufmerksam und konzentriert muss sie dem realen Verlauf der Ereignisse folgen, damit sie schließlich,

---

[46] Ein zentraler Gedanke der Neuen Ontologie Nicolai Hartmanns ist die Idee der »Gleichgültigkeit alles Seienden gegen die Objektion« (Grundzüge einer Metaphysik der Erkenntnis, Berlin [5]1965, 247). Analogisch könnte man sagen: Der weiße Wal der Philosophie ist indifferent gegenüber seinem Erkanntwerden, während demgegenüber die philosophischen Ahabs ihr Selbstbewusstsein allein aus der Objektion Moby Dicks beziehen. Zu diesem Gedanken passt die Tatsache, dass in Melvilles Roman gerade die Gleichgültigkeit der Natur dem Menschen gegenüber als eine Bedrohung erlebt wird. Ismael betont etwa, dass »das Weiß durch seine Unbestimmtheit die herzlose Leere und unermessliche Weite des Weltalls andeutet«; oder er erwägt, dass »das Weiß seinem Wesen nach nicht so sehr eine Farbe ist als vielmehr die sichtbare Abwesenheit von Farbe und zugleich die Summe aller Farben, dass deshalb eine weite Schneelandschaft dem Auge eine so öde Leere bietet, die doch voller Bedeutung ist – eine farblose Allfarbe der Gottlosigkeit, vor der wir zurückschrecken« (Moby Dick, München [6]2023, 322).

spontan oder auf Nachfrage hin, etwas Wahres darüber, was geschehen ist, aussagen kann.[47] Es kommt hier nicht darauf an, ob es Menschen, die von Kopf bis Fuß auf Wahrheit eingestellt sind, tatsächlich gibt. Es geht nur darum, was wahrheitsliebende Personen effektiv tun müssen. Wahrhaftigkeit setzt keinen akademischen Abschluss voraus, und der Wahrheitsliebhaber muss uns nicht theoretisch auseinandersetzen können, was die Wahrheit ist. Er muss über die Wahrheit und ihr Wesen überhaupt nichts wissen, um die Wahrheit sagen zu können. Das Wissen, das zum Wahrhaftigsein nötig ist, hat allein die Wirklichkeit zum Inhalt. Und ohne Treue zu dem, was in der Welt wirklich vor sich geht, kann kein Mensch wahrhaftig sein.

Wahrhaftigkeit, verstanden als Treue zur Wirklichkeit, ist eine Charaktereigenschaft von Personen. Ich möchte in diesem Essay jedoch nicht weiter über Persönlichkeitsmerkmale sprechen. Zwar bestehen zwischen Wahrheit und Wahrhaftigkeit einige Zusammenhänge, aber diesen gehe ich nicht weiter nach. Der Weg, der vor uns liegt, führt nicht in Richtung auf charakterliche oder moralische Tugenden, sondern zur Natur der Wahrheit selbst – und diese ist nur ganz äußerlich mit Wahrhaftigkeit als einer besonderen Art menschlichen Gutseins verbunden.

8. Wahrheit, Sprache, Medialität: Eine Annäherung

Kaum jemand wird bestreiten, dass die Wahrheit etwas ist, das man sagen oder aussagen kann. Man kann sogar behaupten, dass das Sagen der Wahrheit die vertrauteste Weise ist, in der die Wahrheit im menschlichen Leben vorkommt. Es ist aber noch offen, wie Wahrheit und Sprache miteinander zusammenhängen. Darum soll es jetzt gehen.

---

[47] Zurecht weist Bernard Williams (Wahrheit und Wahrhaftigkeit, Frankfurt/M. 2013) darauf hin, dass Genauigkeit (accuracy) und Aufrichtigkeit (sincerity) die beiden zentralen Tugenden im Hinblick auf das Äußern der Wahrheit sind.

An die Beziehung von Wahrheit und Sprache lassen sich zahl-reiche Fragen anschließen: Ist die Wahrheit notwendig auf die Sprache oder auf menschliches Sprechen angewiesen? Gibt es die Wahrheit nur in Gestalt wahrer Aussagen? Wird die Wahrheit vielleicht gar direkt durch die Sprache hervorgebracht? Oder ist die Wahrheit in der Welt anwesend, um mittels der Sprache ledig-lich wiedergegeben zu werden? Fragen wie diese kreisen darum, wie das innere Band zwischen Sprache und Wahrheit beschaffen ist. Und die Kernfrage dabei lautet, ob wir, wenn wir über die Wahrheit sprechen wollen, über die Sprache sprechen müssen.

Ich kann mich an dieser Stelle kurz fassen, weil sich mein dies-bezüglicher Standpunkt nach und nach deutlich herauskristalli-sieren wird. Zunächst also nur so viel: Die Sprache ist ein Mittel, mit dessen Hilfe man die Wahrheit nicht nur äußern, sondern auch besonders gut erforschen kann – die Erforschung der Wahr-heit mit anderen Mitteln, etwa durch Blicke, Gesten oder Bilder, dürfte sich als äußerst schwierig erweisen. Zudem ist von der Wahrheit alltäglich am häufigsten im Zusammenhang mit sprach-lichen Äußerungen die Rede, also in Bezug auf das Sagen der Wahrheit, hinter dem man in der Regel ein Erkennen der Wahr-heit vermutet. Wenn im Folgenden häufig von der Wahrheit von Aussagen die Rede ist, so deshalb, weil sich die Wahrheit von der Seite der Sprache her am besten fassen lässt – und weil es scheint, dass das Sprechen geradezu der Ursprungsort der Wahrheit ist.

Man darf das nicht missverstehen. Die Wahrheit ist nicht direkt ›Sprache‹ oder ›etwas Sprachliches‹, und sie ist auch nicht von der Sprache oder vom Sprechen abhängig. Wie sich zeigen wird, ist es eher umgekehrt. Das Sagen der Wahrheit hängt vom Bestehen der Wahrheit ab; und man könnte die Wahrheit gar nicht sagen, wenn es unmittelbar die Sprache selbst wäre, die das Wahre hervor-brächte. Wenn es wirklich die Wahrheit ist, die jemand äußert, dann erzeugt seine Äußerung die Wahrheit nicht. Zwar bringt man die Wahrheit, wie es heißt, ›zur Sprache‹, aber sie selbst wird dadurch nicht ›versprachlicht‹. Die Wahrheit wird, einfacher ge-sagt, nicht durch Sprache oder konkretes Sprechen zu dem, was sie ist. Die Sprache ist ein Mittel, um die Wahrheit zu sagen. Aber sie ist kein Mittel, um die Wahrheit nach ihren Vorstellungen willkürlich zu produzieren oder zu manipulieren.[48]

Wenn ich hier und im Weiteren vom Bestehen der Wahrheit rede, so darf das nicht falsch verstanden werden. Mit ›Bestehen‹ ist kein Zustand gemeint, der alles Zeitliche überdauert. Dass die Wahrheit besteht, bedeutet, dass sie in wahren Aussagen oder Gedanken stets als dieselbe bzw. als sie selbst wiederkehrt. Einzelne wahre Urteile oder Vorstellungen beziehen sich auf unterschiedliche konkrete Inhalte oder Themen. Aber das Wahrsein von Aussagen und Gedanken selbst ist weder etwas Konkretes noch etwas von Mal zu Mal Unterschiedliches. Es ist nicht so, dass die Wahrheit als graue Eminenz hinter der Wirklichkeit lauert und dort auf die Stunde ihrer Aktualisierung wartet – auch Moby Dick ist schließlich in der Welt, nämlich im Meer, und nicht hinter oder jenseits der Welt. Natürlich wird die Wahrheit durch Aussagen oder Vorstellungen sprachlich oder bewusstseinsmäßig aktualisiert; aber dieses Aktualisieren hat, wie sich noch zeigen wird, in keiner Weise den Charakter einer Erzeugung, sondern allenfalls den einer Hervorhebung, Akzentuierung oder Weckung. Die Sprache ist, was immer sie sonst noch leisten mag, kein Mittel, um die Wahrheit zu produzieren – wenn überhaupt etwas durch die Sprache produziert wird, dann sind es sinnlich artikulierte, bedeutungsvolle Worte, Sätze und Texte. Nicht die sprachliche Äußerung bestimmt darüber, was die Wahrheit ist, sondern umgekehrt: Die Wahrheit manifestiert sich im Sprechen als das, was sie ist.

Sicher spüren Sie bereits intuitiv, dass die These: ›Ohne Sprache keine Wahrheit‹ über das Ziel hinausschließt. Dass die Wahrheit nicht vom Sprechen abhängt, zeigt sich bereits daran, dass Gedan-

---

[48] Alle Thesen von der ›Sprachlichkeit‹ der Welt verkennen den Mittel-Charakter der Sprache. Das gilt etwa auch für das bekannte Diktum von Ludwig Wittgenstein, demzufolge die Grenzen meiner Sprache die Grenzen meiner Welt sind – eine Idee, die nicht nur seinerzeit den linguistic turn in der Analytischen Sprachphilosophie mitgetragen hat, sondern die auch heute noch durch populärphilosophische Sprachtheorien geistert; z.B. bei Kübra Gümüsay: Sprache und Sein, Berlin 2020.

ken und Vorstellungen auch ohne sprachliche Artikulation wahr sein können. Sie denken z.B., ohne es zu stimmlich oder schriftlich zu äußern: »Mist, schon wieder Stau!« – und indem Sie auf diese Weise gedanklich auf den Straßenverkehr Bezug nehmen, haben Sie, sofern Sie im Stau stecken, eine wahre Vorstellung über ein Ereignis außerhalb ihrer Gedanken. Gedanken und Vorstellungen sind, ebenso wie die gesprochene oder geschriebene Sprache, Mittel zur Vergegenwärtigung der Welt. Der Unterschied zwischen beiden Mitteln besteht darin, dass Gedanken und Vorstellungen, anders als Gesprochenes, nicht sinnlich in Erscheinung treten, und dass man sich, um sie zu übermitteln, in der Regel der Sprache bedienen muss. Vorgestelltes oder Gedachtes kann man für sich behalten, und darin besteht ein Aspekt der sprichwörtlichen Gedankenfreiheit. Gesprochenes oder Geschriebenes ist dagegen ist stets nach außen gewandt. Die Sprache veröffentlicht das Gedachte und verschafft ihm dadurch eine soziale Verbindlichkeit, die der Gedanke, obwohl auch er schon Realitätsbezug aufweist, noch nicht hat. Erst im Öffentlichen gilt eben: ›gesagt ist gesagt‹.

Sprechen, Denken und Vorstellen stimmen, so verschieden sie hinsichtlich ihrer Sichtbarkeit auch sind, in einer Hinsicht doch überein. Mit ihrer Hilfe beziehen sich Menschen auf Dinge und Geschehnisse in der Welt – und zwar so, dass dieser Bezug, technisch formuliert, wahrheitsfähig ist. Nun geht es in diesem Essay unmittelbar weder um die Sprache noch um Gedanken oder Vorstellungen: Es geht um die Wahrheit. Wann immer daher künftig von Sprechen, Denken oder Vorstellen die Rede ist, geht es immer nur um Mittel, die zur Erkenntnis der Wahrheit beitragen. Da heutzutage häufig von Mitteln, und zwar vor allem von Mitteln im Sinne von ›Medien‹ die Rede ist, muss ich noch etwas genauer sagen, worin der Unterschied zwischen der Wahrheit und ihren diversen Medien besteht.

Die Menschen wissen normalerweise sehr gut, dass Mittel eben Mittel sind, also gerade nicht jene Sachen, um derentwillen man sie als Mittel verwendet. Mittel sind Werkzeuge, die einem helfen, zur Sache zu kommen, Ziele zu erreichen, Zwecke zu erfüllen. Und damit sind sie nicht selbst die Sachen, Ziele oder Zwecke, welche durch sie erreicht werden sollen. Der Begriff der Medialisierung der Welt, der heute weit verbreitet ist, schießt insofern weit über das Ziel hinaus. Zwar verdanken sich z.B. die Bilder, die sich Menschen von der Welt machen, dem Einsatz von Medien. Aber die Welt wird durch Mediennutzung nicht selbst zu einem Bild oder Medium. Der Gebrauch von Medien, der übrigens selbst ein realer Vorgang ist, dient zwar dem Ziel der Darstellung der Wirklichkeit. Aber er zielt natürlich nicht auf die Ersetzung der Realität durch Medien. Niemand macht ein Foto in dem Glauben, dass er damit die Welt selbst eingefangen hat. Er weiß, dass das, was erzeugt wird, ein Bild der Welt ist. Man kann das Gleiche auch für sprachliche Mittel sagen; z.B., wie wir bereits gesehen haben, für Begriffe: »Der Begriff der Welt ist nicht die Welt. Aber indem man ihn hat, denkt man die Welt. Und indem man ihn auf Grund neuer Erfahrung fortbildet, erkennt man die Welt«.[49]

Ich lege auf diesen Punkt deshalb so viel Gewicht, weil seit geraumer Zeit eine Art Dogma die Runde macht: Die Auffassung nämlich, dass es die Welt außerhalb von Medien gar nicht gibt. Die Popularität dieser Idee geht unter anderem auf einen Slogan zurück, der den kanadischen Literaturwissenschaftler Marshall McLuhan (1911-1980) bekannt gemacht hat: »The Medium is the Message«.[50] Zwar ist dieser knappe Satz lediglich die Pointierung weit verzweigter kulturtheoretischer Gedankengänge, die hinter ihm stehen. Aber diese sind insgesamt so beschaffen, dass sie in diese durchaus irreführende Zuspitzung münden.

In der Tat ist McLuhan der Ansicht, dass sich die moderne Welt mehr und mehr ins Mediale hinein auflöst. Medien unterschiedlichen Formats vernetzen sich zu einem komplexen System, das die menschliche Lebenswelt durchdringt. Was nun aber den Begriff der Botschaft (›message‹) angeht, der in McLuhans Formel zentral ist, so verschiebt sich dessen Sinn auf eigenartige Weise gegenüber seiner klassischen Verwendung. Er steht nicht mehr für

---

[49] Nicolai Hartmann: Der Aufbau der realen Welt, Berlin ³1964, 13.

[50] Marshall McLuhan: Understanding Media. The Extensions of Man, London/New York 2008, 7-23.

wahren oder falschen Bezug der Medien auf die Wirklichkeit, sondern bezeichnet die zahlreichen Effekte, die sich aus der Zunahme an Medien für die menschliche Erfahrung ergeben. McLuhans zugespitzte These ist also eigentlich kaum spektakulär, wenn man sie als das nimmt, was sie ist – nämlich die Quintessenz einer Beschreibung veränderter Erfahrungs- und Lebensverhältnisse in hochgradig technisierten Gesellschaften.

In akademischen Kreisen hat man McLuhans Formel hingegen oft wörtlich verstanden, und dadurch konnte sie wesentlich dramatischer erscheinen. Man hat die Botschaft in klassischer Weise als den realen Gegenstand medialer Prozesse gedeutet, um dann festzustellen, dass es ihn außerhalb der Medien gar nicht (mehr) gibt. Diese Interpretation geht über die Beschreibung eines kulturellen Wandels, die McLuhan selbst im Auge hatte, weit hinaus; und bei genauerer Betrachtung wird deutlich, dass sie es in unhaltbarer Weise tut. Wörtlich genommen nämlich besagt die Formel, dass das, was ein Medium inhaltlich darstellt, also seine Botschaft, unmittelbar identisch mit dem Medium ist, mit dessen Hilfe die Botschaft generiert und transportiert wird. Man kann über diese Identitätsthese sehr lange nachdenken, und Medientheoretiker haben das tatsächlich und in teilweise sehr phantasievoller Weise getan. Aber es ist letztlich unmöglich, ihr einen vernünftigen Sinn abzugewinnen.

Der Grund dafür ist recht einfach. Man kann den Gedanken, dass die Botschaft und die Medien ihrer Darstellung dasselbe sind, überhaupt nicht fassen. Natürlich ist es richtig, dass Medien an der Darstellung von Inhalten bzw. Botschaften mitwirken; schließlich sind auch sie reale Phänomene, und ihr jeweiliges Format hat reale Auswirkungen z.B. auf den Effekt des Dargestellten. Die These von McLuhan beschränkt sich aber für den, der sie sie beim Wort nimmt, keineswegs darauf festzustellen, dass Medien die Sicht auf die Botschaft mitbestimmen. Vielmehr identifiziert sie die Botschaft unmittelbar mit ihrer medialen Präsentation; und damit bringt sie den außermedialen Inhalt, um dessen Vermittlung es beim Mediengebrauch doch geht, zum Verschwinden. Natürlich ist die Identitätsthese so lange harmlos, wie sie nur dazu anregen soll, Medientheorie zu betreiben, also Medien und die Art ihres Darstellens zum Gegenstand wissenschaftlicher Forschungen zu machen. Aber das ist nicht der buchstäbliche Sinn der These. Diese behauptet vielmehr direkt eine ontologische Identität von Medium und Inhalt, und genau das ist philosophisch nicht nachvollziehbar.

»Identitätsthesen«, so bemerkt Nicolai Hartmann, »sind immer die bequemsten Lösungen [der] Probleme, denn sie sind die radikalsten Vereinfachungen«.[51] Wenn man sich über das wirkliche Verhältnis zweier Phänomene nicht im Klaren ist, behauptet man einfach ihre Identität und hält sich damit alles weitere Nachfragen vom Hals. Aber diese Problemmüdigkeit rächt sich in Gestalt der Erzeugung evidenten Unsinns. Versuchen Sie nur einmal den Gedanken zu fassen, Ihr Smartphone als triviales Beispiel eines Mediums sei dasselbe wie die Botschaften, die Sie mittels dieses Geräts senden oder empfangen. Sie werden dabei scheitern, denn das lässt sich nicht denken.

Was die interpretative Überlastung von McLuhans These angeht, so passt sie schon deshalb recht gut auf die heutige Zeit, weil viele Menschen, wie man sagt, ständig ›medial unterwegs‹ sind. Doch der Schein trügt. Zwar wird niemand die historisch beispiellose Intensität der Nutzung von Kommunikationsmedien in der Gegenwart abstreiten. Und auch niemand wird bestreiten, dass mit der politischen Macht über die Kommunikationsmittel eine Macht darüber, was dargestellt wird (und wie genau es dargestellt wird), verbunden ist. Das heißt aber nicht, dass die Menschen und das, worüber sie medial in Sprache, Schrift und Bild kommunizieren, selbst zu Medien werden. Der Unterschied zwischen der

---

[51] Nicolai Hartmann: Wie ist kritische Ontologie überhaupt möglich? In: Kleinere Schriften, Band III: Vom Neukantianismus zur Ontologie, Berlin 1958, 268-313, 274. Hartmann macht das Scheitern von Identitätsthesen in vielen Problembereichen deutlich. Besonders aktuell ist seine Kritik des Identitätsdenkens in Bezug auf das Körper-Geist-Verhältnis (vgl. etwa Philosophie der Natur, Berlin/New York ²1980, 362), denn auch heute kommt es in der Philosophie des Geistes immer wieder zur Identifikation von Gehirn und Bewusstsein unter naturalistischen Vorzeichen.

Wirklichkeit und ihrer Darstellung ist ein ontologischer Unterschied, der durch die Rhetorik der Identifikation nicht nivelliert werden darf. Dieser Unterschied ist in Bezug auf die Wahrheitsfrage von großer Bedeutung. Denn auf ihm gründet die bleibende Macht der Wahrheit, der auch in Zeiten von Trollen und Deepfakes keine Medienmacht etwas anhaben kann.

Machen wir uns einfach klar, dass bereits die alltägliche Rede vom In-den-Medien-Sein sich gedanklich am Rande des Unsinns bewegt. Was soll es eigentlich heißen, dass eine Person ›im‹ Internet ist? Kein vernünftiger Mensch wird eine solche Formulierung beim Wort nehmen. Denn jeder weiß doch oder kann es sich immerhin klarmachen, dass das Internet, nicht anders als andere Medien, an reale Menschen und deren Wünsche oder Bedürfnisse angeschlossen ist. Wer ›im‹ Internet ist, sitzt irgendwo auf der Welt vor einem PC-Bildschirm oder schaut auf das Display eines Mobilfunkgerätes. Und wer künftig ›im Cyberspace ist‹, der wird sich auch weiterhin an irgendeiner Stelle des Realraums aufhalten, an dem er allerlei bizarre Körperbewegungen ausführen wird.[52] McLuhan hatte durchaus Recht damit zu behaupten, dass Medien Erweiterungen des Menschen (›extensions of man‹) sind. Aber niemand wird daraus, dass der Mensch durch Medien seine Erfahrungsmöglichkeiten ausdehnt, darauf schließen, dass dadurch die Realität ›in den Medien‹ verschwindet. Medien, schlicht als Mittel verstanden, sind etwas im realen Raum; das Smartphone liegt vor mir auf dem Tisch. Und weder ich noch das Smartphone verlassen den Realraum, wenn ich mittels des Smartphones ›ins Internet gehe‹.

---

[52] Der »Realraum«, so Nicolai Hartmann, »ist der Raum, in dem die realen Dinge und Dingverhältnisse sind, die physisch-realen Geschehnisse sich abspielen, in dem auch das menschliche Leben verläuft, soweit sein Ablauf ein dinglich-naturhafter und an Naturverhältnisse gebundener ist, und zwar sowohl das individuelle als auch das geschichtlich-gemeinschaftliche Leben. Realraum ist ebensosehr Weltraum wie Lebensraum, Spielfeld kosmischer Körper und Kräfte wie Spielfeld menschlichen Schaltens und Waltens. Er ist der Raum des Existierenden, die Form und kategoriale Bedingung der Außenwelt« (Philosophie der Natur, Berlin/New York ²1980, 86f.).

Ist der medial extendierte Mensch nicht nach wie vor ein realer Mensch? Natürlich ist er das! Und die Welt, die ihrerseits nicht in die Medien eingeht, bleibt auch in Zukunft der reale Bezugspunkt medialer Darstellungen. Ohne Zweifel verändern sich der Mensch und die Welt durch die Medien. Aber im Zuge dieser Veränderung ›medialisieren‹ sie sich nicht. Die Rede von der Medialisierung der Welt ist eine Übertreibung, und die Floskel vom In-den-Medien-Sein ist eine Metapher. Wer solche Formulierungen wörtlich nimmt, sorgt zwar für einen gewissen intellektuellen Thrill, aber er läuft dabei auch Gefahr, die Phänomene zu verfehlen.

9. Der Weg ist der Weg, das Ziel ist das Ziel

Hinter der Diskussion über Medien und Medialisierung stehen philosophisch sehr alte und vielleicht sogar zeitlose Fragen. Immer geht es in irgendeiner Weise um Probleme der Repräsentation – also darum, ob und wie etwas oder jemand da sein kann, ohne physisch oder leibhaftig anwesend zu sein.[53] Die Ansicht, dass diese Fragestellung erst mit den heutigen digitalen Medien virulent wird, ist falsch. McLuhan hätte mit seiner These bereits im Streit um die platonischen Ideen sowie im mittelalterlichen Abendmahlsstreit Partei ergreifen können. Nun, zumindest theoretisch: Denn anders als viele Medienwissenschaftler, die sich mit großem Eifer um die Deutung seiner Ideen bemüht haben, hat McLuhan selbst die Sache weniger streng genommen. Er war auch mit einer dadaistischen Variante des Satzes («The Medium is the Massage»), die sich einem Fehler bei der Schriftsetzung seines Buches verdankt, ganz glücklich. Dass auch über diese absichtslos entstandene Nonsense-Formulierung zahlreiche Debatten entbrannt sind, könnte einem ernsthaft zu denken geben – aber die Erheiterung darüber überwiegt.

---

[53] Ich habe mich mit diesen Fragen bereits in meiner Habilitationsschrift auseinandergesetzt. Vgl. Thomas Rolf: Erlebnis und Repräsentation. Eine anthropologische Untersuchung, Berlin 2004.

Natürlich ist nicht abzustreiten, dass es einen geschichtlichen Medienwandel gegeben hat und wohl auch weiterhin geben wird. Und das heißt: Es ist tatsächlich ein Unterschied, ob die Menschen mittels Mimik oder Handzeichen, mittels Sprache oder Schrift, mittels Telefon oder Internet kommunizieren. Hätte McLuhan mit seiner These allein auf Unterschiede dieser Art aufmerksam machen wollen, wäre die Angelegenheit relativ harmlos. Aber sein Satz zielt, landläufigen Deutungen zufolge, auf mehr: nämlich auf ein historisch zunehmendes Ununterscheidbarwerden von Medien und Inhalten. Genau hier liegt jene Übertreibung, die den an sich unproblematischen Slogan McLuhans haltlos macht. Denn wie soll der historische Medienwandel dazu geführt haben, dass die neuesten Medien, anders als etwa jene früherer Zeiten, unmittelbar selbst zu Botschaften werden? Das ist in keiner Weise nachvollziehbar. Was auch immer der Medienwandel kulturell oder sozial bewirkt hat, er hat nicht bewirkt, dass Medien Inhalte sind oder zu Inhalten werden.

Das Internet z.B. ist ein Medium. Es ist keine Message, sondern eine technische Architektur zur Vermittlung von Botschaften. Was Menschen im oder mittels Internet sehen oder hören, das allein ist die Message. Das Medium ›Internet‹ ist ein Kanal, durch den Botschaften zu uns gelangen. Ohne Frage hat das Internet das Leben der Menschen verändert. Aber es hat natürlich weder dafür gesorgt, dass es nunmehr überhaupt keine Inhalte mehr gibt noch dass die Inhalte aufgrund ihrer Vermittlung plötzlich etwas anderes als Inhalte sind.

Die geschichtliche Ausdifferenzierung der Kanäle, in denen das Mitteilen von Inhalten und Bedeutungen geschieht, ist vom Gegenstand der Mitteilung verschieden. Und der Inhalt der Kommunikation zielt in seiner Bedeutung nicht auf Mediales, sondern auf nicht-mediale Sachverhalte oder Tatsachen. Das gilt für alle Arten von Medien, und es beginnt schon bei der Sprache. Wenn ich sage: »Das Wetter ist heute echt super!«, dann sage ich etwas über das Wetter, nicht dagegen etwas über die Sprache, mit deren Hilfe ich mich über das Wetter äußere. Das Wetter selbst ist, wie jeder weiß, nicht mit einer sprachlichen Äußerung über das Wetter identisch.

Sprache und Stimme sind hier Medien, aber sie sind nicht die Sache selbst. Sie sind nicht das Wetter, das umgekehrt kein Medium ist – es sei denn, man glaubt irrigerweise, das Wetter sei eine Art Text, in dem man lesen kann. Es werden niemals Medien kommuniziert, sondern mittels Medien Inhalte. Inhalte und Medien lassen sich deshalb so klar voneinander unterscheiden, weil sie ontologisch, d.h. der Sache nach unterschieden sind.

Diese Zusammenhänge lassen sich ohne Mühe auch auf die Wahrheit beziehen. Auch die Wahrheit ist mit denjenigen Dingen, die man zusammenfassend als Medien der Wahrheit bezeichnen kann – also vor allem mit Sprache, Gedanken oder Vorstellungen – nicht identisch. »Neither language nor thinking nor conception or perception is the truth«: So könnte die Analogie zu dem irreführenden Slogan von McLuhan lauten. Zwar erfolgt die menschliche Bezugnahme auf die Wirklichkeit im Medium von Aussagen, Gedanken oder Vorstellungen, und diese können wahr oder falsch sein. Aber die Wahrheit als solche ist nicht identisch mit ihrem Auftauchen in Aussagen, Gedanken oder Vorstellungen. Was immer daher als Medium der Wahrheit dient: Die Wahrheit selbst ist kein Medium für irgendetwas. Die Erkenntnis, sei es in gedanklicher oder sprachlich geäußerter Form, führt zur Wahrheit, so wie umgekehrt Irrtum oder Lüge Unwahrheit im Gefolge haben. Die Wahrheit selbst aber führt zu überhaupt nichts. Sie ruht, als der weiße Wal der Philosophie, in sich.

Die Wahrheit und ihre Medien verhalten sich zueinander wie das Ziel und der Weg. Beide hängen zusammen, sind aber nicht identisch. Letztlich ist der populäresoterische Ausspruch: »Der Weg ist das Ziel« in ähnlicher Weise absurd wie die populärakademische These McLuhans: »The Medium is the Message«. Der eine Satz mag für Medienwissenschaftler kultig, der andere für Laientheoretiker des Lebens erbaulich klingen. Aber dies ändert nichts an der Unsinnigkeit beider Behauptungen. Denken Sie bitte ganz einfach: Wäre der Weg tatsächlich das Ziel, dann wäre ein Gang ins Kino unmöglich – man wäre dann ja auf dem Weg ins Kino bereits im Kino. Gegen diesen offenkundigen Nonsens will ich eine Trivialität ins Spiel bringen, die aber immerhin den Vorteil hat, dass sie den Unsinn vermeidet: Der Weg ist der Weg, das Ziel ist das Ziel.

Natürlich ist nicht jeder Weg notwendig mit einem Ziel verbunden. In der postmodernen Idee einer Welt aus Medien, die immer wieder nur auf weitere Medien verweisen, ist die Zielvorstellung getilgt und durch eine Art zielloses Unterwegssein ersetzt. In Kapitel 4 wird sich zeigen, dass diese Idee ganz allmählich aus einer bestimmten geistigen Konstellation erwachsen ist – nämlich aus der Umstellung der Philosophie von Ontologie auf Erkenntnistheorie zu Beginn der Neuzeit. Seit dieser Zeit wird das Verhältnis zwischen Bewusstsein und Sein zum beherrschenden Thema der theoretischen Philosophie. Zwar bleibt für die neu entstehende Erkenntnistheorie die Erkenntnis der nunmehr so genannten »Dinge an sich« das entscheidende Ziel. Aber es wird zugleich immer ungewisser, ob sich dieses Ziel auf dem Weg der Erkenntnis tatsächlich erreichen lässt. Zunehmend, so werden wir sehen, beschäftigt sich der Erkennende nur noch mit sich selbst sowie der Frage nach der Zuverlässigkeit und Reichweite seines Erkenntnisvermögens. Dabei läuft er Gefahr, sich dermaßen in das Studium der Medien der Erkenntnis zu verwickeln, dass er die Realität selbst, also das ursprüngliche Ziel seiner Bemühungen, immer mehr aus den Augen verliert.

2. VIELE MEINUNGEN – EINE WAHRHEIT

1. Es gibt keine ›Wahrheiten‹

Wie sich im ersten Kapitel gezeigt hat, ist die Wahrheit vor aller Theorie so fest im menschlichen Alltagsleben verankert, dass das Licht der Erkenntnis kaum direkt auf sie fällt. Zum Thema wird sie erst, wenn man das Denken gezielt auf sie richtet; und dies setzt voraus, dass man die Perspektive der natürlichen Alltagseinstellung hinter sich lässt. Der Schritt von der Alltagspraxis zum Denken, den dieser Essay nun vollzieht, ist aber kein willkürlicher Sprung. Denn bereits im Alltag selbst kommt es zu Situationen, in denen Konflikte hinsichtlich der Existenz sowie der Natur der Wahrheit entstehen. Das zentrale Problem, das dann ausgetragen wird, spitzt sich zu in der Frage nach der Einheit der Wahrheit angesichts einer Vielzahl von Meinungen und Standpunkten. Wer sich über die Wahrheit Gedanken macht, kommt um die Diskussion dieses Streitpunktes nicht herum. Die stillschweigende Überzeugung, die er aus dem Alltagsbewusstsein mitbringt, ist die, dass sich die Wahrheit trotz der evidenten Vielstimmigkeit der Meinungen nicht auflöst.

Der alltäglich submarinen Idee der Einheitlichkeit der Wahrheit steht allerdings an der Oberfläche des Alltagsbewusstseins ein prinzipieller Einwand gegenüber. Es handelt sich dabei nicht um einen theoretisch konstruierten Kritikpunkt, sondern um einen populären Zweifel, der tatsächlich oft vorgebracht wird. Er läuft auf die Behauptung hinaus, dass es ›die‹ Wahrheit als ein homogenes Gebilde nicht gibt. Jeder Mensch hat vielmehr, so der Tenor dieser These, ›seine‹ Wahrheit, so dass von der Wahrheit im Singular eigentlich keine Rede sein kann. Es ist klar, dass diese Annahme, sofern sie wahr wäre, über den Sinn oder Unsinn meiner weiteren Überlegung entscheidet. Ich muss mich daher gezielt mit ihr auseinandersetzen und will das auch sofort tun.

An der besagten Behauptung fällt auf, dass sie sich der Wahrheit aus einer merkwürdigen Richtung nähert, nämlich in Form der Frage nach der Anzahl der… – und schon stocke ich! Wenn ich schriebe »die Anzahl der *Wahrheit*«, dann wäre das grammatisch falsch. Schriebe ich dagegen »die Anzahl der *Wahrheiten*«, wäre das grammatisch korrekt, aber dann wäre mir mit einem Schlag die Bedeutung des Wortes ›Wahrheit‹ nicht mehr verständlich. Zwar ist ohne Weiteres verständlich, was gemeint ist, wenn z.B. von der Anzahl von Häusern in einer Straße die Rede ist; denn Häuser sind einzelne Dinge, die man aufgrund ihres Einzelseins abzählen kann. Aber gilt das auch für die Wahrheit? Lässt sich Wahrheit zählen: Eine Wahrheit, zwei Wahrheiten, drei Wahrheiten…? Oder kann man ›Wahrheiten‹ – wie es bei Dingen wie Häusern leicht möglich ist: erstes Haus links, zweites Haus links usw. – in eine Reihenfolge bringen: Wahrheit Nr. 1, Wahrheit Nr. 2, Wahrheit Nr. 3…?

Viele Menschen verwenden tatsächlich ohne Skrupel die Pluralform von ›Wahrheit‹, und man hat nicht den Eindruck, dass daran groß Anstoß genommen wird. Oft hört man Leute sagen, dass das, was sie geäußert haben, lediglich ›ihre‹ Wahrheit sei, die sie aber auf keinen Fall anderen aufdrängen möchten. Jeder Mensch hat seine persönliche Wahrheit – das ist offenbar die Botschaft, die solche Leute senden wollen.

Ich habe die Sache lange hin und her gewendet und bin schließlich zu dem Ergebnis gekommen, dass die Rede von der Wahrheit im Plural unhaltbar ist. Dass jeder Mensch seine Meinung hat, ist natürlich klar. Doch daraus folgt nicht, dass sich mit der Anzahl der Meinungsträger sowie der zahllosen persönlichen Meinungsinhalte auch die Wahrheit selbst vervielfacht. Wer seine persönliche Meinung direkt als ›seine‹ Wahrheit bezeichnet, setzt Dinge gleich, die an sich nicht gleich sind. In dieser Haltung mag sich vordergründig der Respekt vor den Meinungen anderer Menschen ausdrücken; also die Rücksichtnahme darauf, dass sich in Meinungen jeweils höchst persönliche Lebenserfahrungen, Standpunkte und Weltanschauungen kristallisieren. Aber der Respekt geht ins Leere, sofern er glaubt, sich auf die Pluralität der Wahrheit zu beziehen. Es liegt, wie ich jetzt zeigen möchte, eine Verwischung des Unterschiedes zwischen Wahrheit und Meinung vor.

Es spricht nichts dagegen, die Meinungen anderer Menschen zu respektieren: sie also, bevor man ihnen etwas erwidert, erst einmal bei sich ankommen und in aller Ruhe auf sich wirken zu lassen. Teil eines solchen Respekts ist auch sich zu fragen, ob das, was andere als ihre Meinung äußern, inhaltlich zutreffend ist – denn »ein Gespräch setzt voraus, dass der andere Recht haben könnte«.[54] Jeder weiß, dass sich ein Meinungsaustausch nicht in formeller Höflichkeit, etwa in gegenseitigem Aussprechenlassen, erschöpfen kann. Zwar sind Gesprächsregeln diskurstechnisch sinnvoll, aber zum Wahrsein dessen, was jemand sagt, tragen solche Regeln nichts bei.

In jeder Meinungsäußerung steckt ein inhaltliches Moment, also eine Überzeugung bezüglich des Soseins der Sache, die zur Diskussion steht. Die Wahrheit dessen, was jemand sagt, liegt nicht im bloßen Behaupten (oder gar im Sich-Behaupten gegen andere), sondern in der Trefflichkeit des Gesagten. Ein Meinungsaustausch mag noch so sehr wie ein Kampf um Anerkennung aussehen – aber das ist nur die spektakuläre Außenansicht von Gesprächen, die freilich bisweilen die Aufmerksamkeit eines Publikums stark fesseln kann. Hintergründig wird ein Austausch von Meinungen stets vom jeweiligen Problem getragen und beherrscht; fällt dieses aus, so ist alles weitere Sprechen eigentlich hinfällig. Natürlich dominiert an der Oberfläche von Debatten häufig die persönliche Selbstdarstellung. Aber das Dominieren jener, die am meisten, schnellsten oder lautesten sprechen, ist ein durchschaubares Phänomen, das nur selten mit sachlicher Dominanz verwechselt wird. Dass zur Schau gestellte Dominanz zur Sache nichts beiträgt, erkennt man daran, dass das Fehlen sogenannter ›Beziehungsaspekte der Kommunikation‹ (Friedemann Schulz von Thun) vor allem bei bedeutsamen Gesprächsthemen nicht als Mangel erlebt wird. Wenn es richtig zur Sache geht, haben die Konventionen des gepflegten Austausches meistens keine Kraft mehr. Dann wird es hitzig, alle reden durcheinander, und

---

[54] Hans-Georg Gadamer: »Rituale sind wichtig«. Interview mit Thomas Sturm. In: Der Spiegel 8/2000.

man spürt, dass es nun um den neuralgischen Punkt des Themas geht.

Mag die Sachausrichtung von Gesprächen auch noch so sehr von Selbstdarstellungsritualen überlagert sein, sie ist zuletzt doch dasjenige, was im Zentrum ernsthafter Diskussionen steht. Die Teilnehmer kommen eben wegen der Sache zusammen, nicht dagegen um sich selbst oder ihr Reden vorzuführen. Zwar weist der Ausdruck ›Talkshow‹ in die entgegengesetzte Richtung; so, als solle sich hier das Sprechen (›talking‹) allein um seiner selbst willen zeigen (›show‹). Aber auch Gespräche in solchen Vorzeigesituationen sind immer von einem Sachthema her gewichtet, an das die Sprecher mit ihren Beiträgen anknüpfen müssen. Diese Anknüpfung gelingt natürlich nicht immer, aber es rächt sich, wenn sie ausbleibt. Denn gerade dort, wo das Sprechen sich zeigt bzw. öffentlich gezeigt wird, ist es dem Instinkt der Zuhörer ausgesetzt, die von ihrer distanzierteren Warte aus in der Lage sind, Sachargumente von Selbstdarstellungen zu unterscheiden. Denken Sie an gängige Leerformeln wie »Ich muss es hier und heute einfach einmal in aller Deutlichkeit sagen«: Es gehört nicht viel dazu, derartige Äußerungen als bloße Redegirlanden zu erkennen, die die Sachdiskussion keinen Schritt voranbringen. Das gilt selbst noch für verschwenderische Sätze wie: »Wir müssen uns endlich den Problemen zuwenden, anstatt nur immer wieder um sie herumzureden«. Tatsächlich ist es ein geistiger Instinkt, der Äußerungen dieses Typs als ornamental und inhaltslos ausfiltert. An solchen Phrasen erkennt der Zuhörer, das alles bisher Gesagte noch immer bloße Vorrede ist – und er drängt darauf, dass man nun endlich zur Sache komme.

Dieses Drängen hat seinerseits einen sachlichen Grund. Denn tatsächlich hat jede Meinungsäußerung eine inhaltliche Ausrichtung. Immer meint jemand ›etwas‹, und dies wiederum oft im Gegensatz zu inhaltlich anderen Auffassungen. Dass der Meinungsinhalt das Entscheidende ist, spricht natürlich nicht gegen die Verabredung von Regeln für den Meinungsaustausch. Man muss aber bedenken, dass der Austausch von Meinungen ein Vorgang ist, dessen eigentliche Sachstruktur nicht geregelt werden kann.

Unterhalb der Etikette respektvollen Umgangs geht es den Diskutierenden um die Durchsetzung des von ihnen Gemeinten gegenüber anderen Meinungen. Und auch wenn es dabei nicht zwangsläufig um einen »Willen zur Macht« (Friedrich Nietzsche) geht, so doch immerhin um Rechthaben oder Rechtbehalten.

Diese Tatsache darf aber nicht dazu verleiten, die Idee der Richtigkeit einer Meinung mit der Idee vom Recht des Stärkeren zu verwechseln. Dass sich jemand mit seiner Auffassung Geltung verschafft und durchsetzt, hat mit dem Wahrsein seiner Auffassung nicht direkt zu tun. Recht hat der, dessen Meinung sachlich richtig ist: ein Umstand, der im Hin und Her der Meinungen oft übersehen wird. Nicht selten entsteht der Eindruck, es gehe den Meinenden lediglich darum, ohne Ende weiterzureden und das letzte Wort zu behalten. Man kann diese personale Seite von Gesprächen nicht leugnen. Aber die Darstellung persönlicher Macht gehört der Außenschicht von Diskussionen an, und über das Wahrsein von Meinungen wird auf dieser Ebene nichts entschieden. Dass es in jedem Meinungsaustausch um die Wahrheit geht, und damit nicht um das Meine oder das Deine, kann leicht in Vergessenheit geraten. Aber diese Dimension ist immer da, und sie ist sogar die eigentliche Grundlage allen Debattierens. Ob man sie im oberflächlichen Getöse engagierter Reden und Gegenreden bemerkt, ist für ihr Dasein nicht wesentlich. Man merkt ja auch nicht ständig, dass man auf dem Erdboden steht, und doch ist es so.

2. Das Meine, das Deine und das Wahre

Das Wort ›Meinung‹ handelt von der je eigenen Sicht, die eine Person auf die Dinge hat. Das ›Mein‹ in ›Meinung‹ deutet eine Art Besitz an. Was hier besessen wird, scheint der Inhalt der jeweiligen Meinung, also das Gemeinte zu sein. Aus dieser Konstellation ergeben sich einige kuriose Folgen.

Nehmen wir an, jemand teilt die Meinung von jemand anderem. Er müsste dann, wenn er konsequent sein wollte, zum anderen sagen: »Ich teile voll und ganz deine *Deinung«. Oder: »Wir sind hier im Grunde voll und ganz einer *Unsung!«. Die Sternchen an diesen fiktiven Äußerungen signalisieren, dass die Worte ›Deinung‹ und ›Unsung‹ nicht existieren. Aber warum gibt es sie eigentlich nicht? Warum gibt es nur das auf das je eigene Ich gemünzte Wort ›Meinung‹, während Worte dafür, dass sich jemand der Sicht von anderen anschließt, in der Alltagsprache fehlen? Vielleicht haben Sie Lust, darüber weiter nachzudenken.

Ist nun die Rede von der Wahrheit im Plural (›Wahrheiten‹) überhaupt verständlich? Nach dem bislang Ausgeführten ist sie es in gewisser Weise tatsächlich. Es scheint nämlich, als werde mit der Rede von den vielen ›Wahrheiten‹ einem konflikthaften Gegeneinanderstehen der Meinungen vorgebaut. Wer von vielen persönlichen ›Wahrheiten‹ spricht, stellt damit sicher, dass es im Hin und Her der Meinungen zu keinem ernsthaften Streit über die Wahrheit kommen kann. Ein Konfligieren von Meinungen ist ausgeschlossen, wenn jede Meinung eine persönliche Wahrheit ausdrückt. Meinungen, verstanden als das, was ›nur meins‹ ist, können ohne Verbindung nebeneinander stehen; es liegt in ihrer Tendenz, sich respektvoll und unkontrovers gegeneinander zu verhalten. Meinungen, so verstanden, wollen vor allem geäußert, also offen ausgesprochen werden. An der Wahrheit, die das Meine und das Deine eventuell umgreift, haben Meinungen dieses Typs, die vor allem als Gefühlsausdrücke auftreten, eher wenig Interesse.[55]

---

[55] In Bezug auf moralische Debatten hat dies vor allem Alasdair MacIntyre in seinem Buch *After Virtue. A Study in Moral Theory* (1981) aufgezeigt. Ihm zufolge bestimmt seit Beginn des 20. Jahrhunderts der Emotivismus unser Denken: »Damit bezeichnet MacIntyre eine Haltung, die nur die eigenen Vorlieben als gut und richtig betrachtet, und dafür auch scheinbar rationale Gründe anführen kann. Den Betreffenden ist dies unter Umständen gar nicht bewusst, und sie glauben tatsächlich, sie würden rational argumentieren. Deshalb verlaufen Diskussionen über moralische Themen tendenziell endlos und führen zu keinem Ergebnis. Der Emotivismus geht [also] davon aus, dass alle wertenden Urteile nur Ausdruck von Vorlieben, Einstellungen und Gefühlen sind« (Siegfried König: Philosophie der Gegenwart. Hauptwerke der letzten drei Jahrzehnte, Nürnberg 2014, 124).

Wenn man häufig hört, dass es ›die‹ Wahrheit nicht gibt, so ist das als Zeichen des Respekts durchaus verständlich. Aber das ist nur die offizielle Seite der Sache. Dahinter steht die Überzeugung, dass man über den Sinn des Wortes ›Wahrheit‹ eigentlich gar nicht sprechen oder streiten kann – einfach deshalb, weil sich jeder Meinende nur auf ›seine‹ Wahrheit beziehen kann. Die verbreitete Idee, dass es die Wahrheit im Singular nicht gibt, ist also insofern verständlich, als sie mit der Dominanz des Meinens im egozentrischen Sinne des Wortes harmoniert. Anders gesagt: Sollte die Wahrheit Eigenschaften besitzen, die den Menschen in ihrer Einzigartigkeit nicht behagen, dann würde dies erklären, warum viele die Rede von der Wahrheit im Singular ablehnen.

Um es aber ganz direkt zu sagen: Es ist schlicht falsch, dass es die Wahrheit im Singular nicht gibt. Und entsprechend falsch ist die Meinung, die sich in dem Satz: »Es gibt viele persönliche Wahrheiten, aber nicht ›die‹ Wahrheit!« ausspricht. Wenn Sie nun von mir verlangen, ich möge meine Behauptung beweisen, dann macht sich in Ihnen eventuell genau jener individualistische Unmut breit, von dem ich soeben gesprochen habe.

Ehrlich gesagt hoffe ich nicht, dass es so ist. Vielmehr hoffe ich, dass Ihr Instinkt für die Einheit der Wahrheit die Oberhand behält. Was einen theoretischen Beweis für die Singularität der Wahrheit angeht, muss ich Sie enttäuschen. Ich kann einen solchen Beweis nicht führen, denn das kann niemand. Die Wahrheit ist, wie wir noch sehen werden, etwas Letztes, und »letzte Dinge »beweisen« wollen, ist ein Nonsens. Sie müssten ja schon auf etwas beruhen, woraus sie sich beweisen ließen. Dann aber wären sie nichts Letztes«.[56] Anstatt irgendwelche unmögliche Beweise zu

---

[56] Nicolai Hartmann, Zur Grundlegung der Ontologie, Berlin ⁴1965, 144. Ähnlich äußert sich Donald Davidson: »Wir können nicht darauf hoffen, den Wahrheitsbegriff durch etwas zu fundieren, was durchsichtiger oder leichter zu verstehen wäre. Die Wahrheit ist – wie von G.E. Moore, B. Russell und G. Frege behauptet und von A. Tarski bewiesen wurde – ein undefinierbarer Begriff. [Seine] Undefinierbarkeit impliziert aber nicht, dass er rätselhaft, mehrdeutig oder unzuverlässig wäre« (The Folly of Trying to Define the Truth. In: Journal of Philosophy 93, 1996, 263-278, 265).

versuchen, werde ich etwas anderes tun. Ich werde weiterhin nicht dem Begriff, sondern dem Phänomen der Wahrheit nachgehen, so wie es bereits im ersten Kapitel des Essays geschehen ist.

3. Ohne Maß und Zahl

Wo von einer Vielzahl von ›Wahrheiten‹ die Rede ist, geht es gar nicht um die Wahrheit. Es geht um Dinge, bei denen es sinnvoll ist, Mein und Dein zu unterscheiden. Das ist etwa bei gegenständlichem Eigentum (mein Fahrrad, dein Fahrrad) der Fall, aber auch bei weniger handgreiflichen Zuständen oder Einstellungen. So ist es z.B. sinnvoll zu sagen, jeder Mensch habe seine Lebensgeschichte, seinen Glauben, seine Gefühle oder seine Anschauungen. Zwar gehören einem das eigene Leben, der eigene Glaube oder die eigenen Gefühle nicht genauso, wie einem das eigene Fahrrad oder Auto gehören; man kann sein Leben oder seinen Glauben z.B. nicht verkaufen oder verleihen. Das Leben, der Glaube und die Gefühle sind an Individuen gebunden, die leben, glauben oder fühlen; frei flottierendes Leben, Glauben oder Fühlen gibt es nicht. Im Falle des Menschen sind Zustände wie diese an Personen gebunden und von ihnen nicht ablösbar. Das Leben, Glauben und Fühlen einer Person ist jeweils ›ihr‹ Leben, Glauben und Fühlen. Andere Personen können ein ähnliches Leben führen, ähnliche Glaubenserfahrungen machen, ähnliche Gefühlserlebnisse haben. Aber es sind immer die je eigenen Erfahrungen und Erlebnisse, nicht die irgendwelcher anderer.[57]

---

[57] »Alles Wirkliche«, so betont Nicolai Hartmann, »ist individuell – und zwar im strengen Sinne individuell: einzig und einmalig. Es gibt in der realen Welt zwar zu allem das ihm Ähnliche, Analoge, ja oft das für menschliche Fassungskraft von ihm gar nicht Unterscheidbare; aber es gibt nicht dasselbe noch einmal. Jeder Fall ist nur einmal da. Nicht, als gäbe es in der realen Welt kein Allgemeines. In allen noch so einzig gearteten Fällen gibt es das mit anderen Fällen Gleichartige, das immer Wiederkehrende, das Gesetzliche. Aber dieses Allgemeine ist nicht selbständig, es besteht nur »an« und »in« den Realfällen« (Der Aufbau der realen Welt, Berlin ³1964, 64). Zur philosophischen

Das sieht bei der Wahrheit anders aus. In Bezug auf sie hat ein ›Mein‹ oder ›Dein‹ keinen Sinn. Das Wahre ist ein Musterbeispiel für etwas, das nicht für oder durch jemanden existiert. Die Wahrheit besteht, ohne einer Person zu gehören. Man kann zwar sagen, dass jemand um das eigene Leben (oder um das eines anderen) kämpft, oder dass er sich für den eigenen Glauben (oder denjenigen anderer) einsetzt. Aber niemand kann für ›seine‹ Wahrheit kämpfen oder sich für ›die Wahrheit eines anderen‹ einsetzen. Wer von Wahrheit spricht, spricht nicht von individuellen Lebensläufen, Überzeugungen, Gefühlen oder Weltanschauungen. Während die Idee der persönlichen Zugehörigkeit bei Dingen dieser Art gut nachvollziehbar ist, ist die Frage, wem die Wahrheit gehört oder zugeordnet ist, schon im Ansatz verfehlt. Wovon genau jemand redet, wenn er von der Wahrheit spricht, wird sich noch zeigen. Klar ist aber schon jetzt, dass er nicht über Eigentum oder einen persönlichen Lebenszustand spricht.

Um dies besser zu verstehen, nehmen wir das Verb ›meinen‹ ausnahmsweise als Tätigkeitswort – als ein Wort, das die Tätigkeit des Überführens von etwas in den persönlichen Besitz bezeichnet. Jemand, der soeben ein Auto gekauft hat, könnte in diesem Sinne etwa sagen: »Ich habe gerade ein Auto gemeint«. Deutet man das Meinen auf diese Weise, dann wird deutlich, dass man die Wahrheit so nicht meinen kann. Man kann sie sich nicht zu Eigen machen, wie man sich z.B. eine religiöse Überzeugung aneignen kann. Menschen können sich einer Ideologie oder einer Glaubensgemeinschaft übereignen, also sich ihnen geistig oder auch rituell-praktisch zugehörig machen. Aber sie können im Gegensatz dazu nicht bei der Wahrheit mitmachen. Weder kann man in die Wahrheit wie in eine Partei, die dann die eigene ist, eintreten noch kann man, wie im Falle einer religiösen Konversion, zur Wahrheit übertreten. Die Wahrheit kann keinem gehören, und man kann umgekehrt auch nicht ihr gehören. Weder bindet sich die Wahrheit an eine Person, während sie eine andere im Stich lässt, noch lässt sie

---

Geschichte der Idee der Individualität vgl. Rüdiger Safranski: Einzeln sein. Eine philosophische Herausforderung, München 2021.

sich, wie ein erobertes Land oder ein annektiertes Gebiet, in Besitz nehmen.

Ich habe schon oft gehört, wie jemand einen Satz mit den Worten: »*Meiner* Meinung nach…« oder »*Meinem* Gefühl zufolge…« begonnen hat. Solche Redewendungen sind letztlich redundant, zumindest wenn die Betonung auf dem Wort ›mein‹ liegt. Es ist auch ohne Betonung klar, dass immer, wenn eine Person spricht, sie eben ›ihre‹ Meinung äußert. Es ist natürlich unproblematisch, wenn Menschen die Floskel: »*Meiner* Meinung nach…« als stereotypen Redeauftakt verwenden. Das ist eine harmlose und lediglich redundante Redeweise, die einmal mehr zeigt, wie gedankenlos es im Alltagsbewusstsein zugeht.

Die Situation ändert sich, wenn sich der Akzent nur leicht verschiebt – wenn etwa jemand sagt: »Meiner *Meinung* nach ist Peter ein feiner Kerl, aber ob andere das auch so sehen, *weiß* ich nicht«. Bereits eine kleine Differenz in der Betonung kann, wie man sieht, zu einer Verschiebung in der logischen Bedeutung des Meinens führen. In dieser Äußerung wird Meinen mit Wissen kontrastiert, und damit wird eine höchst sinnvolle Unterscheidung getroffen. Es ist eben ein kategorialer Unterschied, ob jemand einen Satz mit einer Redundanz beginnt (»*Meiner* Meinung nach…«), oder ob er eine Äußerung mit den Worten: »Meiner *Meinung* nach…« eröffnet. Diese Veränderung im logischen Akzent bedeutet einen beachtlichen Fortschritt in Richtung auf ein Verständnis der Wahrheit. Dem Sprecher ist nämlich klar, dass das Meinen seinen Sachbezug nicht durch Abgrenzung zu anderen Meinungsäußerungen gewinnt, sondern durch den Gegensatz des Meinens zum Wissen. Insgeheim weiß wohl jeder, dass der wesentliche Gegensatz zum eigenen Meinen nicht ein anderes Meinen ist – ein solcher Gegensatz liefe sich in der Vielzahl der Meinungen gleichsam tot – sondern das mit der Wahrheit eng verklammerte Wissen. Ich habe noch nie gehört, dass jemand einen Satz mit den Worten: »Meiner Wahrheit nach…« beginnt; und ich hoffe, das bleibt auch so. Denn eine solche Eröffnung wäre insofern unsinnig, als man die Wahrheit nicht im possessiven Sinne des Wortes ›meinen‹, also in Besitz nehmen kann.

Kehren wir erneut zu unserem Ausgangsbeispiel zurück. Wenn der Ehemann von seiner Frau gefragt wird, wo er gewesen ist, und darauf wahrheitsgemäß antwortet, dann ist natürlich er es, der antwortet. Er spricht in eigener Person, und die Antwort ist naturgemäß ›seine‹ Antwort. Aber genau an dieser Stelle schleicht sich der Irrtum ein. Denn die Antwort des Mannes beinhaltet deshalb, weil ›er‹ sie äußert, nicht ›seine‹ Wahrheit. Das Wort ›seine‹ passt zwar auf die Äußerung des Mannes, aber nicht auf den Inhalt der Äußerung. Wahr sein kann überhaupt nicht das Sich-Äußern selbst – dieses geschieht, es ist wirklich. Wahr sein kann nur der Inhalt einer Äußerung oder eines Gedankens. Wenn es schneit, dann ist gleichgültig, wer meint oder sagt, dass es schneit. Entscheidend für die Wahrheit der Äußerung ist, dass »es schneit« gesagt wird und nicht z.B. »es regnet«. Welche Person das im konkreten Fall tut, ist unter dem Gesichtspunkt der Wahrheit belanglos. Denn für das Wahrsein einer Äußerung ist der Zustand der Welt, über die etwas gesagt wird, entscheidend.

Die Verwechslung von Meinungsäußerung und Meinungsinhalt deutet erneut auf die Auffassung hin, die Wahrheit sei eine Art Besitz. Eben das ist aber falsch. Es ist nicht so, dass der Ehemann im Beispiel ›seine‹ Wahrheit hat, die er an seine Frau weitergibt, so dass diese daraufhin, falls sie ›seine‹ Wahrheit akzeptiert, diese zu ›ihrer‹ Wahrheit macht. Diese Beschreibung ist als Versuch zu beschreiben, was beim Sagen der Wahrheit passiert, vollkommen schief. Denn die Wahrheit ist kein Handelsgut, das getauscht oder übergeben werden kann. Wie sollte das auch gehen: Wie sollte der Mann bei der vermeintlichen Übergabe der Wahrheit an seine Frau die Wahrheit seinerseits ›verlieren‹? Und falls es sich bei der Wahrheit um eine Tauschware handelte: Was sollte der Mann von seiner Frau als Gegengabe für die von ihm abgelieferte Ware erhalten? Etwa irgendeine Wahrheit, die bislang der Frau gehörte, und die sie nun bereitwillig weitergibt? Fragen wie diese sind rein rhetorisch. Die Wahrheit wird nicht getauscht, und sie ist auch nicht im bald festen, bald losen Besitz der Individuen. Kein Mensch hat die Wahrheit oder verfügt über sie, denn die Wahrheit ist kein Besitztum. Und sie ist auch kein Produkt, das sich beliebig oft reproduzieren und auf dem Markt der Meinungen zum Kauf anbieten lässt.

Es dürfte nun schon deutlicher geworden sein, warum man das Wort ›Wahrheit‹ nicht sinnvoll im Plural verwenden kann. Wer die Mehrzahlform verwendet, der meint in der Regel gar nicht die Wahrheit, sondern etwas anderes: Meinungen, Gefühle, Anschauungen usw. Da die Wahrheit nicht im Besitz der Menschen ist, um zwischen ihnen hin- und hergereicht und dabei beliebig vervielfacht zu werden, kann man auch nicht von einem Wahrheitsaustausch sprechen; tatsächlich habe ich dieses Wort noch nie gehört. Dagegen ist es durchaus treffend, wenn von ›Meinungsaustausch‹ die Rede ist. Denn Meinungen können in jenem Prozess, den man Kommunikation nennt (s.u. Kapitel 5, Abschnitt 5), abgegeben, hin- und hergereicht und verändert werden. Für die Wahrheit gilt das nicht. Anders als Meinungen oder persönliche Überzeugungen kann man sie nicht wechseln oder tauschen – und übrigens auch nicht teilen. Man kann sie anderen zwar mitteilen oder sie von ihnen mitgeteilt bekommen. Aber bei diesem Mitteilen wird die Wahrheit nicht buchstäblich geteilt. Sie wird nicht in Teile zerschnitten oder in Stücke zerbrochen, um sich in Ausschnitten oder Bruchstücken auf wechselnde Inhaber zu verteilen. Das Bild vom Teilen der Wahrheit ist von Grund auf verfehlt, da die Wahrheit unteilbar ist.

Vor diesem Hintergrund wird ersichtlich, warum auch die gelegentliche Rede von der ›halben Wahrheit‹ irreführend ist. Umgangssprachlich hat diese bildliche Formulierung praktischen Nutzen, aber wörtlich betrachtet ist sie missverständlich. Es gibt es die ›halbe‹ Wahrheit ebenso wenig wie die ›ganze‹ Wahrheit, denn Ganzheiten sind teilbar, die Wahrheit aber ist unteilbar. Hierin unterscheidet sie sich vor allem von physischen Ganzheiten, die man in Teile zerlegen kann. Die Wahrheit ist metaphysisch: Man kann sie zwar gedanklich zergliedern (›analysieren‹), aber nicht wie einen Kleiderschrank oder ein Auto in Einzelteile zerlegen. Kategorien wie Ganzes und Teil treffen daher auf die Wahrheit allenfalls bildlich zu. Und Ähnliches gilt für Metaphern wie der ›vollen‹ (im Gegensatz zur ›leeren‹) oder der ›reinen‹ oder

›weißen‹ (im Gegensatz zur ›schmutzigen‹ oder ›schwarzen‹) Wahrheit.[58] Veranschaulichungen dieser Art können dazu dienen, bestimmte Züge der Wahrheit zu illustrieren. Aber es handelt sich dabei nur um bildliche Vergleiche, die man auf jeden Fall mit Vorsicht gebrauchen muss.

4. Für-wahr-Halten und Wahrsein

Der Gedanke, dass die Wahrheit ›eine‹ ist, kann natürlich zu Missverständnissen führen. Ich habe ihn deshalb bereits präzisiert und von der Identität der Wahrheit gesprochen. Es empfiehlt sich, diesem Pfad zu folgen und zu erforschen, was es mit der Identität der Wahrheit auf sich hat.

Zunächst ist festzuhalten, dass es durchaus vieles gibt, das wahr ist. Es gibt zahllose wahre Meinungen, Aussagen und Ideen. Man gelangt damit anscheinend wieder zur Vielheit, zur Pluralität. Aber so einfach ist es nicht. Wer die Pluralform des Wortes ›Wahrheit‹ für grundlegend hält, weil er ganz richtig sieht, dass vieles Verschiedene wahr ist, ist dennoch im Irrtum, wenn er meint, daraus eine Vielheit von ›Wahrheiten‹ ableiten zu können. Der Irrtum ist leicht aufzudecken, denn er steckt letztlich im Gegenstand der Meinung selbst. Wer den Plural von ›Wahrheit‹ verwendet, meint im Grunde nicht, dass viele, von Person zu Person unterschiedliche ›Wahrheiten‹ existieren, sondern dass es in der Welt sehr vieles Wirkliche gibt, über das unterschiedliche Personen jeweils die Wahrheit sagen oder denken können. Damit hat er durchaus Recht, denn natürlich gibt es Vielheit und Pluralität. Aber diese liegt ganz auf der Seite der Welt, d.h. auf Seiten der vielen wirkliche Dinge sowie der vielen wirklichen Menschen mit ihren vielfältigen Meinungen. Die Wahrheit selbst ist aber von dieser Pluralität nicht betroffen.

---

[58] Vgl. dazu Robert Pfaller: Erwachsenensprache. Über ihr Verschwinden aus Politik und Kultur, Frankfurt/M. 2017, Kap. 3: Weiße Lügen, schwarze Wahrheit. Elemente erwachsener Verständigung, 70-111.

Tatsächlich lässt sich über vieles, was es gibt, die Wahrheit sagen oder Wahres denken; und in diesem Sinne könnte man durchaus von ›vielen Wahrheiten‹ sprechen. Nur würde der Ausdruck eben nicht recht zu dem passen, was man ausdrücken möchte. Wer in dieser Hinsicht sicher gehen will, wird sagen, dass vieles Verschiedene wirklich ist, und dass man über dieses Viele und Unterschiedliche jeweils die Wahrheit sagen oder denken kann. Sprachlich ist der Unterschied gering, aber für den Sinn der Sache ist er entscheidend: Die Pluralität liegt nicht im Wahrsein selbst, sondern bei den unabsehbar vielen Gegenständen und Sachverhalten der realen Welt, über die sich jeweils die Wahrheit sagen lässt.

Die Tatsache, dass die Wahrheit selbst nicht ›plural‹ und oder ›pluralisierbar‹ ist, erfreut sich keiner sonderlichen Beliebtheit. Das zeigt sich am gegenwärtigen Meinungshauptstrom, in dem immer wieder auf der Existenz einer Vielheit von ›Wahrheiten‹ bestanden wird. In diesem Mainstream manifestiert sich eine Position, die beinahe akademische Züge trägt, und die zugleich dem alltäglichen Gespür für die qualitative Identität der Wahrheit offensiv entgegentritt. Dennoch prallt die Offensive an der Normalität des Alltagswissens ab. Im praktischen Leben hat die Wahrheit im Singular ihre Überzeugungskraft nie so recht verloren. Es ist hier nicht anders als in ähnlich gelagerten Fällen. Einige Philosophen haben z.B. mit der Idee gespielt, die Wirklichkeit könne nichts weiter als ein Traumgebilde sein – und dieses Gedankenspiel macht bis heute in der Philosophie in ganz unterschiedlichen Versionen die Runde.[59] Praktisch jedoch haben weder professionelle Denker noch Hobbyphilosophen daraus irgendwelche hand-

---

[59] Besonders bekannt sind das Traumargument von René Descartes sowie das Gehirn-im-Tank-Szenario in der Analytischen Erkenntnistheorie. Eine aktuelle Version dieses Gedankenexperiments nimmt den KI-Trend auf und fragt danach, ob wir möglicherweise in einer Computersimulation leben; vgl. David Chalmers: Realität+. Virtuelle Welten und die Probleme der Philosophie, Frankfurt/M. 2023. Chalmers zentrale These lautet: »Virtuelle Realität ist echte Realität. Oder zumindest: virtuelle Realitäten sind echte Realitäten. Virtuelle Welten müssen keine Realitäten zweiter Klasse sein, sondern können vollwertige Realitäten darstellen« (ebd., 17).

greiflichen Konsequenzen gezogen. Nach wie vor haben sie Lebensmittel eingekauft oder im Straßenverkehr die Augen offengehalten, um am Leben zu bleiben. Der hintersinnige Sinn für das Wirklichsein der Welt hat alle philosophische Gedankenspielerei unbeschadet überstanden, und die Vorstellung einer Irrealität des Realen hat niemals faktische Macht über den Alltagsinstinkt erlangt.

Ebenso ist es im Falle der Wahrheit und ihrer Einheit. Theoretiker ebenso wie Leute des praktischen Lebens haben ein untrügliches Gespür dafür, dass die Wahrheit nicht in ihrem oder irgendeinem persönlichen Belieben steht. Sie wissen, dass das eigene Meinen nicht willkürlich etwas ›für wahr erklären‹ kann, was nicht wahr ist. Natürlich kann man, und auch das ist den meisten Menschen klar, etwas Unwahres für wahr halten. Aber dann befindet man sich eben, ob man es nun durchschaut oder nicht, im Irrtum. Den Irrtum übrigens bezweifeln Menschen deutlich seltener als die Wahrheit; und auch dies beweist ihr hintergründiges Wissen um die Existenz der Wahrheit. Denn die Existenz des Irrtums deutet implizit auf die Existenz der Wahrheit hin – macht sie doch indirekt deutlich, dass man nicht nur Wahres zurecht, sondern auch Unwahres zu Unrecht für wahr halten kann. ›Etwas für wahr halten‹: Das ist einfach ein anderer Ausdruck für ›meinen, dass etwas wahr ist‹. Und beides unterscheidet sich, wie man sich leicht klarmachen kann, eindeutig vom schlichten Wahrsein.

Tatsächlich hat das Für-wahr-Halten unmittelbar nichts mit der Wahrheit bzw. dem Wahrsein zu tun. Dass es auf fremden Planeten Leben gibt, ist ein Gedanke, den man für wahr halten kann. In vielen Sachfragen begnügen sich die Menschen mit bloßem Dafürhalten, und das ist auch überhaupt kein Problem. Wie sollten sie auch über alles, was auf der Welt geschieht, die Wahrheit wissen oder sagen können? Tendenziell ist es wohl so: Je weniger bekannt oder klar dem Menschen bestimmte Dinge oder Zusammenhänge sind, desto mehr beruhen seine Auffassungen auf einem Für-wahr-Halten. Aus dem Bereich der Wissenschaften ist dieses Phänomen als Hypothese bekannt – man unterstellt das Wahrsein von Theorien, die dem aktuellen Wissensstand entsprechen, bis diese

Unterstellung durch gegenteilige Tatsachen entkräftet wird und sich als falsch erweist.

Über den für Wissenschaften typischen Realismus schreibt Nicolai Hartmann: »Die Naturwissenschaft nimmt den Kosmos vom Elektron bis zum Sternsystem, von der Monere bis zum Zentralnervensystem unbeirrt als wirklich; die Geisteswissenschaft nimmt genau ebenso die geschichtlichen Entwicklungen, Wandlungen, Tendenzen, Schicksale als wirklich, einerlei ob sie von drastischer Wucht oder von unwägbarer Subtilität sind. Und nur so weit, als sie hieran festhält, ist sie Wissenschaft. Denn wo sie die Realität dessen, was sie erforscht, bezweifelt, da geht das Erkennen und Forschen in Phantasieren über«.[60] Das Für-wahr-Halten, das die wissenschaftliche Hypothese kennzeichnet, impliziert keinen Irrealismus, bei dem es zu einer Identifikation von Theorie und Wirklichkeit kommt. Rationale Wissenschaft weiß um die kategoriale Differenz zwischen aktueller wissenschaftlicher Meinung und Realität. Sie »setzt die Annahme nicht dem Gegenstande gleich, den sie erforscht; sie weiß um das Hypothetische als solches, sie unterscheidet ihre Hilfsbegriffe von dem Wirklichen, das zu erkennen steht. Und selbst wo ihr Verwechslungen unterlaufen, da korrigieren diese sich im Fortgang von selbst. Sie lassen sich eben nicht halten« (ebd.).[61]

Während wissenschaftliche Unterstellungen in der Regel sachlich begründet sind, hat das außerwissenschaftliche Dafürhalten oft eher irrationale Gründe. Alltägliches Dafürhalten ist eine Art des Meinens, die stark von persönlichen Vorlieben abhängt; denn anders als die Wissenschaft hat es das Alltagsbewusstsein nicht auf eine gezielte Erforschung der Realität abgesehen. Im Alltag können die Menschen auf längere Sicht behaupten und meinen, was sie wollen, ohne ihre Ansichten ständig einer Überprüfung unterziehen zu müssen. Daher können sich in der diffusen öffentlichen Meinung Unstimmigkeiten tendenziell länger behaupten

---

[60] Nicolai Hartmann: Zur Grundlegung der Ontologie, Berlin ⁴1965, 49.

[61] Vgl. hierzu Gabriele Neuhäuser: Kritischer Wissenschaftsrealismus. Grundlegung und Anwendung, Würzburg 2014.

als in wissenschaftlichen Zusammenhängen, in denen strengere Realitätskontrollen durchgeführt werden.

Menschen können sogar, aus welchen Motiven auch immer, unmittelbar etwas Falsches meinen. Um seinen Kopf durchzusetzen oder seine Ansichten durchzudrücken, kann jemand selbst von offenkundig Falschem behaupten, es sei wahr. Man sollte diese Dimension des Dafürhaltens nicht als trivial abtun. Denn dass es Menschen überhaupt möglich ist, Falsches mit echter oder gespielter Überzeugung zu meinen, ist eine höchst eigenartige Tatsache. Es bedeutet, dass man sich als Mensch nicht nur unbeabsichtigt täuschen, sondern mit vollem Bewusstsein etwas vormachen kann – oder auch anderen Menschen, was dann auf das später (Kapitel 5, Abschnitt 7) noch zu beleuchtende Phänomen der Lüge verweist.

Dass der Mensch zu solch einem handfesten Widersinn in der Lage ist, liegt in der strukturellen Freiheit des Meinens begründet. Man kann im Prinzip alles meinen, was einem im Rahmen geltender Strafgesetze zu meinen beliebt – wer die Gesetze nicht achtet, kann auch diesen Rahmen noch sprengen und alle möglichen strafbaren Meinungen äußern. Im Gegensatz dazu ist das Denken sowie das Erkennen so frei nicht, wie man gemeinhin meint. Der Gedanke wird von Normen der logischen Richtigkeit reguliert, und die Erkenntnis ist an das Sosein der Wirklichkeit gebunden, auf dessen Erfassung sie zielt. »Erkennen kann man nicht Beliebiges, wie man sich Beliebiges denken oder vorstellen kann. Erkennen kann man nur, was »ist«; und das heißt: was auch unabhängig vom Erkennen besteht, also was »an sich« ist«.[62] Das Dafürhalten ist inhaltlich frei und prinzipiell ins Belieben des Meinenden gestellt. Jemand, der ›bloß‹ meinen will (»Ich meine ja bloß«), muss weder auf die gedankliche Richtigkeit seiner Anschauungen noch auf die Übereinstimmung seiner Äußerungen mit der Wirklichkeit Rücksicht nehmen.

In der reinsten Form des Meinens, bei der etwas willkürlich als irgendetwas ausgegeben wird, nähert sich das menschliche Mei-

---

[62] Nicolai Hartmann: Zum Problem der Realitätsgegebenheit, Berlin 1931, 9.

nungsleben der Grenze zum Anarchischen. Das ist als Beschreibung, nicht als Werturteil gemeint – es geht einfach um den Zustand eines bunten Nebeneinanders von Ansichten, Ideen oder Phantasien, wie man ihn z.B. in den Kommentarspalten des Internets vorfindet. Auffällig ist, dass im Zustand realisierter Meinungsvielfalt die einzelnen Meinungen weder auf inhaltliche Konvergenz noch Divergenz angelegt sein müssen; die Meinungen können als reine Verlautbarungen beziehungslos dastehen und spiegeln so in gewisser Weise die tatsächliche Vereinzelung (›Singularisierung‹) der Meinenden vor ihren Kommunikationsgeräten.[63] Das Internet in seinem aktuellen Zustand gibt einen Eindruck davon, wie inhaltlich unverbindliche Meinungen in ihrer ganzen Vielfalt aussehen, wenn sie ungehemmt geäußert werden.

Menschen sind frei, zu meinen, was sie wollen. Sie können ihren Einbildungen jederzeit freien Lauf lassen, müssen dann aber mit den Folgen, die dem Gebrauch dieser Freiheit entspringen, leben. Es gibt kein natürliches oder metaphysisches Gesetz, das Menschen nötigt, sich mit ihren Meinungsäußerungen auf die Wirklichkeit zu beziehen: Niemand muss erkennen, wenn er nicht will, und niemand ist zum Sagen der Wahrheit verdammt. Wenn jemand aber die Wahrheit sagen will, ist diese Freiheit schlagartig begrenzt. Er muss dann für Realitätsbezug sorgen und zusehen, dass er seine Meinung inhaltlich am Wirklichen ausrichtet.

5. Evidenz ist kein Wahrheitskriterium

Was ich soeben über das Dafürhalten gesagt habe, gilt auch für solche Formen des Meinens, die sich auf das Gefühl der Gewissheit berufen. Unter dem Stichwort ›Gewissheit‹ sind wir mit der Frage konfrontiert, ob die Evidenz, also das subjektive Gefühl des Sich-sicher-Seins, für die Frage nach der Wahrheit von wesentlicher Bedeutung ist. Meine Antwort auf diese Frage lautet Nein:

---

[63] Zum breiteren soziologischen Hintergrund dieser Idee vgl. Andreas Reckwitz: Die Gesellschaft der Singularitäten, Frankfurt/M. ⁶2019.

Auch wenn sich jemand in Bezug darauf, wie eine Sache sich verhält, ›absolut sicher‹ ist, bleibt seine gefühlsmäßige oder rationale Gewissheit ein Meinen im Sinne des persönlichen Besitztums. Das Sagen der Wahrheit mag von einem Gefühl der Gewissheit begleitet sein. Aber weder ist diese Begleitung notwendig noch garantiert umgekehrt das Gefühl der Gewissheit die Wahrheit einer Auffassung.

Menschen berufen sich oft auf die Untrüglichkeit ihres Gefühls, und sie wundern sich, dass andere eine Sache nicht genau so ›klar haben‹ wie sie selbst: »Das ist doch vollkommen offensichtlich!«, denken sie – und ziehen sich mit ihrer Evidenz in sich selbst zurück, weil die anderen einfach nicht sehen wollen, was doch so offensichtlich ist. Nun wird niemand solchen Menschen ihr Gewissheitsgefühl absprechen wollen. Das Evidenzgefühl ist ein reales Phänomen, und jeder, dem schon einmal etwas wie Schuppen von den Augen gefallen ist, kennt es. Die Frage ist aber, was aus diesem Gefühl in Bezug auf die Wahrheit des subjektiv Evidenten folgt. Und man muss es wohl so deutlich sagen: Es folgt daraus nichts, denn Gewissheit und Wahrheit sind klar voneinander unterschieden. Was immer einer Person als evident und zweifelsfrei gewiss erscheinen mag, braucht noch längst nicht wahr zu sein.

Die Vorstellung, dass es eine bestimmte Höchstform der Einsicht gibt, durch die der Geist unvermittelt ins Mark der Wahrheit vorstößt, ist ein schöner Gedanke. Aber es handelt sich dabei letztlich um ein rationalistisches Vorurteil zugunsten der Macht von Evidenz und Intuition. Dieses Vorurteil hat einige Denker stark affiziert, so etwa den niederländischen Philosophen Baruch de Spinoza (1632-1677), dem die Intuition als höchste menschliche Erkenntnisquelle sowie als ›Kriterium‹ der Wahrheit galt. Spinoza ist überzeugt: »Was kann es geben, das klarer und gewisser wäre, um als Norm der Wahrheit zu dienen, als eine wahre Idee? Wahrlich, wie das Licht sich selbst und die Finsternis deutlich macht, so ist die Wahrheit die Norm ihrer selbst und des Falschen«.[64] Aller-

---

[64] Baruch de Spinoza: Ethik in geometrischer Ordnung dargestellt, Hamburg [4]2015, 187.

dings hat Spinoza (wie andere Rationalisten nach ihm) verkannt, dass ein Bewusstsein oder Gefühl der Wahrheit, mag es noch so klar und deutlich erscheinen, weder selbst die Wahrheit ist noch ihr Bestehen garantieren kann.[65] Überall dort, wo sich der menschliche Geist intuitiv auf eine Sache richtet, wird die Sache selbst niemals unmittelbar eins mit der geistigen Ausrichtung auf sie. Es kommt zu keiner Vereinigung oder Deckung von Erkenntnis und Sache. Die Intuition ist zudem bei der Erkenntnis des Wirklichen niemals absolut vor Irrtümern geschützt. Ihr eigentliches Einsatzfeld ist der Bereich logisch-mathematischen Denkens, der für Spinoza und die Rationalisten nicht zufällig eine Vorbildfunktion besaß. »Die Richtigkeit des logischen Zusammenhanges hat den unschätzbaren Vorzug unmittelbarer Evidenz. Sie ist im buchstäblichen Sinne das, was die Wahrheit nicht ist: norma sui et falsi«.[66]

Mit der Zurückweisung der Intuition als sicherem Kriterium der Wahrheit wird natürlich nicht die Möglichkeit bestritten, dass Intuitionen sowie Gefühle beim Erkennen leitend sein können – auch dieser Essay setzte im ersten Kapitel am Gefühl der Menschen für die Wahrheit an. Intuitionen sind im Bereich des Empfindens und Erlebens, aber durchaus auch beim sachlichen Erkennen wertvolle Wegweiser; etwa dort, wo sich Menschen vor Entscheidungen und Alternativen – lieber hier oder dort lang? – gestellt sehen. Ich leugne also keineswegs die Existenz sowie die lebensdienliche Funktion der Intuition sowie des Evidenzgefühls. Was ich bestreite, ist die Identifikation von Intuition und Wahr-

---

[65] Dominik Perler hat das zentrale Problem von Spinozas Grundsatz ›veritas norma sui et falsi est‹ klar erkannt: »Diese metaphorische Aussage erweckt den Eindruck, als hielte Spinoza Wahrheit für eine selbst-evidente, unmittelbar erfassbare Eigenschaft einer Idee. Doch eine solche Auffassung wirft mehr Fragen auf, als sie beantwortet. Wie zeigt sich denn eine wahre Idee? Worin unterscheidet sich diese Manifestation von derjenigen einer falschen Idee? Welche kognitive Einstellung ist erforderlich, damit eine wahre Idee auch als »Norm ihrer selbst« erfasst werden kann? Und wie lassen sich Täuschungen und Irrtümer vermeiden?« (Spinozas Antiskeptizismus. In: Zeitschrift für philosophische Forschung, Band 61/2007, 1-26, 3).

[66] Nicolai Hartmann: Der Aufbau der realen Welt, Berlin ³1964, 187.

heit. Die Art und Weise, wie Menschen zu sicherer Erkenntnis gelangen oder sich in (nicht allein rational zu kalkulierenden) Entscheidungssituationen verhalten, hat nichts mit der Wahrheit und ihrer Beschaffenheit zu tun. Es mag wohl sein – und selbst darüber kann man streiten – dass die Intuition ein geeignetes Kriterium der Erkenntnis des Wahren ist. Aber ein Kriterium der Wahrheit selbst ist sie nicht; und zwar ganz unabhängig davon, ob man sie eher als rationale Intuition oder als emotionales Evidenzgefühl auffasst.[67] Man darf also die Wahrheit weder mit einem bloßen Meinen ohne jede Überzeugung, noch mit einem Meinen, das der Intuition entspringt, gleichsetzen.

Wäre die Intuition vollkommen frei von möglichem Irrtum, sähe die Sache natürlich anders aus. Sie wäre dann »objektive Evidenz«, also »ein Gewißheitsbewusstsein, welches wirklich die zureichende Gewähr für das Wahrsein einer Einsicht leistet«. Die objektive Evidenz ist zwar das »notwendige Gewissheitsideal aller Erkenntnis«[68], aber sie ist eben nur ein Ideal – denn tatsächlich sind Intuitionen und Gewissheitsgefühle eben fehlbar. Das ist der entscheidende Punkt: Evidenzen, die uns aufgrund ihrer Subjektivität in die Irre führen, laufen auf Falschheit hinaus, während die Wahrheit als solche in keiner Weise zwischen einem Wahr- und Falschsein changieren kann. Und da Intuitionen und Evidenzerlebnisse prinzipiell trügen können, sind sie als Kriterium der Wahrheit ungeeignet.

---

[67] Vgl. Gerd Gigerenzer: Bauchentscheidungen. Die Intelligenz des Unbewussten und die Macht der Intuition, München 2007.

[68] Nicolai Hartmann: Grundzüge einer Metaphysik der Erkenntnis, Berlin ⁵1965, 503. »Bei der subjektiven Evidenz dagegen ist die Sachlage die umgekehrte. Die Evidenz selbst unterliegt hier zwar gar keinem Zweifel – sie ist das Phänomen –, wohl aber ihre Bedeutung für den Erkenntniswert des in Frage stehenden Inhalts. Dieser Erkenntniswert ist es aber gerade, für den die Evidenz in Anspruch genommen, für den das Kriterium in ihr gemeint war. In der subjektiven Evidenz liegt also jedenfalls erst recht kein Kriterium« (ebd., 504).

6. Wirklichkeit, Geist, Wahrheit

Haben Sie die Wahrheit eigentlich schon einmal gesehen? Natürlich nicht! Die Wahrheit ist kein körperliches Ding, und sie ist daher nicht sichtbar. Ich habe schon gesagt, dass die Wahrheit nichts Physisches, sondern etwas Metaphysisches ist: Sie ist da, aber nicht so wie Dinge da sind, die man sinnlich erfahren kann. Einen Stuhl kann man sehen; und man kann an den Eigenschaften eines Stuhles auch direkt sinnlich erkennen, was ein Stuhl als Stuhl ausmacht. Die Wahrheit aber steht nicht wie ein Stuhl sinnlich vor uns. Und was sie ist, kann man nicht sehen, sondern nur geistig einsehen oder begreifen. Man muss das Denken bemühen, um der Wahrheit auf die Spur zu kommen.

Die Welt und alles, was in ihr existiert oder geschieht, ist wirklich. Und was ist nicht alles wirklich: Physische Dinge (Stühle, Tische, Häuser,…), Menschen (Boris Becker, Petra Müller,…), leibliche oder seelische Erlebnisse (Hunger, Traurigkeit,…), historische Ereignisse (die Französische Revolution, der Westfälische Frieden,…), Individuelles (diese Straßenkreuzung hier, der Wald da hinten…) und Allgemeines (Straßenkreuzungen, Wälder,…) – die Fülle des Wirklichen ist unerschöpflich. Aber all dieses Wirkliche ist nicht identisch mit dem, was wahr ist. Es ist z.B. Unsinn zu sagen: »Der Stuhl, der am Küchentisch steht, ist wahr« – denn die Wahrheit ist keine Eigenschaft realer Dinge oder Geschehnisse in der Welt, und sie ist auch keine Qualität der realen Welt als solcher. Was in der Welt vorkommt, ist wirklich: Es besteht, es ist da, es passiert, läuft ab, findet statt, begibt sich usw. Die Wahrheit dagegen - und hierin sind sich die Philosophen über die Zeiten hinweg im Wesentlichen einig gewesen – ist keine Qualität der Welt bzw. dessen, was in der Welt geschieht. Dennoch ist sie, und das ist das Erstaunliche, keineswegs unwirklich. Sie ist in der Art, wie sie ist, mit dem menschlichen Geist verbunden; dieser ist das Wirkliche, in dem die Wahrheit ihre weltliche Verankerung hat. Wo sich der menschliche Geist in Form von Aussagen, Gedanken, Vorstellungen oder Theorien auf die Wirklichkeit bezieht, kommt die Wahrheit zum Vorschein. Zwischen Geist und Welt baut sich dann eine Beziehung auf, auf deren besondere Form ich später noch näher eingehen werde (Kapitel 3, Abschnitt 2).

Der Unterschied zwischen Wirklichkeit und Wahrheit entspricht in etwa dem zwischen Sein und Sinn. So wie das Wirkliche als solches weder wahr noch falsch ist, so hat auch das Sein an sich selbst weder die Eigenschaft, Sinn oder Nichtsinn zu sein. Es ist irreführend, nach der ›Wahrheit der Wirklichkeit‹ zu fragen; und ebenso irreführend ist es, nach dem ›Sinn von Sein‹ zu fragen, wie es vor allem Martin Heidegger in seiner ›Fundamentalontologie‹ getan hat. Nicolai Hartmann hat sich, meines Erachtens ganz zurecht, gegen Heideggers Umformung der Seinsfrage in die Sinnfrage gewandt. »Die Konsequenz dieses Ansatzes ist«, so Hartmann, »dass alles Seiende von vornherein als relativ auf den Menschen verstanden wird […]: die Welt, in der ich bin, ist die ›je meinige‹, kann also sehr wohl für jeden eine andere sein; desgleichen ist die Wahrheit ›je meinige‹«.[69] Wer wie Heidegger die Seinsfrage als eine Sinnfrage ausgibt, beschwört damit also auch in der Wahrheitsfrage die Gefahr des Meinungssubjektivismus herauf. Hartmann hält dieser Gefahr aus realistischer Sicht die Tatsache entgegen, dass die Wirklichkeit als solche kein Sinngebilde darstellt; man kann vernünftigerweise nicht nach dem ›Sinn von Sein‹ fragen, wohl aber nach dem »Sein von Sinn« (ebd., 42). Bei dieser Frage stößt man auf den menschlichen Geist als Träger jedweden Sinns. Sinn ist eine Provinz ›innerhalb‹ der realen Welt; er findet

---

[69] Nicolai Hartmann: Zur Grundlegung der Ontologie, Berlin ⁴1965, 40. Der Gedankenzusammenhang lautet: »Sinn« ist unter allen Umständen (in allen seinen Bedeutungen) etwas, was »für uns« besteht – genauer für uns oder für etwas, was unseresgleichen ist […]. Ein Sinn an sich wäre Widersinn. Es ist also noch zu wenig, wenn man sagt: an sich selbst braucht das Seiende als Seiendes keinen Sinn zu haben. Vielmehr muß man sagen: an sich selbst kann es gar nicht Sinn haben. Es kann nur »für jemand« Sinn haben. Sein Sinnhaben für jemand aber – wenn es ein solches gibt – ist jedenfalls nicht sein »Sein«. Das Sein des Seienden steht indifferent zu allem, was das Seiende »für jemand« sein könnte. Hier liegt der Grund, warum Heideggers »Welt« eine auf den Einzelmenschen relative (»je meinige«) ist. Das Ableiten der Seinsfrage in die Sinnfrage läßt es anders nicht zu« (ebd., 42).

sich dort, wo die Welt durch die »Sinngebung«[70] des menschliche Geistes erfüllt ist. Natürlich ist Hartmann nicht der Meinung, dass man das Menschsein auf geistige Tätigkeiten reduzieren kann. Entscheidend ist aber seine Einsicht, dass es einen Sinn des Seienden unabhängig vom menschlichen Geist als sinngebender Instanz nicht gibt.[71]

So wie die Welt als solche nicht aus Sinn besteht bzw. Sinn ist, so besteht der Mensch nicht allein aus Geist. Das Geistige im Menschen, das in der Praxis des Erkennens besonders klar hervortritt, unterscheidet sich recht klar vom Seelischen, Organischen und Körperlichen – und in Bezug auf die Frage nach der Wahrheit tritt diese Differenz besonders scharf hervor. Im psychischen Leben dominieren sinnhafte Erlebnisse, im leiblichen Leben dagegen sinnliche Empfindungen oder unmerkliche organische Prozesse; und im Bereich des Physischen hat der Mensch zudem eine dingliche Seite – eben einen Körper, der sich beim Anstoßen an andere Körper freilich in seiner Leiblichkeit und Lebendigkeit zu spüren bekommt. Dass Gedanken, Vorstellungen und Aussagen als geistige Gebilde wahr oder falsch sein können, leuchtet unmittelbar

---

[70] Vgl. Nicolai Hartmann: Sinngebung und Sinnerfüllung. In: Kleinere Schriften, Band I: Abhandlungen zur systematischen Philosophie, Berlin 1955, 245-279.

[71] Hartmann wäre daher skeptisch gegenüber einer ›Sinnfeldontologie‹, wie sie neuerdings Markus Gabriel als Kernstück seines ›Neuen Realismus‹ entwirft: »Der Hauptbegriff der SFO [= Sinnfeldontologie] ist Existenz im Sinne des Erscheinens in einem Sinnfeld« (Fiktionen, Frankfurt/M. 2023, 161). Hier wird der Sinnbegriff ontologisch ähnlich fundamental konzipiert wie bei Heidegger – aus dessen Fundamentalontologie wird bei Gabriel ein ontologischer Pluralismus. Und auch in Niklas Luhmanns systemtheoretischem Sinnbegriff fehlt jene realistische Erdung, auf die Hartmann so großen Wert legt: »Es ist«, so Luhmann, »überhaupt verfehlt, für Sinn einen »Träger« zu suchen. Sinn trägt sich selbst, indem er seine eigene Reproduktion selbstreferentiell ermöglicht« (Soziale Systeme. Grundriß einer allgemeinen Theorie, Frankfurt/M. [18]2021, 141). Natürlich hat der Sinn als eine Kategorie geistigen Seins gerade im Kontext des Sozialen eine gewisse Selbständigkeit gegenüber dem individuellen Bewusstsein. Aber eine vollständige Entkopplung von Geist und Bewusstsein (bzw. von objektivem und subjektivem Geist) schießt aus realistischer Perspektive über das Ziel hinaus.

ein. Niemand wird dagegen ohne metaphorischen Hintersinn von der ›Wahrheit‹ seelischer Erlebnisse, leiblicher Empfindungen oder körperlicher Zustände sprechen. Natürlich kann man über seelische, organische und physische Geschehnisse Wahres sagen – das Geschehen in diesen Bereichen ist wirklich, und über Wirkliches lassen sich wahre Aussagen treffen. Der Punkt ist aber, dass man die Wahrheit über Seelisches, Organisches und Physisches nicht direkt seelisch, organisch oder physisch kundtun kann. Erlebnisausdrücke sowie Lebensäußerungen ganz allgemein existieren natürlich. Doch sind solche Ausdrucksformen, die durchaus Bedeutungs- oder Zeichencharakter haben, keine Weisen des Meinens oder Sagens der Wahrheit. Worauf auch immer leibliche, seelische sowie sonstige nicht-geistige Ausdrucksformen hindeuten: Ihr Sinn liegt nicht in der objektiven Darstellung der Realität und somit auch nicht in einer gezielten Artikulation der Wahrheit.

Etwas Inhaltliches meinen, aussagen und denken, das kann allein der menschliche Geist. Seelisch kann sich der Mensch dagegen z.B. wohlfühlen; aber dieser Zustand ist keine inhaltliche Stellungnahme zu etwas Gegenständlichem. Das leibseelische Leben geht zu den an ihm ablaufenden Prozessen nicht auf theoretische, also meinende, denkende oder aussagende Distanz. Ungeistige Prozesse haben von sich her nicht die Funktion, sich gegenständlich (›objektiv‹) festzustellen. Die Funktion der Objektivierung hat allein das Geistige im Menschen, das sich vom individuellen Bewusstsein der Person bis hin zum überpersönlichen Gemeinschaftsgeist in Kultur und Wissenschaft erstreckt.

Der Geist ist zur Objektivität gerade deshalb in der Lage, weil er, anders als Leib und Seele, beim Feststellen und Erkennen seinerseits nicht empfindet oder fühlt; ein Wohlgefühl z.B., das leibseelisch besteht, hat der Geist, der über das Sein des Wohlgefühls nachdenkt, nicht. Der erkennende Geist verhält sich zu dem, was leibseelisch geschieht, indifferent – und genau diese Indifferenz ist es, die die Sachlichkeit des Geistes wesentlich ausmacht. Dennoch geht es zu weit, wenn etwa der Lebensphilosoph Ludwig Klages (1872-1956) den Geist aufgrund seines Zuges zur Objektivität zum Widersacher der Seele und des Leibes erklärt. Diese

These verkennt den registrierenden Charakter des Geistes – also die Tatsache, dass gerade der Geist nicht ›wider‹ das Wirkliche denkt oder empfindet. Der Geist arbeitet keineswegs willentlich und bewusst gegen das leibseelische Leben in Mensch und Natur an. Vielmehr ist er es, der überhaupt das Dasein und die Beschaffenheit der inneren und äußeren Natur erkennen kann. So sehr sich manche Philosophen auch gegen die Metapher sträuben, so zutreffend ist sie letztlich doch: Dem Prinzip nach ist der menschliche Geist ein Spiegel der Natur[72], und nur aufgrund dieser Eigenart seines Geistes vermag der Mensch zu Erkenntnissen über sich und die Welt zu gelangen. Wo sich das Geistige explizit als Erkenntnis vollzieht, erfasst der Mensch, in traditioneller philosophischer Terminologie ausgedrückt, das ›Seiende als Seiendes‹. Dass der Mensch, zumindest in groben Umrissen, über Erkenntnis verfügt und fortlaufend neue Erkenntnisse gewinnt, verdankt er seiner Geistigkeit. Seelische und leibliche Vorgänge oder Zustände sind natürlich nicht minder real wie geistige. Aber diesen Zuständen fehlt, jedenfalls im prägnanten Sinne des Wortes, das Bewusstsein dessen, was ihnen widerfährt. Es ist im Grunde recht einfach: Psychisches ist nicht an sich selbst psychologisch, Organisches nicht an sich selbst organologisch, und Körperzustände nicht an sich selbst physiologisch.

Dass bei allen Gedanken, die man sich über die Wahrheit macht, der Geist zum Instrumentarium der Erkenntnis gehört, dürfte leicht einzusehen sein. Ich muss es aber noch einmal besonders betonen: Ich spreche hier wie im Folgenden allein vom menschlichen Geist. Ich tue das, weil allein der Geist des Menschen Geist im normalen Sinne des Wortes ist – nur bei ihm finden mögliche Zweifel an seiner Existenz keinen sinnvollen Anhalt. Wo immer man es mit Personen zu tun hat, hat man es mit menschlichem Geist zu tun: einem Geist, der auf physischer, leiblicher und seelischer Grundlage existiert. Man kann aus ganz unterschiedlichen Gründen am Geist Gottes, am »Weltgeist« (Hegel) oder am

---

[72] Eine prominente Kritik stammt von Richard Rorty: Der Spiegel der Natur. Eine Kritik der Philosophie, Frankfurt/M. 1987.

Geist der Tiere sowie anderer Lebewesen zweifeln.[73] Aber man muss, um dies zu tun, eine Person sein und seinen Geist bemühen. Ich bin mir sicher, dass – wie auch immer es mit nichtmenschlichem Geist stehen mag – noch niemals ein vernünftiger Mensch allen Ernstes am Bestehen des menschlichen Geistes gezweifelt hat – oder sich im Unklaren darüber war, ob ihm eine Person, ein Tier oder eine Sache gegenüberstand. Sollte aber irgendwann jemand dies tun, so wird dieser Jemand ein Mensch sein, der den Zweifel nur mittels seines Geistes hegen kann.

Ich möchte an dieser Stelle auf die Tatsache, dass der Mensch ein »geschichtetes Wesen«[74] ist, nicht weiter eingehen. Wichtig ist mir jedoch der Hinweis darauf, dass er »ein von unten auf geschichtetes Wesen« (ebd., 497) ist: Materielles, Organisches, Psychisches und Geistiges ist im Menschen also nicht nur allgemein miteinander verwoben, sondern in einer charakteristischen Stufung: Der Geist erhebt sich auf leibseelischer Grundlage, und diese wird durch die Körperlichkeit getragen. Die Schichtenfolge

---

[73] Es ist heutzutage üblich, den Tieren Geist zuzuschreiben; vgl. die einschlägigen Diskussionen in Dominik Perler, Markus Wild (Hg.): Der Geist der Tiere. Philosophische Texte zu einer aktuellen Diskussion, Frankfurt/M. 2005. Diese Zuschreibung beruht aber auf einer kategorialen Überdehnung des Geistbegriffs bzw. der mangelnden Unterscheidung zwischen geistigem und geistlosem Bewusstsein. »Das Tier«, so Nicolai Hartmann, »ordnet sich gar nicht [in die reale Welt] ein; es bedarf dessen auch nicht, es ist schon immer – ohne alles Zutun des Bewusstseins – in die wirkliche Welt fest eingeordnet und kann dieser Einordnung nichts hinzufügen. Es braucht die Exzentrizität der inneren Setzung nicht. Der Mensch aber braucht sie. Denn sein ganzes Leben und Ringen in der Welt geht um die Stellung, die er in ihr erstrebt. Dass er sie erfasse, wie er sie vorfindet, ist für ihn erstes Erfordernis. Das ist die innere Umwendung, mit der sich das geistige vom geistlosen Bewusstsein scheidet. Sie hängt aufs engste mit der Ablösung aus der Spannung zusammen. Das Verstehen der wirklichen Stellung, die das Bewusstsein in der Welt einnimmt, erhebt es über die Eingespanntheit. Die Welt geht ihm nicht mehr auf dem, was da droht und lockt; sie besteht ihm nun auch in sehr viel anderem, das in keiner Weise ihm gilt. So erscheint sie ihm als eine neutralisierte Welt, es hat Distanz zur Sache gewonnen, mit der es zu tun hat. Es ist entspanntes Bewusstsein« (Das Problem des geistigen Seins, Berlin ³1962, 111).

[74] Nicolai Hartmann: Der Aufbau der realen Welt, Berlin ³1964, 496ff.

ist ontologisch nicht variierbar; und daher setzt die These Markus Gabriels: »Die menschliche Lebensform partizipiert an Geist, sie ist dabei aber biologisch imprägniert«[75], einen eindeutig falschen Akzent. Man kann das Wesen des Menschen weder materialistisch noch biologistisch oder psychologistisch erklären, aber man kann die menschliche Lebendigkeit ebenso wenig zu einem Anhängsel des Geistes machen. Einen Geist, der das Biologische im Menschen ›imprägniert‹, kenne ich nicht. Dagegen begegnen mir jeden Tag Lebewesen, die über Geist verfügen. Der Mensch, wie er ›leibt und lebt‹, hat Geist. Aber dieser Geist ist jederzeit körperlich geerdet, und er ist somit nichts, und dem man als Mensch partizipieren kann.

7. Wie sich die Subjektivität einfügt

Es ist im Grunde erstaunlich, dass es in der Welt geistige Gebilde gibt, die – wie Aussagen, Vorstellungen oder Theorien – wahr oder falsch sein können. Dies bedeutet nämlich, dass es in der Welt einige Dinge gibt, die zugleich wirklich und wahr (bzw. zugleich wirklich und falsch) sind. Genau dies kennzeichnet Aussagen, Vorstellungen und Gedanken. Diese »Erkenntnisgebilde«[76] sind natürlich nicht selbst die Wahrheit. Aber sie (und auch nur sie) sind dazu disponiert, wahr oder falsch sein zu können.[77]

---

[75] Markus Gabriel: Fiktionen, Frankfurt/M. 2023, 508.

[76] Als »Erkenntnisgebilde« bezeichnet Nicolai Hartmann die geistige Repräsentation des Seienden im erkennenden Bewusstsein (vgl. Grundzüge einer Metaphysik der Erkenntnis, Berlin [5]1965, 79ff.). Man darf diesen Begriff aber nicht psychologisch missverstehen: Es geht nicht um ein mentales Bild des Gegenstandes im Bewusstsein oder gar im Gehirn – denn ich sehe natürlich den Tisch und nicht das Bild des Tisches. Der Terminus ›Erkenntnisgebilde‹ ist ontologisch gemeint. Er dient einzig dazu, das Phänomen der Erkenntnis gedanklich zu fassen. Man kann, kurz gesagt, die Erkenntnis nicht als das denken, was sie ist, sofern man kein geistiges Gebilde als Mittler zwischen Geist und Wirklichkeit mitdenkt.

[77] »Nicht die Sache selbst, sondern nur die Erkenntnis der Sache kann wahr oder unwahr sein. Die Sache, resp. der Sachverhalt, kann nur wirklich oder

Nicht-geistige Dinge können das nicht. Ein Auto, das Wetter, die Französische Revolution, Goethes ›Faust‹, die Lärchen im Taunus – das alles ist wirklich, aber nicht wahr oder falsch. Gedanken oder Urteile hingegen, die Autos, das Wetter, die Französische Revolution, Goethes ›Faust‹ oder die Lärchen im Taunus zum Inhalt haben, sind nicht nur wirklich, sondern auch wahr oder unwahr. Wir nähern uns damit der wesentlichen Tatsache, dass die Wahrheit eine Beziehung zwischen dem Inhalt von Erkenntnisgebilden und der Wirklichkeit außerhalb dieser Gebilde ist. Über die Eigenart dieser Beziehung gibt das dritte Kapitel des Essays nähere Aufschlüsse.

Natürlich erschöpft sich der Geist nicht darin, Aussagen zu treffen, Meinungen oder Gedanken zu haben oder Theorien aufzustellen. Er kann, etwa beim zwischenmenschlichen Verstehen oder Interpretieren, auch sinnorientiert auftreten. In diesem Fall ist er nicht an der Wahrheit des Gedachten oder Gesagten, als vielmehr an der kommunikativen Anschlussfähigkeit des Denkens und Sprechens an weitere Gedanken oder Aussagen interessiert (vgl. Kapitel 5, Abschnitt 4). Überall dort jedoch, wo Gedanken, Aussagen, Meinungen oder Theorien da sind, ist notwendig auch der Geist des Menschen im Spiel. Der Mensch ist, wie bereits erwähnt, nicht nur Geist, sondern er ist vor allem ein körperliches Lebewesen, das die Realität im Modus seelischen Erlebens erfährt. Aber einen ›Sinn‹ für empirisch Wahres sowie für die Wahrheit selbst hat der Mensch allein aufgrund seiner Geistigkeit. Ein sinnliches Organ oder eine psychische Registratur für die Wahrheit gibt es nicht. Und auch die Wahrheit selbst ist weder etwas Körperliches oder Seelisches noch ist sie in körperlicher oder seelischer Weise erfahrbar. Nur durch das geistige Erkennen im engeren Sinne sind Menschen fähig, in Kontakt mit der Wahrheit zu treten. Wohlgemerkt nur in einen ›Bezug‹ zu ihr: Denn der Wahr-

---

unwirklich sein. Wirklichkeit ist aber so wenig Wahrheit, als sie Gegebenheit ist. Sie besteht unabhängig von Wahrheit und Unwahrheit und gleichgültig gegen sie; wie sie auch gleichgültig dagegen besteht, ob sie überhaupt erkannt wird oder nicht« (Nicolai Hartmann: Grundzüge einer Metaphysik der Erkenntnis, Berlin ⁵1965, 421).

heit selbst ist, wie sich noch zeigen wird, letztlich sogar das Erkanntwerden in gewissem Sinne äußerlich. Jedenfalls wird sie durch den erkennenden Geist nicht erzeugt – eine wahrheitsgemäße Bezugnahme des Geistes auf die Wirklichkeit hat nicht den Charakter einer Herstellung der Wahrheit.

Ich komme auf die irrtümliche Annahme, dass die wahre Bezugnahme auf die Welt die Identität der Wahrheit verändert oder manipuliert, noch zu sprechen; an dieser Stelle dazu nur einige kurze Hinweise. Natürlich ist es so, dass es zahllose geistige Repräsentationen der Realität gibt. Was jedoch die Identität der Wahrheit angeht, so ist diese ihrerseits nicht veränderbar. Die Identität der Wahrheit, also das, was die Wahrheit ist, wird durch die erkennende Bezugnahme des menschliches Geistes auf die Welt in keiner Weise berührt. Konkret heißt das: Die Wahrheit wird, nicht anders als jeder sonstige Gegenstand, durch die Erkenntnis nicht ›subjektiviert‹. Natürlich ist Erkenntnis notwendig Erkenntnis seitens eines Subjekts. Aber ebenso notwendig ist jede Erkenntnis objektiv – denn ein Subjekt erkennt eben ›etwas‹, und es ist nur insofern Subjekt, als es im Vollzug der Erkenntnis mit Objekten zu tun bekommt.

Im Alltagsbewusstsein herrscht über die Beziehungen zwischen Objektivität, Subjektivität und Wahrheit große Unklarheit. Bildlich zugespitzt könnte man sagen: Objektivität und Wahrheit sind Prügelknaben, auf welche die Subjektivität einschlägt. Das Subjektive gilt dem philosophisch Ungeübten gemeinhin als das ›eigentlich Menschliche‹, das beim Streben nach Objektivität angeblich notorisch vergessen oder verdrängt wird – und das daher immer wieder aufs Neue ›aufgewertet‹, ›geschützt‹ oder ›gerettet‹ werden muss. Insbesondere Phänomenologen, Lebensphilosophen und Kritische Theoretiker verbinden mit Objektivität graue, unpersönliche Theorie: Hauptgegner ist die Wissenschaft mit ihrem Ideal der objektiven Wahrheit. Nicht selten hört man daher Äußerungen wie die, dass es ›objektive Wahrheit‹ nicht gibt, weil letztlich ›alles subjektiv‹ sei – und dabei bleibt unklar, ob jemand, der dies behauptet, die Wahrheit lieber auf Seiten der Subjektivität sähe, oder ob er sie lieber ganz verabschiedet wissen möchte. Die

Möglichkeit, dass Subjektivität und Objektivität untrennbare Glieder der Erkenntnisbeziehung sind, wird gar nicht in Betracht gezogen – und gerade damit übersieht man die tatsächlichen Verhältnisse. Auch der Umstand, dass Wahrheit und Objektivität keineswegs dasselbe sind, entgeht dieser Auffassung. Die Kategorien verknäueln sich bis zur völligen Unentwirrbarkeit. Und das Resultat ist ein fest verschnürtes Meinungspaket, in dem die Subjektivität in der Regel das befreiende Wort hat.

Ich möchte dieses Knäuel hier nicht als Ganzes entwirren, sondern nur die für die Wahrheit relevanten Aspekte herausgreifen. Was passiert, ist dies: Indem man Objektivität und Wahrheit für dasselbe hält, macht man die Subjektivität zum Gegenpol beider Phänomene. Auf diese Weise ist man gezwungen, Wahrheit und Subjektivität für unvereinbare Gegensätze zu halten; und da das Subjektive als unbezweifelbar gewiss gilt, kann es die Wahrheit nicht geben. Da diese Kategorienverwirrung im Alltagsdenken weit verbreitet ist, entsteht um sie herum der Anschein der Allgemeingültigkeit. Tatsächlich aber werden durch diese Auffassung die in den Phänomenen liegenden Verhältnisse erheblich entstellt.

Vor allem die hartnäckige Vorstellung einer Identität von Wahrheit und Objektivität ist falsch. Denn der Gegensatz von Objektivität ist Subjektivität, der Gegensatz von Wahrheit ist Unwahrheit. Beide Gegensatzpaare stehen quer zueinander: Sie berühren sich in keinem Punkt, und daher können Wahrheit und Objektivität nicht identisch sein. Wären sie es, so wäre ein Erkenntnisakt bereits dadurch, dass er überhaupt einen Gegenstand hat – also gegenstandbezogen bzw. objektiv ist – wahr. Das ist natürlich nicht der Fall, wie z.B. die Phantasievorstellungen zeigen, die ja keineswegs gegenstandslos sind. Zwar ist jede notwendig von einem Subjekt getragene Erkenntnis objektiv, denn eine Erkenntnis ›von nichts‹, also eine Erkenntnis ohne Sachbezug, gibt es nicht. Aber es gibt eben einerseits Erkenntnis, durch die sich der Wahrheitsbezug realisiert, und es gibt andererseits den Irrtum, also die scheiternde Erkenntnisbemühung, die jedoch nichtsdestotrotz Objektivität besitzt. Wahrheit und Objektivität sind daher klar voneinander verschiedene Phänomene.

Auch die geläufige Verabsolutierung der Subjektivität hält einer genaueren Prüfung nicht stand. Es ist eine Selbstverständlichkeit, dass an einem Pol der Erkenntnisbeziehung das Subjekt vorkommt. Aber das bedeutet lediglich, dass es eines erkennenden Bewusstseins bedarf, damit es Erkenntnis gibt. Die vielbeschworene Subjektivität menschlicher Erkenntnis wird damit auf ihre Normalbedeutung zurückgebracht: Subjektivität spricht nicht im Geringsten gegen Objektivität; denn beides, Erkennender und Erkanntes, gehören in der Erkenntnisbeziehung untrennbar zusammen.[78] Außerdem wird durch die Tatsache, dass Erkenntnisvollzüge notwendig von Subjekten eingeleitet und getragen werden, das Wahrsein der Erkenntnis weder gefördert noch verhindert. Die Subjektivität ist für das Erkennen also tatsächlich wesentlich, aber dies lediglich als Glied in der Relation Erkennender-Erkanntes. Daher ist dort, wo das Subjektive zum Einsatz kommt, auch Objektivität bereits voll realisiert.

Der weit verbreiteten Aufwertung der Subjektivität liegt durchaus ein berechtigtes Motiv zugrunde. Allerdings hat dies nichts mit Objektivität oder Wahrheit zu tun, sondern damit, dass das Erkennen nicht die einzige und vor allem nicht die dominante Weise menschlichen Verhaltens ist. Wer die Subjektivität einklagt, möchte vor allem darauf hinweisen, dass Menschsein sich nicht in erkenntnismäßigen Bezugnahmen auf die Welt erschöpft – und das ist zweifelsohne richtig. Die Erkenntnisbeziehung zur Welt ist, gemessen an den zahlreichen Formen nicht-sachlichen Verstricktseins des Menschen in die Welt, sogar ein relativ marginales Phänomen. Während das Subjekt-Objekt-Verhältnis für die Erkenntnis wesentlich ist, sind z.B. die vielfältigen Arten atmosphärischen oder auch stimmungsmäßigen Erlebens nicht durch die beim Er-

---

[78] »Beide Glieder der Relation sind aus ihr [der Erkenntnisbeziehung] nicht herauslösbar, ohne dass sie aufhören Subjekt und Objekt zu sein. Das Subjektsein als solches besteht nur für ein Objekt, das Objektsein als solches nur für ein Subjekt. Beide sind, was sie sind, nur füreinander. Sie stehen in strenger Wechselbeziehung und Wechselbedingtheit. Ihre Relation ist Korrelation« (Nicolai Hartmann: Grundzüge einer Metaphysik der Erkenntnis, Berlin [5]1965, 44).

kennen einschlägige Subjekt-Objekt-Relation charakterisiert – und ähnliches gilt für Lebensbezüge, in denen es um das Verstehen oder Interpretieren von (realen oder fiktionalen) Bedeutungen, Handlungen und Situationen geht. In solchen Zusammenhängen, die das erkennende Verhältnis des Menschen zur Welt beständig unterbauen, ist nicht die Sacherkenntnis, und damit auch nicht die Wahrheit dominant. Man kann die Wahrheit eben nicht deuten oder verstehen, während man sie sehr wohl zum Gegenstand von Erkenntnisprozessen machen kann.

Es ist im Grunde nur eine ungeeignete Wortwahl, wenn man die Aufwertung nicht-erkenntnismäßiger Weltbezüge unter dem Stichwort ›Subjektivität‹ durchführt. Wer dies tut, wird sicher nicht ernsthaft behaupten, alles Geistige sei subjektiv. Er möchte eher daran erinnern, dass der Mensch (als Individuum oder als gesellschaftliches Wesen) nicht auf sachorientierte Rationalität reduziert werden kann. Das ist, wie gesagt, völlig richtig: Vieles von dem, was der Mensch durchlebt, bleibt ihm Erlebnis, ohne je im strengen Sinne des Wortes Erkenntnis zu werden: »Aller Umgang mit Personen, alles Schalten mit Dingen, alles Erleben, Erstreben, Begehren, Tun, Handeln, Wollen, Gesinntsein gehört hierher; desgleichen alles Gelingen und Misslingen, Erleiden, Ertragen, aber auch Erwarten, Erhoffen, Befürchten«.[79] Man darf aber auch bei diesen größtenteils emotionalen Phänomenen auf keinen Fall Subjektivität gegen Objektivität ausspielen, so als spiele sich das Emotionale ohne jeglichen Weltbezug in einer privaten Innenwelt ab. Zwar sind die Pole des Subjektiven und Objektiven nur im Erkenntnisverhältnis klar voneinander abgehoben; aber auch seelische Erlebnisse oder praktische Tätigkeiten des Menschen haben einen direkten Kontakt zum Realen. Ja mehr noch: »Die Erkenntnis ist unter den transzendenten Akten [zwar] der durchsichtige, reinste, objektivste. Aber als Zeugnis des Ansichseins ist er der stärkste nicht. Gegen ihn als isoliert genommenen hatte die Skepsis zu leichtes Spiel. Sein Vorzug der Objektivität wird aufgewogen durch den Nachteil, dass er im Lebenszusammenhang ein se-

---

[79] Nicolai Hartmann: Zur Grundlegung der Ontologie, Berlin ⁴1965, 163.

kundärer Akt ist. Er hebt sich immer erst aus einem Geflecht tiefer verwurzelter Akte heraus, die ebenso transzendent sind wie er. Ja, zumeist steht er nicht einmal herausgehoben da, sondern bleibt in ihrem Geflecht verschlungen. Erst die Wissenschaft löst ihn heraus« (ebd.). Es ist also irrig zu glauben, Emotionales und Praktisches seien nur subjektiv, Theoretisches und Erkenntnismäßiges dagegen nur objektiv. Der Gegensatz ist schief konstruiert. Und es besteht daher kein Grund, das Subjektive und angeblich bloß ›Jemeinige‹ vor dem Objektiven zu bewahren.

Übrigens ist auch die Auffassung, dass dort, wo der Geist im Spiel ist, die Subjektivität das Feld beherrscht, offenkundig falsch. Das wird deutlich, wenn man bedenkt, dass etwa im Bereich des überpersönlichen geistigen Lebens der von Georg Friedrich Wilhelm Hegel (1770-1831) sogenannte »objektive Geist« die zentrale Kategorie ist. Dieser ist nicht die anzahlmäßige Summe aller vereinzelten Meinungsträger. Er ist gerade kein Kollektivum, also keine Ansammlung individueller Perspektiven und Sichtweisen. Der objektive Geist ist bestehende Gemeinschaft, lebendige Verbundenheit von Personen; und als solcher offenbart er sich nicht nur im alltäglichen oder wissenschaftlichen Erkennen, sondern vor allem in praktischen Lebensbezügen, welche die Mitglieder einer Gemeinschaft miteinander verbinden. Ich gehe auf diese Art menschlichen Verbundenseins bei der Beschäftigung mit dem Thema ›Kommunikation‹ (Kapitel 5, Abschnitte 4 und 5) noch näher ein.

8. Wahre Aussagen, wahre Vorstellungen, Wahrheit

Aus der Zurückweisung der Idee, alles Erkennen sei rein subjektiv, ergibt sich nun auch, dass die geistige Beziehung auf die Wirklichkeit keine Vervielfachung der Wahrheit nach sich zieht. Natürlich existiert Vielheit – denn Vieles ist wirklich, und entsprechend viel Wahres oder Falsches lässt sich darüber sagen oder denken. Doch auch wenn das vielfältige Wirkliche in vielfältigen wahren Aussagen oder Gedanken geistigen Ausdruck findet: Die

Wahrheit ist in jedem besonderen Fall, in dem sie zur Sprache kommt oder in Gedanken gefasst wird, identisch.

Man kann sich das an Beispielen leicht klarmachen. Wenn es regnet und jemand sagt, dass es regnet, dann sagt er die Wahrheit. Wenn jemand anderes sagt, dass Berlin eine Stadt ist, sagt er ebenfalls die Wahrheit – und es ist ›dieselbe‹ Wahrheit, die beide aussagen. Beide Personen sagen zwar inhaltlich von etwas anderem die Wahrheit, da der eine über Regen, der andere dagegen über Berlin spricht. Aber beide sagen nicht jeweils ›eine andere Wahrheit‹. Was passiert, ist dies: Beide sagen über unterschiedliche reale Dinge jeweils etwas Wahres, aber beide sagen nicht ›unterschiedliche Wahrheiten‹. Vielleicht merken Sie an der Art meines Insistierens, dass es hier um einen zentralen Punkt geht. Jedenfalls erscheint es mir sinnvoll, diesem Gedanken noch etwas mehr Transparenz zu verschaffen.

Es gibt eine Vielzahl wahrer Aussagen und Gedanken, denn es gibt eben vieles Wirkliche, über das man Wahres sagen oder denken kann. ›Die Vielheit des Wirklichen‹ – das ist im Grunde nur ein anderer Ausdruck für: ›die Welt, wie sie ist‹. Und die Vielheit der Aussagen ist letztlich eine Art Wiedergabe der Welt an sich selbst mit geistigen Mitteln. Dabei sind diese Mittel natürlich ihrerseits wirklich, denn es sind reale Menschen, die den Geist als Mittel der Erkenntnis nutzen. Der Gedanke ist nun schlicht folgender: In keinem jener Fälle, in denen Menschen etwas Wahres über die Welt sagen oder denken, ist es ›die Wahrheit selbst‹, die geäußert wird. Die Wahrheit als solche wird nie ›geäußert‹, denn geäußert werden wahre Sätze, und gedacht werden wahre Gedanken. Doch obwohl die Wahrheit selbst weder unmittelbar gesagt noch gedacht werden kann, ist sie auf ihre Weise da, wenn jemand Wahres über etwas, das der Fall ist, sagt oder denkt. Interessant ist natürlich, was die Formulierung ›auf ihre Weise‹ bedeutet. Darauf komme ich schon bald zu sprechen.

Vielleicht hilft zunächst ein weiteres Beispiel zum Verständnis dieses eigenartigen Zusammenhangs. Wer einen roten Ball als rot bezeichnet, sagt etwas Wahres, und wer einen grünen Ball als grün bezeichnet, sagt ebenfalls etwas Wahres. Das dürfte soweit

verständlich sein. Und nun schauen Sie sich die beiden Sätze –
»der Ball ist rot« und »der Ball ist grün« – an: Eine konkrete An-
spielung auf die Wahrheit findet sich hier gar nicht, die Rede ist
allein vom Rot-Sein eines roten und vom Grün-Sein eines grünen
Balles. Zwar wird jeweils etwas Wahres gesagt, aber von der
Wahrheit als solcher ist unmittelbar keine Rede. Und das heißt:
Was die Wahrheit ›ist‹, wird in beiden wahren Aussagen gar nicht
unmittelbar ausgesagt. Es liegt aber hintergründig in dem, was in
beiden Sätzen wörtlich gesagt wird. Natürlich kann man in redun-
danter Weise sagen: »Die Behauptung, dass der rote Ball rot (und
der grüne Ball grün) ist, ist wahr«. Aber das tun man normalerweise nicht. Weder sagen wir in wahren Sätzen unmittelbar aus,
was die Wahrheit selbst ist, noch verwenden wir in solchen Aussagen das Wort ›Wahrheit‹ zur Bekräftigung des Wahrseins dessen, was wir äußern. Das brauchen wir auch nicht zu tun, da die
Wahrheit in solchen Fällen eben ›auf ihre Weise‹ anwesend ist.

Sie werden vielleicht fragen, warum die Wahrheit ›da‹ oder
›anwesend‹ sein soll, wenn sie doch gar nicht unmittelbar ausgesagt werden kann. Es handelt sich im obigen Beispiel, so werden
Sie sagen, doch nur um zwei verschiedene wahre Sätze, und es ist
überhaupt nichts von einer hintergründigen identischen Wahrheit
zu bemerken. Das ist teils richtig, teils nicht. Richtig ist: Die Sätze
sind unterschiedlich; sie beziehen sich auf Unterschiedliches und
können von verschiedenen Personen, in unterschiedlichen Spra-
chen sowie zu unterschiedlicher Zeit geäußert werden. Nicht richtig ist dagegen, aus Unterschiedlichkeiten dieser Art auf die Vielheit oder Unterschiedlichkeit der Wahrheit zu schließen. Nicht
nur ist die Wahrheit beider Beispielsätze dieselbe, sondern die
Wahrheit ist in allen Fällen, in denen etwas Wahres geäußert oder
gedacht wird, identisch. Denn ganz gleich, worüber irgendje-
mand (irgendwie, irgendwo, irgendwann) etwas Wahres sagt – ob
über die Farbe von Bällen, die Höhe von Bergen, die aktuellen
Fußballergebnisse, die Ursachen einer Grippeepidemie, die Folgen einer politischen Entscheidung oder dergleichen mehr: In allen ›Fällen‹ ist die Wahrheit, die in der jeweiligen Äußerung an-
klingt, dieselbe. Dies ist letztlich auch der Grund, warum es keine

›Wahrheiten‹ (im Plural) gibt, wohl aber Aussagen, Vorstellungen, Gedanken oder Theorien (im Plural).

Bedenken Sie in diesem Zusammenhang auch Folgendes. Aussagen und Gedanken können, und zwar in Abhängigkeit davon, ob sie Tatsächliches repräsentieren, wahr oder falsch sein. Aber kann auch die Wahrheit falsch sein? Natürlich nicht! Die Wahrheit selbst kann weder wahr noch falsch sein – denn sie ist ja an sich kein geistiges Gebilde. Zwar ist die Wahrheit in Repräsentationen anwesend, aber sie selbst ist keine Repräsentation. Man kann wahre Gedanken über die Wirklichkeit haben oder geistige Bilder der Welt entwerfen. Aber die Wahrheit selbst kann man nicht haben oder geistig entwerfen.

So einleuchtend dieser Gedanke bei genauerem Nachdenken auch ist, so sehr wird an ihm deutlich, dass sich hinsichtlich der Beschreibung der Wahrheit die Schwierigkeiten nun doch zuspitzen. Das Alltagsvertrauen in die Wahrheit ist zwar nach wie vor intakt: Denn nach wie vor steht uns die Wahrheit als Phänomen vor Augen, um dessen ungefähre Beschaffenheit wir instinktiv wissen. Zugleich aber entpuppt sich der Versuch, dieses Wissen in nachvollziehbarer Weise zu artikulieren, als ein hartes Stück gedanklicher Arbeit.

Umgehen können wir diese Arbeit aber nicht; zumindest dann nicht, wenn wir verstehen wollen, was man auf dunkle Weise weiß, wenn man um das Phänomen der Wahrheit weiß. Es ist schon viel erreicht, wenn uns bis hierher deutlich geworden ist, dass zwischen dem Wahrsein eines geistigen Gebildes und der Wahrheit als solcher ein Abgrund klafft – eine Lücke, die, wie sich noch zeigen wird, mit den Mitteln unseres Verstandes niemals vollständig zu schließen ist.

In diesem Essay ist, wie Sie bestimmt schon bemerkt haben, keine Rede davon, was denn nun eigentlich konkret in Bezug auf die Welt wahr ist. Das ist aber auch nicht mein Thema. Meine philosophische Erforschung der Wahrheit geht nicht den Weg der Erfahrungswissenschaften: Und daher richtet sie sich auch nicht auf empirisches Wissen, sondern unmittelbar auf die Wahrheit selbst und auf das, was sie ist. Natürlich steht die Wahrheit in einem inneren Bezug zur Realität; denn jeder, der etwas Wahres sagt, bezieht sich dabei auf empirische Tatsachen. Aber die Wahrheit selbst ist kein Gegenstand empirischer Forschung, und sie kann es auch nicht sein. Denn die wissenschaftliche Erkenntnis zielt auf die Realität, nicht dagegen auf die Wahrheit. Was immer die Wahrheit ist, ein empirisches Objekt unter anderen empirischen Objekten ist sie nicht.

Vielleicht verstehen Sie nun schon besser, woher meine sprachliche Verlegenheit stammt. Sie entstammt dem ›Sein‹ der Wahrheit, das wir jetzt immer mehr zu entdecken beginnen. Auch für das Nachdenken und Sprechen über die Wahrheit tut sich freilich ein gewisser Abgrund auf. Denn so gefühlsmäßig vertraut uns die Wahrheit im Alltag auch ist, so schwierig ist ihre objektive gedankliche Beschreibung. Wir werden aber trotzdem weitermachen. Denn die Alternative kann sicher nicht sein, mit Vorurteilen oder Schlagworten den philosophischen Problemen aus dem Weg zu gehen.

9. Ist Wahrheit ›Unverborgenheit‹?

Im vorigen Abschnitt habe ich eher beiläufig davon gesprochen, dass sich die Wahrheit in wahren Aussagen oder Gedanken ›offenbart‹. Das ist nun allerdings kein glücklicher Ausdruck. Denn da Aussagen oder Gedanken immer auf etwas Bestimmtes zielen – etwa auf das Rot-Sein eines roten oder das Grün-Sein eines grünen Balles – sollte man eher sagen, dass sich die Wahrheit in solchen Aussagen oder Gedanken versteckt oder ›einnistet‹. Damit meine ich, dass die Wahrheit dort, wo sie in wahren Aussagen zur Sprache kommt, nicht unmittelbar Gegenstand der Sprechens oder Denkens ist. Die Wahrheit liegt gleichsam im Schatten des Äußerungsvorgangs: Vor lauter Wahrem, das man über die Wirklichkeit konstatiert, sieht man die Wahrheit des jeweils als wahr Erkannten selbst nicht. Es ist also das Wesen der Wahrheit, das nicht zum Vorschein kommt, wenn wir etwas Wahres sagen oder denken. Wir sind dann so sehr auf die realen Sachen gerichtet,

dass wir nur diese bemerken, nicht aber die Beziehung des Wahrseins, die zwischen unseren Äußerungen und den Dingen besteht.
Das entspricht ganz der Sachausrichtung des natürlichen Realismus, der nicht auf seine Voraussetzungen reflektiert.

Beim Sprechen wie beim Denken liegt unser gesamtes Augen-
merk auf den Gegenständen. Sagen wir von einem roten Ball, dass
er rot ist, dann geht es um den Ball und dessen Farbe; und allein
hierauf richtet sich auch unser wahrnehmender Blick, der die
Farbe des Balles entdeckt. Zwar weiß man, dass man etwas Wahres sagt, wenn man von einem roten Ball sagt, er sei rot. Aber man
weiß damit nicht zwangsläufig auch, was die Wahrheit ist, oder
was das Wort ›Wahrsein‹ bedeutet. Für den Erfolg von Äußerungen ist dieses Wissen auch nicht erforderlich; ebenso wenig wie
man wissen muss, was es ›bedeutet‹, zu gehen, wenn man geht
oder zu gehen beabsichtigt. Die Sache ändert sich, wenn man direkt die Wahrheitsfrage stellt. Um die Identität der Wahrheit zu
erkennen, reicht es nicht aus, die Wirklichkeit zu erforschen. Man
muss sich dann vielmehr der Wahrheit selbst zuwenden, also die
normale Wirklichkeitsrichtung der Aufmerksamkeit hemmen
und sie zur Wahrheit hin umlenken. Indem man die Wahrheit auf
diese Weise zum Gegenstand der Erkenntnis macht, unterstellt
man aber bereits, dass sie existiert; denn auf je seine Weise existiert alles, was jemals Objekt der Erkenntnis wird.[80] Der eigentliche Sinn dieser Richtungsänderung liegt darin, dass man erfahren
möchte, was die Wahrheit an sich selbst ist. Dieses Was- oder Sosein nennen die Philosophen, nebenbei bemerkt, das Wesen bzw.,
vom Lateinischen her, die Essenz einer Sache. Eine essenzielle Untersuchung der Wahrheit zielt darauf zu ermitteln, was die Wahrheit selbst ist. Eine solche Untersuchung kann nicht an beliebigen
wahren Aussagen (etwa über das Rot-Sein roter Bälle oder das

---

[80] Es ist zu beachten, dass der »Gegenstand der Erkenntnis […] als solcher
zugleich übergegenständlich ist, d.h. unabhängig davon, ob und in welchen
Grenzen das Seiende tatsächlich durch die Erkenntnis zum Gegenstande gemacht wird« (Nicolai Hartmann, Neue Wege der Ontologie, Stuttgart ³1949,
13). Nicht alles, was ist, wird aktuell erkannt oder ist grundsätzlich erkennbar;
aber aus der Unerkennbarkeit von etwas folgt nicht dessen Nichtsein.

Grün-Sein grüner Bälle) ansetzen, sondern nur direkt an der Wahrheit. Genau dieser Umstand ist es, der die Beschreibung der Wahrheit so schwierig macht. Denn die Beschreibung muss versuchen, alles auszublenden, was in der Peripherie der Wahrheit liegt. Dazu gehört das vielfältige empirisch Wirkliche ebenso wie die zahllosen wahren Aussagen über dieses Wirkliche.

Wann immer im Einzelfall Wahres erkannt wird, ist die Wahrheit selbst ›irgendwie‹ anwesend. Aber sie offenbart sich in solchen Fällen nicht direkt, sondern durch etwas, das wie eine Art Gleichnis für sie fungiert. Das vereinzelte Wahre ist ›so wie‹ die Wahrheit – und genau das ist mit der Rede vom Phänomen der Wahrheit gemeint. Phänomene sind grundsätzlich niemals die Sachen selbst, aber sie deuten hin auf die ›in ihnen‹ steckenden oder sich in ihnen versteckenden Sachen in ihrer Identität. Was etwa das Wahrsein einer Aussagen über einen roten Ball betrifft, so ist dieses Wahrsein ein Gleichnis der Wahrheit – also ein beliebiges unter unzähligen Beispielen dafür, wie uns die Wahrheit gegeben ist. Man sieht einen roten Ball, und sagt dessen Rot-Sein aus. In diesem Sehen und Sagen erscheint die Wahrheit – hier ist sie Phänomen. Aber sie erscheint im Sehen und Sagen nur indirekt, denn sie ist nur durch ein beliebiges Beispiel ihrer selbst im Hintergrund des jeweiligen Sehens und Sagens da.

Man muss daher vorsichtig sein, wenn es heißt, dass die Wahrheit bereits zur Zeit der antiken Philosophen als Unverborgenheit verstanden wurde. Zwar stimmt es, dass das griechische Wort für die Wahrheit (›aletheia‹) Unverborgenheit bedeutet. Und richtig ist auch, dass die Wahrheit etwas mit einem Offenbarsein oder einem Ans-Licht-Gelangen zu tun hat. Zugleich aber ist es wichtig, die Ambivalenz des Ausdrucks ›Unverborgenheit‹ im Auge zu behalten. Denn man darf bei aller Begeisterung für das Offenbare nicht übersehen, dass das Merkmal der Unverborgenheit zunächst einmal für Dinge charakteristisch ist, die schlicht und einfach wirklich sind, ohne zugleich wahr zu sein. Die Vase auf dem Tisch ist – anders als das, was unter dem Sofa liegen mag – unverborgen. Aber sie ist, wie wir inzwischen wissen, weder wahr noch gar die Wahrheit. Die Vase ist ein Gegenstand in der realen Welt, der aktuell für jemand gut sichtbar sein mag, und der – ohne dadurch unwirklich zu werden – aus dem Blick geraten kann, indem er etwa unter dem Sofa zu liegen kommt. Zumindest in ihrer elementaren Bedeutung ist Unverborgenheit an Wahrnehmungen gebunden. Und da die Wahrheit nichts Wahrnehmbares ist, wird man bei ihr, wenn überhaupt, an eine andere Art von Unverborgenheit denken müssen.

Man kann nun freilich versuchen, ins Symbolische auszuweichen: etwa dadurch, dass man die Unverborgenheit der Vase für den wahrnehmenden Blick als eine Art Sinnbild der Wahrheit interpretiert. Aber das ist höchst unbefriedigend. Denn was soll das Unverborgensein der Vase und ihrer sinnlichen Merkmale eigentlich anderes besagen als deren pures Existieren und Vorhandensein? Sie können von dort aus, von wo Sie die Vase sehen, ihre Existenz mit Sicherheit feststellen, denn das Dasein der Vase ist, mitsamt einiger ihrer Wesenszüge (z.B. die essenzielle Öffnung am oberen Rand des Ovals) tatsächlich unverborgen. Aber wie steht es mit der von Ihrem Standpunkt aus verborgenen Rückseite der Vase? Oder auch mit ihrem Gewicht, das sie ja aktuell nicht erfahren bzw. nur aus sinnlichen Andeutungen heraus erahnen?[81] Natürlich existieren auch diese Qualitäten direkt an der Vase und nicht etwa nur ›im Geist‹. Aber sie existieren nicht so offenkundig wie das, was Ihnen tatsächlich gegeben ist, und daher decken sich Existenz und Unverborgenheit an sinnlichen Objekten auch niemals vollkommen.

So ist es auch im Falle der Wahrheit. Unter allem, was existiert bzw. in der Wirklichkeit da ist, sind allein geistige Gebilde (Meinungen, Aussagen, Gedanken usw.) wahr. Aber sie sind nicht wahr durch ihr bloßes Existieren – zumal es ja auch falsche Meinungen oder Aussagen gibt – sondern allein durch ihren inhaltlichen Bezug auf die Sachen. Sage ich etwa: »Der Ball ist rot«, so ist das eine existierende Aussage, die sich einerseits lautlich offenbart (und somit gehört werden kann), und die andererseits einen In-

---

[81] Zu den damit angesprochenen synästhetischen Qualitäten vgl. Wilhelm Schapp: Beiträge zu einer Phänomenologie der Wahrnehmung. Mit einer Einleitung von Thomas Rolf, Frankfurt [5]2013.

halt offenbar macht (das Rot-Sein des Balles). Doch was soll der ganze existenzielle Zauber um solche Offenbarungen, wenn der ›besagte‹ Ball, sagen wir einmal, blau ist? Die Existenz von Aussagen garantiert in keiner Weise deren Wahrsein – denn es existieren ja auch Lüge und Irrtum. Und die Existenz wahrer Aussagen wiederum offenbart nicht direkt, worin deren Wahrheit eigentlich besteht – denn unmittelbar evident und unverborgen ist stets nur das, was konkret ins Offene, z.B. in die Öffentlichkeit hinein ausgesagt wird.

Natürlich ist das, was existiert, in seiner Existenz nicht von der menschlichen Wahrnehmung abhängig – der Grundsatz des irischen Philosophen George Berkeley (1685-1753), »esse est percipi« («Existieren ist Wahrgenommenwerden«), ist schlichtweg falsch, da er allem, was aktuell nicht von uns wahrgenommen wird, das Existieren abspricht. Interessant ist aber, dass sich gerade die Idee der Wahrheit als Unverborgenheit wesentlich auf die sinnliche Erfahrung stützen muss. Dadurch wird diese Idee tendenziell unbrauchbar, um die besondere Art der ›Anwesenheit‹ der Wahrheit in sprachlichen Äußerungen verständlich zu machen. Die Idee der Wahrheit als Unverborgenheit führt eher ins Abseits, wenn es um die Essenz der Wahrheit geht. Denn diese Idee ist, vor allem von Philosophen, die der Phänomenologie nahestehen, zumeist an das anschauliche Erscheinen der Wahrheit gebunden worden.[82] Ein sinnliches Erscheinen der Wahrheit gibt es aber nicht. Um die Essenz der Wahrheit zu bestimmen, helfen uns Augen und Ohren nicht weiter. Wir müssen den Geist zu Hilfe nehmen und kommen um das Denken nicht herum. Nur so kommt man, wie im dritten Kapitel deutlich werden wird, der Identität der Wahrheit auf die Spur.

---

[82] Edmund Husserl spricht im Zusammenhang seiner Wahrnehmungsanalysen direkt von einem »Erlebnis der Wahrheit« (Logische Untersuchungen, Hamburg 2009, 651).

10. Noch einmal zurück in den Alltag

Im Alltag haben die Menschen Besseres zu tun als sich mit der Frage nach der Wahrheit zu befassen. Sie sind in dringenden praktischen Geschäften unterwegs und dabei so sehr in die Aktualitäten ihrer jeweiligen Projekte verstrickt, dass das Meiste von dem, was ihnen widerfährt, im Zustand einer »chronischen Halbentfremdung«[83] erlebt wird. Dieser der Imagination verwandte Bewusstseinszustand hat sein eigenes Recht, ja er ist in gewissem Sinne die Essenz der menschlichen Alltäglichkeit in ihrer ebenso stillen wie zähflüssigen Dynamik. Normales Leben gleitet dahin wie ein Wal auf offener See: schwer und wuchtig, und doch zugleich entspannt und versonnen, fast wie im Schlaf.[84]

Im Alltagsleben ist, wie wir schon gesehen haben, die objektive Erkenntnis nur ein seltener Ausnahmezustand. Man sieht und hört natürlich immer etwas, und irgendetwas geschieht buchstäblich laufend. Aber zu einem eigentlichen Begreifen dessen, was geschieht, kommt es im Alltag so gut wie nie. Den anthropologi-

---

[83] Dieser Zustand bildet »den bewusstlosen Hintergrund unseres Zusammenlebens mit anderen und unseres darin eingefassten Selbstgefühls« (Arnold Gehlen: Der Mensch. Seine Natur und seine Stellung in der Welt, Wiebelsheim [16]2014, 377). Gehlen gibt ein anschauliches Beispiel: »Wenn manche Personen bei Erzählung eines Unglücksfalls »ach, wie schrecklich!« ausrufen und den Schrecken durch eine Art schematischer Geste abbilden, dann verleihen sie den vorgestellten Bildern mittels eines einfachen affektiven Schemas den Charakter »schrecklich«. Dieser Vorgang aktualisiert für einen Augenblick, so glaube ich, eine der Möglichkeiten eines chronischen affektiven Hintergrundes, der einen Teilbestand des eigenen Selbstgefühls bildet, und der die pausenlose Resonanz der durchschnittlichen Gruppenaffektlage ist« (ebd.).

[84] Rüdiger Safranski macht die Ruhe des Alltäglichen an der Gewohnheit fest: »Das Wunder der Gewohnheit! Sie wird mit allem fertig, auch mit der Angst vor dem Tod. Es ist unglaublich, woran man sich alles gewöhnen kann. Kein Schmerz, aber auch keine Freude kann der mildernden, mäßigenden, herabstimmenden Kraft der Gewohnheit widerstehen. Das Plötzliche bringt die Gewohnheit für einen Augenblick aus der Fassung, doch eben nur für einen Augenblick, dann macht die Gewohnheit daraus wieder das Gewöhnliche, aus dem jähen Blitz wird eine milde Beleuchtung. Die Gewohnheit bewältigt das Überwältigende« (Rüdiger Safranski: Einzeln sein. Eine philosophische Herausforderung, München 2021, 53).

schen Grund dafür haben wir schon kennengelernt: Die primäre menschliche Lebenshaltung ist keine erkenntnismäßige, sondern teils eine hingebend-erlebende, teils eine zupackend-handelnde. Im Erleben spielen Gefühle, Ahnungen und Instinkte die Hauptrolle, im Handeln dagegen geht es um das aktive Erreichen von Zielen unter Zuhilfenahme ausgewählter Mittel. Natürlich ist das Erleben und Handeln immer auch von Erkenntnis durchsetzt. Aber es handelt sich dabei nicht um wertindifferente Sacherkenntnis, sondern um eine emotional oder praktisch ausgerichtete Form der Objektivität: »Der Geist ist nicht nur spiegelnder Geist. Sein Auffassen ist nicht das einzige, was sein Verhältnis zur Welt bestimmt, es ist in eine Fülle anderer Beziehungen zur selben Welt eingebettet und von ihnen mitbestimmt. Der Geist ist in die Aktualität des Lebenszusammenhanges einbezogen. Er handelt und leidet, erwartet und fürchtet, sorgt sich und hofft, schafft und ringt«.[85] Der ins Alltagsbewusstsein verstrickte Geist büßt seine Objektivität also nicht etwa ein, sondern hält »die Distanz zur Sache, mit der er es zu tun hat, auch im Lebenszusammenhang [fest], und wo er sie verliert, [bleibt er] ihrer doch prinzipiell fähig (ebd., 125). Das Verstricktsein des Geistes in die Aktualität des Alltags »ist kein Rückfall ins geistlose Bewusstsein« (ebd.): Der Mensch, der in seiner alltäglichen Lebenssituation aufgeht, unterscheidet sich wesentlich vom Tier, dass in Situationen gefangen ist, ohne sie darstellen oder anderweitig transzendieren zu können.[86]

---

[85] Nicolai Hartmann: Das Problem des geistigen Seins, Berlin [3]1962, 124.

[86] »Tiere sind in Situationen gefangen; sie werden von ihnen ebenso geführt wie wir Menschen beim flüssigen Sprechen von der Sprache, die wir gerade sprechen, geführt werden, ohne Besinnung und Reflexion, eventuell sogar ohne zu merken, dass es diese Sprache ist. [...] Die tierische Aktivität besteht darin, dass der vitale Antrieb des Tieres dem Programmgehalt der jeweils maßgebenden Situation [...] zugewendet wird. Der gewaltige Unterschied von Menschen besteht nur darin, dass der Mensch den Gehorsam gegen die Sprache, die er spricht, zur Darstellung und Kombination einzelner Bedeutungen im Interesse der Verfolgung seiner wechselnden Zwecke benutzt, während der Gehorsam gegen Situationen im tierischen Leben sozusagen Selbstzweck ist« (Hermann Schmitz: Ausgrabungen zum wirklichen Leben. Eine Bilanz, Freiburg/München [2]2018, 256).

Der französische Philosoph Jean-Paul Sartre (1905-1980) hat für das Lebensgefühl der Menschen im Alltag das höchst treffende Bild des Klebrigen gewählt.[87] Man wird, so Sartres Idee, den Alltag und die für ihn typische Erfahrung der Halbbewusstheit einfach nicht los, denn sämtliche Alltagsbezüge haften am Menschen mit der eigenartigen Zähigkeit des Honigs. Interessant ist übrigens, dass Sartre die Daseinsmetapher des Klebrigen, die er selbst am Charakter zähfließenden Honigs konkretisiert, unter anderem verwendet, um die ambivalente Süße normalen Lebens zu veranschaulichen. Der Alltag spielt sich weder in totaler Unverborgenheit noch in völliger Verdunklung (‹Lethe›) ab, sondern stellt die kompromittierende Verdichtung dieser beiden bloß fiktiven Extremzuständlichkeiten dar. Man kann auch sagen: Alltäglichkeit ist Verbindlichkeit. Damit bleibt man auf treffende Weise im Bild des Honigs, der das, was mit ihm in Berührung kommt, unnachgiebig ansaugt und mit sich zu verschmelzen sucht.

Weniger poetisch als Sartre kann man auch sagen, dass der Alltag hinsichtlich seiner durchschnittlichen Bewältigung einen Kompromiss darstellt. Weder geschieht alles, was vor sich geht, in der Einsamkeit privaten Fühlens und Meinens, noch vollzieht es sich in totaler Unverborgenheit und Transparenz. Ein solcher Gegensatz passt einfach nicht zur Normalität alltäglicher Erfahrungen und Prozesse. Im Alltag verwachsen diese beiden Extreme, welche es in Reinform ohnehin nur in der Phantasie gibt. Ein Moment dieser Verwachsenheit besteht darin, dass sich im Alltagleben das gegenständliche Erkennen, das auf die klare Unterscheidung des an sich selbst Unterschiedenen drängt, dem Erleben und dem Handeln unterordnet. Weil das so ist, kommt es im Alltag nur selten zu einer umfassenden Besinnung auf das, was passiert. Und noch seltener ist hier natürlich das gezielte Nachdenken über die Wahrheit.

Natürlich kann man das ›Aufgehen‹ der Menschen in der Halbbewusstheit des Alltags auf abwertende Weise dramatisieren – es

---

87 Jean-Paul Sartre: Das Sein und das Nichts. Versuch einer phänomenologischen Ontologie, Reinbek bei Hamburg [15]2009, 1033ff.

also so beschreiben, als wäre das alltägliche Leben der Individuen eine nichtige Welle in einem allumfassenden Wahrheitsgeschehen. Aber das zu tun hieße, dem menschlichen Leben seine Normalität zu rauben, um es in die phantastischen Extreme von persönlicher Emanzipation einerseits und Primitivität, Anonymität und Bedeutungslosigkeit andererseits auseinanderzureißen. In der ersten Hälfte des 20. Jahrhunderts haben führende Theoretiker des Existenzialismus dies getan.[88] Sie haben damit jedoch eher ein phantasievolles Gemälde als eine realistische Zeichnung der Alltagsexistenz angefertigt. Ihr Bild ist bereits von seiner Komposition her nicht stimmig, es wirkt konstruiert. Denn auf der einen Seite behaupten diese Denker, der Alltag sei ein Ort bedeutsamer Kämpfe und heroischer Entscheidungen, auf der anderen Seite beklagen sie das Versinken der Menschen in stupider Gewohnheit und Routine. Den Widerspruch, der damit in ihrem Bild des Alltags auftritt, haben sie teils einfach übersehen, teils haben sie ihn zugunsten einer Abwertung des Alltagslebens aufzulösen versucht.

Die existenzialistische Darstellung des Alltagsbewusstsein ist also zwiespältig. Einerseits entdeckt sie die ursprüngliche Klebrigkeit des Alltäglichen, andererseits folgt der Darstellung – sofern diese nicht phänomenologisch nüchtern bleibt[89] – die kritische Abwertung des Alltags auf dem Fuß.[90] Eine ›Kritik‹ des Alltagslebens erscheint mir nun schon deshalb zweifelhaft, weil sie ihre eigene Verankerung im Alltäglichen nur selten mitbedenkt. Es erscheint mir außerdem fraglich, ob man in einer Haltung der

---

[88] Eine lebendige Darstellung existenzialistischen Lebensgefühls liefert Sarah Bakewell: Das Café der Existenzialisten. Freiheit, Sein & Aprikosencocktails, München ⁵2023.

[89] Vgl. Alfred Schütz, Thomas Luckmann: Strukturen der Lebenswelt, Konstanz/München ²2017.

[90] Das gilt für konservative Positionen im Stil Martin Heideggers ebenso wie für marxistische Ansätze im Stil von Henri Lefebvre: Kritik des Alltagslebens. Grundrisse einer Soziologie der Alltäglichkeit, Frankfurt/M. 1987 sowie Agnes Heller: Das Alltagsleben. Versuch einer Erklärung der individuellen Reproduktion, Frankfurt/M. 1978.

Kritik überhaupt in wirklicher Fühlung mit den alltäglichen Normallagen des Lebens bleiben kann.

Man könnte freilich einwenden, dass die Existenz bedeutender sozialer Bewegungen das Gegenteil beweist. Solche Bewegungen, in denen es um die entschlossene Veränderung der Welt und des Weltbewusstseins geht, fallen schließlich nicht vom Himmel, sondern erwachsen auf dem Boden alltäglicher Praxis. Doch so schlagkräftig dieser Einwand auch erscheint: Er verkennt den bleibend klebrigen, doppeldeutigen und unentschiedenen Charakter des Alltäglichen. Soziale und politische Revolutionen sind, ebenso wenig wie persönliche Lebenswenden, gezielt steuerbar; zumindest ist Steuerung nicht die normale Art, in der sich solche Wendungen praktisch vollziehen. Wie größere Bewegungen im Einzelnen entstehen, mögen Historiker und Politologen untersuchen. Hier darf der allgemeine Hinweis genügen, dass Neues und Umwälzendes im Sumpfgelände des Alltags erwächst, ohne ihm je zu entwachsen. Es gelingt dem entschiedenen Geist des Neuen nicht, den Sumpf des Alltäglichen von außen her oder von innen heraus trockenzulegen.

Hinzu kommt der Umstand, dass sich die Klebrigkeit des Alltags immer wieder hemmend auf die Abstraktheit des Wunsches nach radikaler Lebens- und Weltveränderung auswirkt. Wie der Soziologie Dieter Claessens (1921-1997) betont, betrifft dies insbesondere die Motivationsmöglichkeit des Menschen – also die Chance, Menschen nachhaltig zu Großem und Weltstürzendem zu bewegen. Claessens schätzt diese Möglichkeit eher skeptisch ein. Aus seiner Sicht sind Menschen nicht in der Lage, »zum Organisieren großer Populationen und den sich dabei unvermeidlich ergebenden Komplikationen ein direktes emotionales, d.h. *unmittelbar motivierendes* Verhältnis zu finden«.[91] Es ist, wie Claessens fortfährt, dem Menschen nicht möglich, »über das ihm evolutionär mitgegebene Verhältnis zu Gruppengrößen à la Horde hinaus ein Verhältnis zu größeren Zahlen, Massen und Massenereig-

---

[91] Dieter Claessens: Das Konkrete und das Abstrakte. Soziologische Skizzen zur Anthropologie, Frankfurt/M. 1993, 17.

nissen *direkt* zu haben, d.h., sich zu der von ihm selbst produzierten Indirektheit und Abstraktheit *direkt* verhalten zu können, dieser Abstraktheit gegenüber *direkt* motiviert zu sein« (ebd.).

Man kann über die Trefflichkeit dieser soziologischen Hypothese natürlich ebenso streiten wie über ihre evolutionsbiologische Verankerung. Interessant ist allerdings, dass sie sich zwanglos mit dem Phänomen der Klebrigkeit alltäglicher Lebensvollzüge verbinden lässt. Was die Frage der tatsächlichen (und nicht bloß verbal ›bekundeten‹) Motiviertheit der Menschen angeht, ist von Seiten der Anthropologie das letzte Wort sicher noch nicht gesprochen. Insofern bleibt einem einstweilen nur übrig, sich an die Phänomene des alltäglichen Weltlaufs zu halten. Das Gute daran ist, dass die Phänomene jenseits aller Theorien ihr Eigenleben führen. Man kann den Lauf der Dinge in seiner historischen Konkretheit einfach mitverfolgen, ohne zu einem allgemeinen Urteil über seine prinzipiellen Bewegungsmöglichkeiten genötigt zu sein.

Bleiben wir noch einen Moment bei dem Band zwischen Alltäglichkeit und Ambivalenz. Was diese Verbindung angeht, so wird sie u.a. an der Art, wie Menschen normalerweise kommunizieren, sichtbar. Alltagsgespräche verlaufen weder vollkommen geschliffen und authentisch, noch sind sie vollkommen roh und unecht. Tatsächlich gleicht das alltägliche Reden der Menschen oft einem halbbewussten Quasseln – es findet sozusagen auf Chat-Niveau statt, ohne dabei notwendig in ›bloßes Quatschen‹ oder gar in ›totalen Quatsch‹ auszuarten.

Ein Charakteristikum alltäglichen Redens ist seine situativ-lebensfreudige Vielseitigkeit: Man redet mal so, mal so, je nach Bedarf und nach Anlass. Es ist interessant zu sehen, wie manchmal ein neues Wort oder ein origineller Spruch ohne Ankündigung im Alltagsleben auftaucht und für gewisse Zeit ohne klaren Absender oder Adressaten durch die Alltagssprache geistert. Kaum wird dieses ›Neusprech‹ begrüßt und hyperbolisch verwendet, taucht die Redewendung auch schon wieder unter; und währenddessen tun viele sprachliche Evergreens – altbekannte Wendungen und Phrasen, die jeder kennt – weiterhin ihren hintergründigen Dienst. Es herrscht also, was das alltägliche Sprechen sowie die umgangssprachlichen Bedeutungen angeht, immer eine gewisse Bewegung zwischen Bekanntem und Unbekanntem. Es handelt sich um eine Dynamik, die niemals radikal innovativ ist, sondern in der sich Neues und Modisches an die Seite von Altem und Klassischem stellt, ohne dass eins das andere dabei völlig verdrängt.

Doch nicht nur in sprachlicher Hinsicht ist der Alltag durch mangelnden Extremismus, also durch ein ruhiges Bewegtsein, das zwischen den Ideen von Stillstand und Getriebenheit vermittelt, charakterisiert. Die semantische Bewegungsnormalform des Alltags ist das Gehen oder das langsame Laufen («Na, wie geht's?« – »Läuft!«). Anstelle des seiner Natur nach immer weiter steigerungsfähigen Extremen herrscht im Alltag jenes eigentümlich träge Ungefähr vor, das ein jeder kennt, der manchmal – aber eben nicht immer – fünf gerade sein lässt. Dem Alltag in seiner Klebrigkeit eignet eine sonntagsfahrerische Dynamik. Ruhige Lebensfreude und der Sinn für das Lebbare bedingen einander; Sonntagsfahrerei entspannt und endet eher selten tödlich.

Mit dieser zugegebenermaßen blumigen Schilderung möchte ich mehr andeuten als aussagen, dass die Menschen im täglichen Dahinleben weder zum vereinzelt Wahren noch zur Wahrheit als solcher einen praktischen Bezug haben. Dies ist auch dann nicht der Fall, wenn sie, eher beiläufig als mit klarem Bewusstsein, tatsächlich etwas Wahres sagen. Stets sind die Menschen in der Normalität des Dahinlebens auf konkrete Themen fokussiert, sei es nun beim Sprechen, sei es in ihrem sonstigen Verhalten. Gerade weil dies so ist, ist es mit der als Unverborgenheit gedeuteten Wahrheit so eine Sache. Man muss schon überdurchschnittlich sensibel und achtsam durchs Leben gehen, damit sich einem überhaupt ›etwas zeigen‹ oder ›offenbaren‹ kann. Übertriebene existenzielle Entschiedenheit führt eher nicht zu jener Ruhe, die nötig ist, um die Dinge in ihrer Unverborgenheit anschauen zu können. Entspannung und Beruhigung ist Sache langer Askese – und schon das schlichte sinnliche Empfinden und Wahrnehmen von etwas in seinem Sosein fordert von den Menschen angesichts ihrer normalen Unruhe eine Menge an Übung. Fragen Sie sich einmal selbst: Wann haben Sie zuletzt ein Ding mit wachen Sinnen angeschaut, es also in seinem Sosein einfach hingenommen?

Die Dinge zu sehen ist das eine, sie zu begreifen etwas anderes. Ein noch höherer Grad an Beruhigung und Reifung ist erforderlich, um über alles sinnliche Hinnehmen hinaus zu einer geistigen Einsicht in allgemeine kategoriale Weltzusammenhänge zu gelangen. Sicher ist das habituelle Auf-Dauer-Stellen einer hinnehmenden Erkenntnishaltung eng mit der Erfüllung der Forderung: »Du musst dein Leben ändern«[92] verbunden; ein Imperativ, den man aus meiner Sicht jedoch nicht allen Menschen zumuten sollte. Ich sage nicht zumuten kann, sondern zumuten sollte. Denn ich bin der Überzeugung, dass die möglichst virtuose Beherrschung des Alltags weit mehr zum Erwachsenwerden und zur Reifung des Menschen beiträgt als eine durch zweckfreies Erkennen gewonnene Querstellung zum normalen Leben. Reifung erwächst aus meiner Sicht wesentlich daraus, dass Menschen sich ihr Leben lang in den halbschattigen Souterrains des Alltags aufhalten, ohne diesen Bezirk längerfristig gegen eingebildete Höhenlagen oder geistige Ekstasen einzutauschen. Sofern die Horizontalität menschlicher Ambitionen nur einigermaßen in Spannung ist, ist sie aus meiner Sicht der ins Vertikale strebenden Steigerungsspannung vorzuziehen – und zwar vor allem deshalb, weil eine auf mittlerer Höhe flachgespannte Lebensweise letztlich der einzige Daseinsmodus ist, welchen die Menschen wirklich kennen und verstehen. Damit ist auch Folgendes gesagt: Wenn sich irgendwo in der Welt etwas Wahres wirklich offenbart, dann nur im halbgaren Sud des alltäglichen Lebens. Man muss schon lange in diesem Sud geköchelt und gleichsam zur Normalität gereift sein, bevor man überhaupt damit beginnen kann, halbwegs sinnvolle Dinge über das Leben, das Wahre und die Wahrheit denken und sagen zu können.

---

[92] Vgl. Peter Sloterdijk: Du musst dein Leben ändern. Über Anthropotechnik, Frankfurt/M. ⁴2012. Sloterdijk lotet die Kulturbedeutung von Übung und Askese aus, und zwar ausgehend von Rainer Maria Rilkes Sonett »Archaischer Torso Apolls«.

Das alles bedeutet nicht, dass die Wahrheit im Alltag gar keinen Platz hat. Es bedeutet lediglich, dass die Menschen normalerweise nur indirekt, nämlich im praktischen Umgang mit Personen und Dingen, mit ihr in Berührung kommen. Sie sagen und hören Wahres über die Wirklichkeit, aber diesem Hörensagen haftet stets die Konkretheit gelebter Augenblicke und Situationen an. Man kann nicht sagen, dass die Wahrheit im Alltag überhaupt nicht existiert. Aber sie ist hier im Reden und Meinen gleichsam verkapselt, ohne ins Bewusstsein der Menschen vorzudringen. Was die Wahrheit ausmacht, wird dunkel erahnt, aber die Ahnung reift, anders als in der philosophischen Ontologie, nicht zur Erkenntnis. Dennoch ist in der alltäglichen Ahnung bereits alles Wesentliche enthalten – das gezielte Nachdenken über die Wahrheit muss es nur noch spruchreif machen. Dass so eine Art des Sprechens oder Nachdenkens im Alltag praktisch nie vorkommt, ist kein Mangel, sondern geradezu ein Qualitätsmerkmal des normalen Lebens. Hier ist distanziertes Erkennen einfach nicht am Platz, hier darf die Wahrheit in ihrer submarinen Versenkung bleiben.

3. ÜBER DAS WESEN DER WAHRHEIT

1. Wesentliches und Unwesentliches

Von der Wahrheit hat sich bisher gezeigt, dass sie identisch ist. Das ist nun allerdings keine sehr gehaltvolle Auskunft. Überhaupt wird der Begriff der Identität häufig recht unklar verwendet. Ich möchte daher versuchen, die Identität der Wahrheit inhaltlich zu präzisieren und zu ermitteln, worin das Wesen der Wahrheit besteht.

Der Begriff ›Wesen‹ klingt zunächst ähnlich inhaltsarm wie der der Identität. Doch das täuscht: Er enthält durchaus ein gewisses Mehr an Fülle, und er zeigt auch die Richtung an, in der das Nachdenken über die Wahrheit weitergehen kann. Bei der Wesensfrage geht es darum zu ermitteln, wodurch die Wahrheit zur Wahrheit wird: Was ist derjenige Grundzug, der an der Wahrheit auf keinen Fall fehlen darf, weil sie ansonsten nicht mehr die Wahrheit ist?

Der Wesensbegriff ist in der modernen Philosophie ein ungeliebtes Kind ist. Viele Theoretiker meinen, dass durch ihn ein Gegenstand auf einen festen inneren Kern bezogen werden soll: etwa auf eine Substanz, gegenüber der alle nicht-wesenhaften Züge der Sache als bloß oberflächliches und zufälliges Beiwerk erscheinen. Misstrauischen Philosophen sei an dieser Stelle gesagt, dass mir eine essenzialistische Metaphysik der Wahrheit fern liegt, und dass ich mir der Einseitigkeiten des Substanzdenkens sehr wohl bewusst bin. Die alte Substanzontologie hat, zumindest als allgemeines Modell der Weltauffassung, ohnehin ausgespielt. Die Ontologie des frühen 20. Jahrhunderts hat den Substanzialismus der antiken und frühneuzeitlichen Metaphysik hinter sich gelassen, indem sie unter anderem die Jahrtausende alte Autorität der Wesenheit (›essentia‹) überwunden hat.[93] Seitdem geht man bei der

---

[93] Nicolai Hartmann hat an der Überwindung des Essenzialismus maßgeblichen Anteil gehabt, ohne dabei – dem damaligen Zeitgeist entsprechend – in den gegenteiligen Existenzialismus zu verfallen. Vgl. etwa Nicolai Hartmann: Zur Grundlegung der Ontologie, Berlin ⁴1965, 56f. sowie 81-138.

philosophischen Betrachtung der Grundzüge des Realen von einer Vielheit von Seinskategorien aus, anstatt der Wesenheit weiterhin die allein tragende Rolle einzuräumen.

Dem philosophisch weniger Bewanderten empfehle ich, die Rede vom Wesen im Folgenden nicht allzu theoretisch zu nehmen. Am besten ersetzt man das Substantiv ›Wesen‹ – bei dem man entweder an etwas Dingliches (›Lebewesen‹) oder an irgendwelche unscharfen Bedeutungsgebilde (›Rechnungswesen‹, sein ›Unwesen‹ treiben usw.) denkt – durch das Adjektiv ›wesentlich‹. Diese grammatische Akzentverschiebung hilft insofern beim Verständnis, als sie die Brücke zur Alltagssprache schlägt. Wesentlich sind solche Merkmale einer Sache, die notwendig zu ihr gehören, weil die betreffende Sache sonst entweder nicht funktioniert (beim Auto etwa sind Motor, Räder und Lenkrad wesentlich), oder weil sie sonst nicht das ist, was man, als notwendig zur Sache gehörig, von ihr erwartet: Zu einem Kaufhaus gehören die Verkäufer, die Waren und die Kundschaft, zu einer Geburtstagsfeier gehört wesentlich das Gratulieren und zum Segeln braucht es essenziell Wasser, Wind, Segelschiff und Besatzung.

Beispiele wie diese machen deutlich, dass das Wesentliche an einem Ding oder einem Sachverhalt nicht zwangsläufig ein einziges Merkmal zu sein braucht; insofern ist die Rede vom Kern der Sache irreführend. In der Regel handelt es sich um eine Mehrzahl von Merkmalen, die zum Wesentlichen bzw. zum weniger Wesentlichen und Nebensächlichen eines Gegenstandes oder Ereignisses gehören. Die allgemeine Tatsache hingegen, dass sich an einer Sache überhaupt mehr oder minder Wesentliches von mehr oder minder Unwesentlichem unterscheiden lässt, ist kaum zu bestreiten. Kein Ding oder Geschehnis kann, und zwar von der Sache her und nicht nur der Meinung nach, allein aus Wesentlichem oder Unwesentlichem bestehen. Denn es könnte dann, wie ich hier nur andeuten möchte, nicht im strengen Sinne des Wortes ›bestehen‹ bzw. als ›etwas‹ identifizierbar sein.

Ohne darüber Rechenschaft abzulegen, machen Menschen im Alltag häufig Gebrauch von dem Unterschied zwischen Wesentlichem und Unwesentlichem; so etwa bei der Einschätzung anderer

Personen oder bei der Beurteilung von Sachlagen. Mit sicherem Instinkt sondern sie dabei das Wesentliche an einer Sache von dem, was nebensächlich und kaum der Rede wert ist. Ein Auto, als Fahrzeug, muss fahren, das ist an der Sache ›Auto‹ die Hauptsache gegenüber der sonstigen Wunschausstattung. Indem die Menschen mit der in den Sachen selbst angelegten Differenz zwischen Wesentlichem und Unwesentlichem operieren, bekommt eine vermeintlich rein theoretische Unterscheidung ihren festen Platz im normalen Leben. Das Operieren mit dem Blick auf das jeweils Wesentliche ist für das alltägliche Leben dermaßen wesentlich, dass man sich ein Denken und Handeln jenseits dieses Unterschieds kaum vorstellen kann. Oder können Sie sich vorstellen, dass ein Mensch tatsächlich alles als ›gleich wesentlich‹ erlebt oder behandelt? Ich kann es nicht.

Was nun das Wesentliche an der Wahrheit angeht, so stehen wir mit dieser Frage vor einer echten gedanklichen Herausforderung – und entsprechend steuert der Essay, was den Schwierigkeitsgrad angeht, nun auf seinen Höhepunkt zu. Also Augen auf und durch, würde ich sagen. Auch wenn der Gedankengang jetzt über einige Abschnitte hinweg etwas schwieriger wird, das Erreichen des Ziels wird die Mühe wert sein.

Unser Ziel besteht darin, dass wir den Sinn des folgenden Satzes nachvollziehen können: *Das wesentliche Merkmal der Wahrheit besteht in der Beziehung des Zutreffens geistiger Gebilde – Aussagen, Vorstellungen oder Gedanken – auf die Wirklichkeit.* Oder, etwas anders formuliert: Das Wesen der Wahrheit liegt in der Trefflichkeit von Aussagen, Vorstellungen oder Gedanken in Bezug auf das, was wirklich ist und geschieht. ›Trefflichkeit‹ ist hierbei nicht als moralische Qualität zu verstehen. Das versteht sich von selbst; denn die Wahrheit ist keine Person, und nur Personen können sich moralisch verhalten oder die Tugend der Trefflichkeit an den Tag legen.

Mein Vorschlag zur Bestimmung des Wesensmerkmals der Wahrheit ist weder neu noch originell. Bereits die Denker der griechischen Antike, unter ihnen vor allem Aristoteles, haben die Wahrheit auf diese Weise bestimmt. Von der Antike ausgehend ist der Gedanke, über das christliche Mittelalter sowie die frühe Neuzeit und Aufklärung hinweg, bis in die moderne Philosophie tradiert worden. Auch heute ist er keineswegs verschwunden, obschon sich die Anzahl an philosophischen Theorien, die versucht haben, ihn zu problematisieren, im Laufe der letzten Jahrhunderte stetig zugenommen hat.

Interessant ist die Tatsache, dass die Bestimmung der Wahrheit als Trefflichkeit geistiger Gebilde im Alltagsbewusstsein Fuß gefasst hat. Theoretische Zweifel an der Möglichkeit, die Wahrheit als Trefflichkeit von Aussagen und Vorstellungen zu bestimmen, haben den Alltagsverstand entweder nicht erreicht, oder ihn zumindest nicht nachhaltig irritieren können. Wir stehen hier also scheinbar vor einer gewissen Entscheidung: Sollen wir den philosophischen Skeptikern folgen, die die Wesensbestimmung der Wahrheit für problematisch erachten, oder sollen wir uns dem Alltagsbewusstsein anschließen, das ohne philosophische Ambitionen vom Phänomen der Wahrheit als Trefflichkeit ausgeht?

Angesichts der Anlage dieses Essays ist klar, wie die Antwort ausfallen muss. Ich folge weiterhin der Weisheit des Alltagsverstandes und gehe mit ihm davon aus, dass das Wesentliche an der Wahrheit das Zutreffen geistiger Gebilde auf die Wirklichkeit ist. Philosophen, die der mit dieser Formulierung umrissenen ›Korrespondenztheorie der Wahrheit‹ zuneigen, wird diese Entscheidung freuen. Denn auch wenn Korrespondieren nicht unmittelbar dasselbe ist wie Zutreffen, deckt sich die Korrespondenztheorie in weiten Teilen durchaus mit den vortheoretischen Ahnungen der Menschen in Sachen Wahrheit.[94] Wenden wir uns also jetzt Schritt für Schritt jenen Momenten zu, die im Gedanken der Wahrheit als Zutreffen enthalten sind.

---

[94] Das Alltagsbewusstsein versteht die Korrespondenz nicht als Theorieeigenschaft, sondern als Merkmal der Wahrheit selbst. Ich werde diesem Verständnis folgen und behaupten, dass das Zutreffen geistiger Gebilde auf die Wirklichkeit das Wahrheitsphänomen so beschreibt, wie es dem Alltagsbewusstsein vorschwebt. Aus meiner Sicht ist die Korrespondenztheorie jene Theorie, die das Wesen der Wahrheit wahrheitsgemäß bestimmt.

2. Wahrheit als Beziehung

Aus der Wesensbestimmung der Wahrheit wird deutlich, dass die Wahrheit eine Beziehung, eine Relation ist. Das Bestehen dieser Beziehung setzt das Bestehen der Beziehungsglieder voraus: also einerseits das Bestehen von Aussagen oder Vorstellungen, andererseits das Bestehen der Wirklichkeit, auf die sich Aussagen und Vorstellungen beziehen. Diese Glieder sind in der Wahrheitsrelation aufeinander bezogen; wobei sie dabei freilich nicht ›verschmelzen‹ oder ›eins‹ werden, sondern einander trotz ihrer Bezogenheit äußerlich bleiben. Dazu Nicolai Hartmann: »In aller Erkenntnis stehen einander ein Erkennendes und ein Erkanntes, ein Subjekt und ein Objekt der Erkenntnis gegenüber. Die zwischen ihnen bestehende Relation ist die Erkenntnis selbst. Das Gegenüber beider Glieder ist unaufhebbar und trägt den Charakter gegenseitiger Urgeschiedenheit, oder *Transzendenz*«.[95]

Dieser Gedanke ist leicht einzusehen. Ein reales Ereignis und die Erkenntnis dieses Ereignisses sind nicht identisch – das Ereignis kann bestehen, ohne dass es durch ein Erkenntnisgebilde wiedergegeben wird. Die Unabhängigkeit des Ereignisses von seiner Repräsentation ist sogar notwendig dafür, dass es überhaupt zu einem Treffen der beiden Relationsglieder kommen kann; oder eben, im negativen Fall, zu einem Verfehlen der Wirklichkeit seitens des Gedankens. Ein Zutreffen des Gedankens auf die Wirklichkeit wäre also nicht möglich, sofern eine feste Zuordnung der beiden Beziehungsglieder ohnehin schon bestünde. Das ist aber gerade nicht der Fall; denn die Wahrheit besteht nicht in einem festen Anhaften von Gedanken oder Aussagen am Wirklichen, sondern sie stellt sich durch die geistige oder sprachliche Verwirklichung des Zutreffens allererst heraus. Dies setzt voraus, dass das Wirkliche auf der einen sowie das geistige Gebilde auf der anderen Seite jeweils ihr Eigensein haben. Und das haben sie tatsächlich. Denn das Reale bleibt, was es ist, auch ohne dass es Gedanken

---

[95] Nicolai Hartmann: Grundzüge einer Metaphysik der Erkenntnis, Berlin [5]1965, 44.

oder Aussagen darüber gibt; und andererseits können Aussagen oder Gedanken auch unzutreffend sein, was zeigt, dass sie gegen das Wirkliche einen gewissen darstellerischen Spielraum besitzen.

Führen wir uns die beiden Pole der Beziehung noch einmal klar vor Augen. Da sind zum einen die realen Dinge, Zustände oder Geschehnisse, so wie sie, ganz unabhängig von jeder geistigen Zuwendung, bestehen und sind. Es handelt sich sozusagen um die Totalität all dessen, was wirklich ist. Man sollte dabei übrigens nicht nur an Dinge und deren Eigenschaften denken, sondern an das Wirkliche in der gesamten Fülle seiner Formen: Konkrete und abstrakte, individuelle und allgemeine, mögliche und notwendige Prozesse, Situationen und Sachverhalte aus allen Feldern der Realität teilen dasselbe Wirklichsein. Wie sollte es auch anders sein? Sind etwa historische oder politische Vorgänge ›wirklicher‹ oder ›unwirklicher‹ als die Lebensvorgänge der Organismen? Sind die Lebensschicksale von Personen ›wirklicher‹ oder ›unwirklicher‹ als die Werdegänge ganzer Völker oder Nationen? Sind zufällige, also hinsichtlich ihrer Gesetzlichkeit undurchschaute Ereignisse ›wirklicher‹ oder ›unwirklicher‹ als realnotwendige Zusammenhänge oder Prozesse? Und ist schließlich das jeweils Lebensaktuelle einer bestimmten Zeit ›wirklicher‹ oder ›unwirklicher‹ als das längst Vergangene oder das sich abzeichnende Kommende oder Künftige? – All diese Fragen sind rhetorischer Natur, denn das Wirkliche als solches lässt kein Mehr oder Weniger an Realität zu. Anders steht es um das Erleben dessen, was wirklich ist. Abstufungen in der Intensität, mit der bestimmte Dinge von Menschen erlebt werden, sind durchaus normal – so dass ein Mensch beim Fallschirmspringen, der andere dagegen beim Briefmarkensammeln ein mehr an Daseinsintensität erfährt. Daraus folgt jedoch nicht, dass Fallschirmspringen ›realer‹ ist als Briefmarkensammeln. Die Realitätserfahrung mag subjektive Intensitätsabstufungen zulassen, aber diese betreffen weder das Realsein der Erlebnisse noch die Realität des Erlebten.

Man kann leicht einsehen, dass in der obigen Aufzählung theoretisch alles, was es gibt – und es gibt nichts, was es nicht gibt –

hätte aufgeführt werden können. Denn alles, was es gibt, ist Teil eines einzigen, vollständig in sich gefügten und auf zwingende Weise beständig sich fortwälzenden Realzusammenhangs.[96] Über diesen Zusammenhang ließe sich, wenn man ihn in seiner höchst differenzierten Eigenart näher kennenlernen wollte, ein eigener Essay mit dem Titel »Was ist Wirklichkeit?« schreiben. Hier allerdings, wo es uns um die Wahrheit geht, reicht der Hinweis aus, dass die Realität ein notwendiger Pol in der Beziehung des Zutreffens ist. Wahre Aussagen oder Gedanken treffen auf wirkliche Dinge und Geschehnisse zu; und sie haben ihrerseits Teil am Realzusammenhang, denn sie sind ja ihrerseits wirklich wahr, d.h., sie werden von wirklichen Personen in konkreten Situationen getroffen oder gedacht. Halten wir also fest: Die Realität ist eine konstitutive Seite der Beziehung des Zutreffens, die das Wesen der Wahrheit ausmacht. Sie ist außerdem das die Relation tragende Beziehungsglied – denn das Wirkliche bleibt auch ohne Wiedergabe in geistigen Gebilden es selbst, während es wahre Aussagen und Gedanken nur geben kann, sofern es die Realität gibt.

Hat man sich dies klargemacht, dann wird auch deutlich, warum der Ausdruck ›Korrespondenz‹ für die Relation von Geist und Realität nicht ganz passend ist. Bei Korrespondenz denkt man unwillkürlich an eine Wechselseitigkeit der Relationsglieder – an eine Art Zwiegespräch oder Dialog, in dem es hin und her geht. Von einem Dialog jedoch kann beim Zutreffen nicht die Rede sein, da die Positionen des Treffenden und dessen, was getroffen wird, nicht vertauschbar sind. Was jemand sagt oder denkt, trifft im Falle der Wahrheit auf Tatsachen zu; der Geist ist also auf die Welt

---

[96] Es ist dieser Zusammenhang, der aus ontologischer Sicht alles Seiende in der Welt individualisiert bzw. einzigartig sein lässt: »Die Einzigkeit hängt am Gefüge des Realzusammenhanges, sofern dieser eben strukturell […] so geartet ist, dass er das in allen Stücken Identische nicht zum zweiten Mal hervorbringen kann: dieselbe Sache würde zum zweiten Mal in anderen Seinsverhältnissen und anderen Determinationsverkettungen stehen und, da diese ihr nicht äußerlich sind, sondern ihre Beschaffenheit mit bestimmen, schon dadurch allein eine andere sein. Der Realzusammenhang der Welt ist aber selbst einzig. Darum allein ist alles das, was in ihm steht, auch einzig« (Nicolai Hartmann: Der Aufbau der realen Welt, Berlin ³1964, 371).

ausgerichtet. Demgegenüber wirkt es gekünstelt zu sagen, dass umgekehrt die Realität auf das Wahre, das man über sie äußert oder denkt, zutrifft. Ausgangspunkt des Treffens sind geistige Gebilde, und nur sie können zutreffend oder unzutreffend sein. Die Wirklichkeit dagegen ist das Getroffene oder Verfehlte; sie selbst veranstaltet nichts, das zutreffend oder verfehlt sein könnte. Der Maler an der Montaigne Sainte-Victoire sucht mit seiner Staffelei eine geeignete Position für die Darstellung des Gebirges. Die Standorte können vielfach wechseln, wie sich an Paul Cézanne (1839-1906) beweist, der den Berg achtzig Mal aus zumeist unterschiedlichen Perspektiven gemalt hat. Der Berg selbst aber bietet sich ›seiner‹ Darstellung natürlich in keiner Weise an, und er geht aus ihr auch vollkommen unverändert hervor.

Das versteht sich im Grunde von selbst. Die Realität ›zielt nicht ab‹ auf etwas oder ›trifft‹ auf etwas ›zu‹; sie als solche ist kein geistiges Gebilde, hat also keine Repräsentationsfunktion. Die Tatsache, dass geistige Gebilde Teil derjenigen Realität sind, auf die sie im Falle der Wahrheit zutreffen, ändert an dem hier bestehenden Grundverhältnis nichts – es bedeutet jedenfalls keine ›Vergeistigung‹ der Welt. Der Geist ist als wirklicher menschlicher Geist Teil der Welt, aber er ist nicht ›die‹ Welt, und er erschafft sie auch nicht aus sich heraus. Das Reale ist einerseits stets reicher an Umfang sowie an Bestimmtheit als seine Repräsentation in geistigen Gebilden; denn menschliches Erkennen ist an Umfang und Inhalt begrenzt. Andererseits ist es stets möglich, Aussagen und Gedanken auf ihr bloßes Wirklichsein hin zu betrachten, ohne auf ihr Zutreffen oder Nichtzutreffen zu achten; etwa dann, wenn man ein Gedicht in seiner puren Lautlichkeit auf sich wirken lässt. Dass dies möglich ist, liegt daran, dass geistige Gebilde eben zugleich wirklich und – im Falle objektiven Erkennens - wahr oder falsch sind. Wie wir bereits gesehen haben, trifft das einzig und allein auf sie zu, nicht hingegen auf das Reale als solches.

Die Wirklichkeit ist die eine (und sozusagen tragende) Seite der Wahrheitsbeziehung. Die andere Seite besteht aus den vielfältigen Meinungen, Vorstellungen und Aussagen, die sich auf die realen Dinge und Geschehnisse in der Welt beziehen. Dass jedes dieser

Gebilde das Reale gleichsam geistig bereichert, ist für das Wesen der Wahrheit nicht entscheidend. Entscheidend ist allein, dass der Geist innerhalb der Realität zur Repräsentation der Realität in der Lage ist – gerade diese Wiedergabe ist an ihm das Essenzielle. Gäbe es in der Welt keine geistigen Gebilde, so gäbe es nichts, was im Sinne des Wahrseins auf Wirkliches zutrifft. Die Wirklichkeit wäre dann, jenseits von Wahrheit und Unwahrheit, einfach da: Sie liefe ab, ohne von den Menschen gegenständlich bedacht oder besprochen zu werden, so wie sie es vor der (bleibend rätselhaften) Ankunft oder Entstehung des Geistes auf der Erde getan hat – und wie es noch immer dann der Fall ist, wenn der Geist des Menschen sich periodisch vom Erkennen und Urteilen ausruht.

Vorstellungen und Aussagen setzen Menschen und ihre Eigenart als geistige Lebewesen voraus. Ohne den Menschen gäbe es zwar Wirkliches, aber es gäbe keinerlei Vorstellungen von der Welt, keine Mitteilungen, Nachrichten oder Berichte über das Reale. In dieser speziellen Hinsicht, nämlich in seiner Eigenschaft als Träger und Entwickler von Weltvorstellungen, ist der Mensch durchaus aktiv beteiligt an der Existenz der Wahrheit. Denn die Beziehung des Zutreffens braucht als eines seiner Relationsglieder notwendig jene geistigen Gebilde, welche Menschen hervorbringen. Zum Dasein und Sosein der Realität allerdings ist der Mensch nicht notwendig – denn das Reale besteht, anders als wahre oder unwahre Aussagen und Gedanken, auch ohne den Menschen und seine vielfältigen Weltbilder. Ohne den Vollzug des Sprechens und des Denkens wäre alles Seiende nach wie vor wirklich. Es wäre dann aber weder wahr noch unwahr. Und in diesem eingeschränkten Sinne hat der Gedanke, dass es ohne die Menschen die Wahrheit nicht gäbe, durchaus seine Berechtigung.

Da ist einerseits die Welt, und da ist andererseits der Geist. Aber für das Wesentliche an der Wahrheit ist die Relation zwischen beiden, also die asymmetrische Verbundenheit beider Relationsglieder, das Entscheidende. Genau in ihr liegt jene Trefflichkeit, die bestimmte Aussagen oder Vorstellungen über die Wirklichkeit zu wahren Aussagen oder Vorstellungen macht. Ich habe im Satz zuvor bewusst nicht gesagt, dass Aussagen oder Vorstellungen durch ihr Zutreffen auf die Wirklichkeit wahr ›werden‹ oder ›sich bewahrheiten‹. Denn es soll nicht der falsche Eindruck entstehen, dass die Wahrheit eine Produkt des Aussagens oder überhaupt des menschlichen Geistes ist. Natürlich können die Menschen vieles Wahre über die Welt meinen und sagen. Aber die Wahrheit geistig erzeugen oder erschaffen, das können sie nicht.

Worte wie ›Erzeugung‹ oder ›Produktion‹ geben also das Zutreffen nicht angemessen wieder. Zwar kann man sagen, dass Menschen wahre Aussagen und Vorstellungen produzieren; denn natürlich sind Sprechen, Vorstellen und Denken Arten des Hervorholens und sozusagen Vor-sich-Hinstellens der an sich nicht auf ihre Objektion hin angelegten Welt. Es ist aber unbedingt festzuhalten, dass der Vollzug wahrer Aussagen oder Vorstellungen keine Hervorbringung der Wahrheit darstellt. Die Trefflichkeit der Wahrheit liegt allein in der Relation, die zwischen Aussage- oder Vorstellungsinhalt und Realität besteht. In Bezug auf diese Relation hat die Metapher der Erzeugung oder Erschaffung keinen nachvollziehbaren Sinn. Zwar wird die Beziehung von Geist und Welt durch Aussagen und Vorstellungen etabliert. Aber dabei wird der Charakter dieser Relation, also das Zutreffendsein als solches, nicht erzeugt. Anders ausgedrückt: Eine wahre Aussage ›macht‹ oder ›bewirkt‹ nicht ihr Zutreffen auf die Realität. Indem sie zutrifft, macht sie vielmehr auf indirekte Weise das Sein der Trefflichkeitsbeziehung selbst für den menschlichen Geist erfahrbar.

Man kann sich das an einem konkreten Beispiel für eine Treffensrelation klarmachen. Ein Fußballspieler etwa schießt ein Tor, er erzielt einen Treffer. Sofern man dieses Treffen nur daraufhin beurteilt, dass der Spieler den Ball über die Torlinie befördert, wird man sagen können, er habe den Treffer produziert. Entscheidend ist aber, dass der Torschütze mit seinem Treffer nicht die Trefflichkeitsrelation selbst hergestellt hat – diese besteht einfach in dem Umstand, dass der Ball hinter der Torlinie liegt. Ähnliches gilt für einen Bogenschützen, der ins Schwarze trifft. Mit seinem Schuss erzeugt er den Zustand ›Pfeil im Ziel‹. Aber dass dieses Drinstecken des Pfeiles im Ziel eben ein Drinstecken ist, kann er durch sein Treffen nicht produzieren – denn ein Drinstecken ist auch dann ein solches, wenn es sich gar nicht tatsächlich ereignet, sondern bloß in der Phantasie vorgestellt wird. Auf die Wahrheit bezogen bedeutet dies, dass durch wahre Aussagen oder Vorstellungen die Wahrheit selbst nicht erzielt oder hergestellt wird. Hergestellt wird einzig der treffliche geistige Bezug auf die Welt, nicht hingegen der Umstand, dass das Zutreffen ein Zutreffen ist.

3. Über einige Zusammenhänge zwischen Geist und Welt

Sicherlich ist der zuletzt entfaltete Gedanke nicht leicht nachvollziehbar. Ich möchte daher versuchen, ihn weiter zu erläutern. Zunächst jedoch möchte ich einige allgemeine Überlegungen zum Verhältnis von Geist und Welt vorausschicken, was uns die Arbeit an diesem zentralen Gedanken erleichtern wird.

Ich habe bereits betont, dass das Wesentliche an der Wahrheit die Gestalt einer Relation hat. Insofern ist es irreführend, wenn man die beiden Pole dieser Beziehung in ein Einerseits-Andererseits auseinanderlegt, so wie ich es im Abschnitt zuvor aus didaktischen Gründen getan habe. Die beiden Momente, also menschliche Aussagen und Vorstellungen einerseits sowie das Wirkliche andererseits, sind nicht so strikt voneinander getrennt wie die sprachliche Darstellung es nahelegt. Die Idee einer Kluft zwischen Geist und Welt ist schon deshalb problematisch, weil auch das Geistige etwas Wirkliches ist. Man kann es nicht oft genug betonen: Der Geist ist keine übersinnliche Instanz, als die er in religiösen Auffassungen sowie in den meisten Spielarten idealistischer Philosophie auftaucht, sondern er hat seinen Sitz im normalen Leben. Er ist, als menschlicher Geist, alles andere als eine überirdische Instanz.[97]

---

[97] Hinter der philosophischen Idee eines geistigen Weltgrundes verbirgt sich in der Regel ein verkappter Teleologismus – also die spekulative Vorstellung, dass die Welt ein intelligenter, zweckrational eingerichteter Zusammenhang ist. Zur Kritik dieser Idee und ihrer Motive vgl. Nicolai Hartmann: Teleologisches Denken, Berlin ²1966.

Ein striktes Getrenntsein von Geist und Welt liegt streng genommen also nicht vor. Was die Welt angeht, so ist sie zwar nicht auf die Zuwendung des Geistes angewiesen – sie besteht auch dann als das, was sie ist, wenn kein Mensch durch Aussagen oder Vorstellungen auf sie Bezug nimmt. Aber in dieser Welt, wie wir sie kennen, gibt es nun einmal die Menschen und den menschlichen Geist; und immer dann, wenn der Geist die für ihn typischen Gebilde formt, ist jener eigentümliche Bezug der Welt zu sich selbst da, der Erkenntnis und Irrtum im Gefolge hat. Es ist allein dieser Bezug, durch den die Wahrheit sich aktualisiert. Und besonders deutlich spüren wir das hintergründige Dasein der Wahrheit dort, wo das Geistige im Menschen zu Erkenntnissen über Wirkliches gelangt.

Ich will an dieser Stelle kurz innehalten, denn möglicherweise sind Sie irritiert. Sie können sich vielleicht vorstellen, was es heißt, dass der Geist in einem Bezug zur Welt steht. Aber möglicherweise können Sie sich nicht so recht vorstellen, was es heißt, dass die Welt unabhängig vom geistigen Bezug auf sie so ist und bleibt, wie sie ist.

Wenn Sie in diesem Punkt eine Irritation erleben, so könnte dies mit einer der merkwürdigsten Ideen der menschlichen Denkgeschichte zusammenhängen: nämlich mit der, dass sich die Welt und alles Reale letztlich um den Geist des Menschen dreht. Die Hartnäckigkeit dieser erst seit der Moderne zum Durchbruch gelangten Vorstellung ist groß. Und sie hat sich fast widerstandslos in den Köpfen vieler Menschen festsetzen können, obwohl sie der alltäglichen Lebenserfahrung widerstreitet. Man könnte über diese Idee und ihre Hintergründe einiges sagen, aber ich werde das erst später tun (Kapitel 4). Hier will ich mich darauf konzentrieren, die Geistunabhängigkeit der Welt näher zu charakterisieren, ohne sie langatmig theoretisch zu begründen oder zu rechtfertigen.

Gerade diese Unabhängigkeit nämlich ist alles andere als rätselhaft. Sie ist ein Phänomen und keine Theorie: Wir erleben sie praktisch ständig, sei es alltäglich im Ringen mit Widerfahrnissen, die es zu bewältigen gilt, sei es allnächtlich, wenn wir im Schlaf bewusstlos daliegen. Im Schlaf sind wir, um dieses Beispiel zu nehmen, in der Welt, doch unser Geist tritt zurück: Er ruht. Die Welt mitsamt allen in ihr schlafenden Menschen hat weiterhin Bestand, auch wenn aktuell nicht gesprochen, gemeint oder erkannt wird. Man sollte nicht einwenden, dass doch zumindest der Traum und seine wenngleich vage Bedeutung weiterhin die geistige Beziehung zur Welt aufrechterhält. Denn der Traum ist weder eine Form von produktiver Welterzeugung noch überhaupt ein geistiger Vorgang. Träume sind keine Bewusstseinsakte, sondern seelische Erlebnisse. Und es bedarf schon einer gezielt auf den Traum bezogenen Theorie, um die diffusen Widerfahrnisse des Traumes als geistige oder sprachliche Inhalte aufzufassen, deren latenten Sinn man deutend entschlüsseln kann. Eine Theorie mag Träume als geistige Gebilde auffassen, die einen heimlichen Bedeutungsbezug zur Realität haben. Aber das Träumen an sich selbst ist kein Darstellen: Traumbilder sind keine Produkte des Geistes, und das Träumen im Ganzen ist, anders als etwa die dichterische Einbildungskraft, keine Form von geistiger Aktivität.[98]

Nehmen wir weiterhin den traumlosen Schlaf. Dieser ist natürlich etwas Reales; aber während er andauert, kreist die Wirklichkeit nicht um die Schlafenden. Ist es so, dass beim Erwachen die Welt beginnt, ein geistiges Produkt zu sein, während sie es im Schlaf vorübergehend nicht gewesen ist? Ein merkwürdiger Gedanke! Es ist abenteuerlich zu meinen, dass die Wirklichkeit dann, wenn Menschen schlafen, für einige Stunden verschwindet, um dann vom erwachenden Bewusstsein immer wieder neu hervorgebracht zu werden – und zwar jeweils höchstpersönlich nur für den, der gerade erwacht. Das moderne Denken ist in diesem Punkt tatsächlich abenteuerlich. Denn die Vorstellung, dass die Welt ohne geistige Aktivität des Menschen gleichsam verschwindet – oder doch zumindest ihre Eigenheit und Eigenständigkeit verliert – ist in der Tat ein Bestandteil der oben erwähnten Idee.

---

[98] Zur Phänomenologie des Traumes vgl. Ludwig Klages: Vom Traumbewusstsein. Ein Fragment, Hamburg 1952.

In einer Kultur, in der die Menschen grundsätzlich von dieser intellektualistischen Auffassung geprägt sind, wird alles Erdenkliche unternommen, um das ständig drohende Verschwinden der Welt zu verhindern. Gesteigerte geistige Wachheit und Wachsamkeit ist ein Charakteristikum dieser Kultur, die befürchten muss, bei geistiger Ermüdung der Welt beraubt zu werden. Da der Schlaf im Geistesleben dieser Kultur den Untergang der Welt symbolisiert – und da umgekehrt Erkenntnis als Arbeit an der Welterzeugung gedacht wird – setzen die Menschen dieser Kultur alles daran, dauerhaft wach, aktiv und sichtbar zu bleiben; und zwar nicht zuletzt aus Angst davor, man könne auch als Person einfach verschwinden oder ›zu Nichts werden‹, wenn einem keine Aufmerksamkeit geschenkt wird.[99]

Solche Gedankenspiele sind natürlich Spinnereien. Trotzdem machen sie deutlich, dass aus einer gesteigerten Vergeistigung des Bildes der Welt theoretisch hausgemachte Probleme entstehen können. Nun laufen derartige Phantasien, ohne übrigens stets als solche durchschaut zu werden, mit einer gewissen Zwangsläufigkeit in der Vorstellung zusammen, dass die Wirklichkeit vom menschlichen Geist abhängig ist. Diese Idee jedoch, so sehr sie unsere gegenwärtige Weltsicht auch beherrscht, ist falsch. Sie trifft nicht zu auf die Dinge, so wie sie sind.

Bereits der Begriff der Abhängigkeit kann in diesem Zusammenhang leicht einen unsachlichen Nebenklang haben; etwa im Sinne des englischen Wortes ›addiction‹, das ›Sucht‹ bedeutet. Die Welt selbst ist sicherlich kein Junkie, im Gegenteil: Gerade sie ist, anders als der auf die Welt bezogene Geist, von nichts abhängig – und am wenigsten ist sie, wie man sich leicht klarmachen kann, von menschlichen Meinungen abhängig. Natürlich gibt es eine Vielzahl konkreter Abhängigkeiten und Dependenzen innerhalb der Welt. Einiges in ihr hängt kausal zusammen, für anderes wiederum gelten überkausale Gesetze determinativen Verbundenseins. Und sicherlich hängen einige Zusammenhänge innerhalb

---

[99] Vgl. Georg Franck: Ökonomie der Aufmerksamkeit. Ein Entwurf, München 2007.

der Welt auch vom Geist des Menschen ab – etwa dort, wo der Mensch Gegenstände gemäß seiner Vorstellungen gestaltet oder technisch herstellt. Aber hieraus auf die umfassende Bestimmung ›der‹ Welt durch ›den‹ Geist zu schließen, ist ein Fehlschluss. Man würde damit die vielfältigen nicht-geistigen Formen des Bestimmtseins der Dinge und Verhältnisse außer Acht lassen, aus denen die Welt in der Mehrzahl besteht.

Dass die Welt auch ohne unseren Geist bestehen kann, und dass sie unabhängig von ihm so ist wie sie ist: Das ist für viele Menschen, und naturgemäß vor allem für Intellektuelle, eine schwer verdauliche Tatsache. Aber man kommt an ihr nicht vorbei, so sehr man die Mühlen der Theorie auch mahlen lässt, damit das Phänomen der weitreichenden Geistunabhängigkeit des Realen an Evidenz verliert. Im Gegenzug zu einem übertriebenen Intellektualismus möchte ich behaupten, dass die Welt als solche unabhängig vom menschlichen Denken besteht. Das aber heißt nicht, dass der Mensch keine zutreffenden Aussagen über die Realität machen kann: Denn das ist, wie ich bereits erläutert habe, sowohl im Alltag als auch in den Wissenschaften sehr oft der Fall. Weiterhin bedeutet es auch nicht, dass eine nicht zu überbrückende Kluft zwischen der Wirklichkeit und dem Geist besteht. Es ist der Geist selbst, der Verbindlichkeit schafft, indem er sich als zugleich weltbezogen und weltabhängig erweist – diese Ambivalenz wird er nie los, sie gehört zu seiner Essenz. Und sofern der Geist ein wesentliches Spezifikum des Menschen ist, trifft diese Bestimmung auch auf ihn zu. Menschen sind von Grund auf ambivalente Wesen.[100]

Mit der Ambivalenz des Geistes im Besonderen ist einfach seine Zweiseitigkeit gemeint. Einerseits ist der Geist wirklich, denn er ist Teil der Welt und auf ungeistige Weise (körperlich, organisch und psychisch) mit Weltlichem verwoben. Das zeigt sich am deutlichsten an der Tatsache, dass der Geist, so wie wir ihn kennen,

---

[100] Edmund Husserl hat diese Zweideutigkeit unter Formel »Subjektsein für die Welt und zugleich Objektsein in der Welt« (Die Krisis der europäischen Wissenschaften und die transzendentale Phänomenologie, Hamburg 2012, 194) gut auf den Punkt gebracht.

auf leibseelischer Grundlage existiert. Das Verbundensein von Geist und Leben kennzeichnet das, was wir ›Person‹ nennen: Personen stehen als geistige Wesen zugleich immer greifbar leiblich vor uns, und was sie erfahren, denken und fühlen, geht uns, als mit- und nachdenkende sowie als mit- und nachfühlende Personen an. Es gibt daneben freilich andere, sozusagen nicht-ambivalente ›Geistwesen‹, die menschlichen Erzählungen und Phantasien entspringen. Bei ihnen jedoch handelt es sich insofern um Phantome, als sie keinen Körper sowie kein auf Körperlichkeit gründendes leibseelisches Leben haben. ›Geister‹ dieser Art sind Produkte geistiger Kreativität. Sie sind nicht im vollen Sinne da; denn obschon man ihr virtuelles Tun (in Romanen oder Filmen) natürlich als Simulationen geistigen Verhaltens auffasst, wird zugleich niemand behaupten, dass es sie gibt.[101] Wenn daher jemand sagt, er habe einen Geist ›gesehen‹, dann kann er solche Phantome jedenfalls nicht meinen; und wenn er es dennoch meint, so handelt es sich um den Grenzfall gegenstandslosen Meinens. Wie alles Imaginäre oder bloß Erzählte kann man Geister nicht sehen, denn ihnen fehlt die Verknüpfung mit der realen Räumlichkeit, in der sich personales Leben abspielt. In der Phantasie können sie natürlich durchaus umhergeistern, um uns zu erfreuen oder zu verstören. Wer dagegen einen Geist tatsächlich sieht, steht einer Person aus Fleisch und Blut gegenüber. Er sieht freilich auch dann nicht unmittelbar ›den‹ Geist der Person, sondern steht in einer Beziehung zu ihrer Geistigkeit, die sich z.B. in Blicken, Gesten, Worten und Taten zu erkennen gibt.

---

[101] Ich halte es in diesem Punkt mit Hermann Schmitz, der sich mit der Bemerkung: »Was es nur im Märchen gibt, gibt es nicht, erst recht nicht als seiendes Nichtseiendes« (Gibt es die Welt?, Freiburg/München 2014, 22) gegen den ontologischen Pluralismus von Markus Gabriel wendet. Gabriels Idee, dass es z.B. Elfen im Sinnfeld von Märchen gibt, ist Schmitz zufolge »paradox, genau besehen Unsinn, und schlägt allem ins Gesicht, womit Menschen sich abfinden müssen. Wer etwas entbehrt, leidet daran, dass es dieses, das er braucht, hier und jetzt nicht gibt. Vielleicht anderswo, aber nicht dieses, das hier und jetzt fehlt; in der wirklichen Welt mag er suchen, aber doch nicht im Märchen, denn es wäre blanker Hohn, ihm zu sagen, dass es das Gesuchte eben doch gebe, aber nur im Märchen. Dort zu suchen, wäre verrückt [...]« (ebd., 21f.).

Soviel zur einen Seite der Ambivalenz des Geistes. Die andere betrifft den vom Menschen ausgehenden Weltbezug. Nur der Geist kann die Welt einschließlich sich selbst erkennen; und zwar in gewissen Ausschnitten sowie mit der ständigen Möglichkeit des Irrtums. Die Tatsache allerdings, dass der Geist zur Repräsentation der Welt in der Lage ist, bedeutet nicht, dass er seine Verankerung in der Welt verliert. Geistiger Weltbezug hebt menschliche Weltabhängigkeit und Weltteilhabe nicht auf, und niemals gelangt der Mensch zu vollem Weltüberblick oder unerschütterlichem Stand über den Dingen. Die irrige Annahme, der menschliche Geist sei etwas Überreales, entspringt allein dem Modell der geistigen Welterzeugung. Deutet man Erkenntnis nämlich als Hervorbringen oder Herstellen der Realität – also nach dem Muster geistiger Welterschaffung und -beherrschung – so kommt genau das der Vergöttlichung des Geistes entgegen. In diese Richtung überhaupt zu denken, ist prometheische Hybris, und es ist vor allem kindisch – die entsprechenden Auffassungen sind weniger anthropozentrisch, als vielmehr infantozentrisch. Tatsächlich ist die idealistische oder konstruktivistische Überzeugung, die Welt hänge vom menschlichen Geist ab, eine theoretische Hommage an »das Weltbild des Kindes« (Jean Piaget) – alles in der Welt dreht sich nur um mich und ist allein für mich da. Für unseren Zusammenhang ist es wichtig, sich von dieser infantilen Abhängigkeitsvorstellung so unabhängig wie möglich zu machen. Wir müssen ihr sozusagen entwachsen, damit wir sie als das sehen können, was sie ist.[102]

---

[102] Bestechend kluge Überlegungen zum Erwachsensein finden sich in Robert Pfaller: Wofür sich zu leben lohnt. Elemente materialistischer Philosophie, Frankfurt/M. ⁶2015. »Man kann«, so schreibt Pfaller, »nur dann wirklich erwachsen sein, wenn es einem nicht nur gelingt, Erwachsenheit zu zeigen, sondern vor allem auch, ein *erwachsenes Verhältnis* zur eigenen *Erwachsenheit* zu entwickeln – das heißt: wenn man es fertigbringt, auf erwachsene Weise erwachsen zu sein. Unverdoppelte, einfache Erwachsenheit hingegen ist gar keine. Einfach erwachsen zu sein, ohne Fähigkeit zur Verdopplung, ist vielmehr typisch für bestimmte Kinder« (ebd., 148) – nämlich für jene altklugen Kinder, die immer ganz und gar das sein wollen, was sie nicht sind: Erwachsene. Die Durchbrechung des Infantozentrismus gelingt dem tatsächlich er-

In diesem Zusammenhang noch eine Nebenbemerkung. Man hat gelegentlich behauptet, dass die Auffassung von der Wahrheit als einem Zutreffen geistiger Gebilde auf das Wirkliche deshalb unhaltbar sei, weil sie zu einer Verdopplung der Realität führe.[103] Diese These wird nun nicht dadurch plausibler, dass man sie ständig wiederholt. Sie ist einfach deshalb unsinnig, weil sich die Wirklichkeit gar nicht verdoppeln kann – und ich bitte ernsthaft darum, dass mir jemand erklärt, was ›Realitätsverdopplung‹ sein soll. Wenn ein Ausschnitt der Wirklichkeit in einer tatsächlichen Aussage oder Vorstellung eine inhaltliche Wiederkehr erfährt, verdoppelt sich nichts. Das eine ist z.B. der wirkliche Regen, der ans Fenster prasselt, das andere ist der ebenfalls wirkliche Satz, mit dem jemand, der den Regen wahrnimmt, aussagt, dass es regnet. Jeder vernünftig denkende Mensch sieht zutreffend ein, dass die Existenz von Regen und die Existenz des Satzes über den Regen mitsamt seiner Bedeutung nicht zu einer Verzweifachung der Realität führt. Es regnet, und jemand sagt, dass es sich so verhält: Es liegt hier keine Verdopplung von Realem vor. Die Wirklichkeit verdoppelt sich nicht, wenn in ihr Regen (oder sonst etwas) und zutreffende Aussagen über Regen (oder sonst etwas) vorkommen.

Besonders beliebt ist die Rede von der Verdopplung der Welt aktuell, ausgehend von den bahnbrechenden Ideen Niklas Luhmanns (1927-1998), in der soziologischen Systemtheorie. Hier gilt das Motto: »Der Beobachter ist letztlich der Schlüssel für alles. Nichts lässt sich beschreiben, ohne dass es beobachterrelativ beschrieben wird – was letztlich schon mit der europäischen Bewusstseinsphilosophie zu einer unhintergehbaren Denkvoraus-

---

wachsenen Menschen durch spielerische Relativierung ihres eigenen Erwachsenseins: »Wirklich erwachsen sein heißt [...] nicht *ganz* erwachsen sein zu wollen, sondern sich ab und zu Momente kindlicher Unvernunft gönnen zu können« (ebd., 149).

[103] So bemerkt schon der Neukantianer Heinrich Rickert: »Der Gegensatz zwischen den Bewusstseinsvorgängen und einem transzendenten Sein ist für uns [...] ein dogmatisch metaphysischer Gegensatz. Wir geben die metaphysische Verdopplung der Welt als Spaltung in ein transzendentes und ein immanentes Sein in der Erkenntnistheorie vollkommen auf« (Der Gegenstand der Erkenntnis, Teilband 2/2, Berlin/Boston 2018, 125).

setzung geworden ist«.[104] Dass Beschreibungen einen Beschreibenden benötigen, ist natürlich ohne Weiteres einsichtig. Dass Beschreibungen aber »multiple Verdopplungen der Welt« (ebd., 108ff.), etwa in Form digitaler Daten, nach sich ziehen, ist eine kategorial schiefe Formulierung – denn Beschreibungen sind selbst Teil der Welt und führen daher nicht zu deren Vielvielfältigung. Dass das letztlich auch der Systemtheoretiker so sieht, macht seine instinktsichere Rede von der »Komplexität der modernen Welt« (ebd., 109) im Singular deutlich. Es ist eben die eine und einzige Welt, die durch eine Inflation von Beschreibungen komplexer wird. Komplexität ist aber, wie auch immer man sie genauer bestimmen mag, nicht Vervielfachung.

Die Welt lässt sich ebenso wenig verdoppeln wie die Wahrheit. Die Rede von der Welt (oder auch der Realität) im Plural ist daher stets mit Vorsicht zu genießen und sollte gegebenenfalls auf ihre metaphorische Bedeutung hin abgeklopft werden. Der metaphorische Gebrauch selbst ist freilich harmlos, sofern er beim Denken mitbedacht wird. Er verweist letztlich, wie die Systemtheoretiker ganz zurecht betonen, auf die Pluralität von Beobachtern und Perspektiven in der komplexen modernen Welt.

Es ist sehr schade, dass Niklas Luhmann, dessen operationaler Konstruktivismus die moderne Gesellschaft doch so treffend beschreibt, es mit seiner antirealistischen Ironie übertrieben hat. »Auch ein Spiel«, so lesen wir etwa bei ihm, »ist eine Art von Realitätsverdoppelung, bei der die als Spiel begriffene Realität aus der normalen Realität ausgegliedert wird, ohne diese negieren zu müssen. Es wird eine bestimmten Bedingungen gehorchende zweite Realität geschaffen, von der aus gesehen die übliche Weise der Lebensführung dann als die reale Realität erscheint«.[105] Die theoretische Konstruktion einer ›realen Realität‹, die für den Konstruktivismus ganz generell systemerhaltend ist, ist ebenso hyper-

---

[104] Armin Nassehi: Muster. Theorie der digitalen Gesellschaft, München ³2019, 109f. Der Hinweis auf die Tradition der Bewusstseinsphilosophie ist für den Konstruktivismus ganz folgerichtig. Aber warum sollte diese Tradition unhintergehbar sein?

[105] Niklas Luhmann: Die Realität der Massenmedien, Wiesbaden ⁵2017, 67.

bolisch wie die Bezeichnung der Spielebene als ›zweite Realität‹. Man kann entgegen Luhmanns These nicht aus dem Spiel heraus auf die sogenannte ›reale Realität‹ schauen, weil das Spielen Teil der Realität ist bzw. im Realen selbst stattfindet. Natürlich ist Spielen eine entlastete Form der Lebensführung, und natürlich hat das Spiel zahlreiche imaginäre Komponenten. Man darf jedoch die »spielerische Identifikation«[106] der Spielenden mit dem Spiel nicht als deren Eintritt in eine ›zweite Welt‹ verstehen, welche gleichsam neben der ›ersten Welt‹ steht.

Dass Luhmann das ganz selbstverständlich tut, macht deutlich, wie sehr er der Tradition der phänomenologischen Bewusstseinsphilosophie verpflichtet ist. Die Phänomenologie hat den Rahmen der Bewusstseinsimmanenz nie so recht überschreiten können – die intentionalen Objekte in ihrer Totalität machen für den Phänomenologen den Inbegriff der Welt aus.[107] Bei Luhmann wird aus dem phänomenologischen Ego der systemtheoretische Beobachter, und aus dem phänomenologischen Reich intentionaler Gegenstände wird bei ihm das unabsehbare Feld beobachterrelativer Unterscheidungen. Luhmanns spontaneistische Auffassung des Unterscheidens dockt an keinem seienden Unterschied an; der Beobachter erzeugt die beobachtete ›Welt‹ im Akt des Unterscheidens selbst. Vor diesem Hintergrund ist verständlich, dass Luhmann Realität zum Effekt von Unterscheidungen erklären kann – der Diabolismus des Unterscheidens lässt diesen Schachzug problemlos zu. Die Frage ist aber, ob man vom konstruktivistischen

---

[106] Vgl. Hermann Schmitz: System der Philosophie, Band III/4: Das Göttliche und der Raum, Freiburg/München 2019, 453ff. »Spielerische Identifizierung gestattet, etwas für ein anderes zu nehmen, in der Weise des »Als ob« eingestellt zu sein« (ebd., 455) – »[…] so etwa, wenn man sich bis zur Selbstvergessenheit in eine Rolle hineinsteigert, oder wenn ein Kind im Spiel mit der Puppe nicht mehr darauf achtet, dass diese kein Kind ist« (ebd., 458).

[107] »Der Phänomenologe, sofern er bei der Intention stehen bleibt, sieht nur die Hälfte des Phänomens – und zwar die unmetaphysische. Das ontologische Gewicht des Gegenstandes, und damit auch das des Aktes, der allein als »erfassender« gelten darf, bleibt ihm verborgen« (Nicolai Hartmann: Grundzüge einer Metaphysik der Erkenntnis, Berlin ⁵1965, 107).

Ausgangsimperativ »Beginne mit einer Unterscheidung!« ange-
sprochen werden kann, sofern man nicht vor diesem Beginnen bereits da ist. Auch Luhmanns Systemtheorie ist, wie sollte es auch
anders sein, ontologisch gegründet. Denn so wie die Erkenntnis
das Bestehen einer bewusstseinsunabhängigen Wirklichkeit zu ihrer tatsächlichen Voraussetzung hat, so setzt auch der initiale Imperativ Luhmanns vor allem Unterscheiden einen schon bestehenden Unterschied voraus: nämlich den zwischen dem Unterscheider und dem, was er der Unterscheider unterscheidet. Anders gesagt: Das Unterscheiden mag eine Operation des Beobachters sein,
aber die Differenz zwischen Beobachter und Beobachtetem gehört
zum ontischen Bestand. Sie selbst ist keine konstruktive Unterscheidung, sondern ein seiender Unterschied.

4. Wie die Welt sich selbst begegnet

Kehren wir nach diesem Exkurs zurück zum Gedanken des vor-
letzten Abschnitts, also zur Bestimmung der Wahrheit als Zutreffen geistiger Gebilde auf die Wirklichkeit. Ich hatte eine Präzisie-
rung dieses Gedankens angekündigt und möchte diese jetzt anbieten.

Lassen Sie uns langsam und anschaulich an die Sache herange-
hen. Stellen wir uns z.B. einen Stein vor. Ein Stein ist ein Ding, ein
aufgrund physischer Kräfte geformtes Stück Materie. Wenn ein
Stein gegen einen anderen Stein stößt, hat er sich nicht willkürlich
in Bewegung gesetzt, um ihn absichtlich zu treffen. Weder handelt
der Stein noch fühlt oder erlebt ›er‹ ›seine‹ Bewegung. Und ›er‹ ist
auch nicht in der Lage, ›sich‹ ein Bild davon zu machen, dass, wie
und warum ›er‹ einen anderen Stein anstößt. Eine Erkenntnis der
Ursachen, aufgrund derer ›ihnen‹ etwas geschieht, haben Steine
nicht. Sie betreiben keine Lithologie, also keine wissenschaftliche
oder auch nur laienforscherische Gesteinskunde.

Nehmen wir weiterhin irgendein Tier. Ein Tier zeigt Verhalten;
es scheut z.B. vor Fressfeinden zurück, während es seinerseits
Beute sucht. Ich will hier nicht auf die vielfältigen Lebensumwel-

ten der Tiere eingehen[108], sondern den Kern meines Arguments im Auge behalten. Tiere können, soviel ist sicher, angesichts akut drohender Gefahr fliehen – aber sie können sich die Situation ›Flucht‹ weder vorstellen oder einbilden noch freigeistig mit ihr experimentieren – also etwa das Fliehen in gefahrloser Lage probeweise simulieren. Die Freiheit des Bildens und Umbildens ihrer jeweiligen Umwelt in Richtung auf eine geistig durchgeformte Kulturwelt ist den Tieren, um es einmal so zu sagen, nicht zuzumuten. Schon der Begriff des Feindes (›Fressfeind‹) unterlegt ihrem Such- und Fluchtverhalten von menschlicher Warte aus ein Wertschema (Freund/Feind), das auf tierisches Erleben in seiner essenziellen Amoralität nicht passt.

Überhaupt kennt das Tier weder einen Alltag mit seinen zweckrationalen Routinen – Tiere handeln nicht im strengen Sinne, also aufgrund aktiver Ziel- und Zwecksetzung – noch kommt es bei ihnen zu einem Erforschen der Welt. Zwar sind Tiere, wie das geistige Bewusstsein weiß, in der Welt, aber sie ›haben‹ keine Welt, die sie erforschen könnten. Es ist der Zoologe, der das das Tier und dessen Umwelt objektiviert – »diese Sachlage ist grundlegend für das Wesen des geistigen Bewußtseins«.[109] Das Tier objektiviert weder ›sich selbst‹ noch ›seine Welt‹, und schon die Ausdrücke ›Selbst‹ und ›Welt‹ verweisen auf den das Tier objektivierenden Geist des Menschen. Diese Einsicht »ist im Grunde einfach; nur dass sie sich in den fertigen Begriffen nicht adäquat fassen läßt, dass man schwerfälliger Umschreibung bedarf, lässt sie kompliziert erscheinen. Vollkommen durchsichtig ist sie, sobald man sie an einem kindlichen Beispiele ins Auge fasst. Für den Schimpansen ist die Banane etwas durchaus Bestimmtes, ein Heißbegehrtes. Aber das Begehrtsein ist für die Banane nicht charakteristisch. Charakteristisch für sie als solche ist ein ganz anderes, rein ihr selbst zukommendes So-und-so-Beschaffensein. Dieses hat sie »an sich«. Der Schimpanse also, der nur das Für-ihn-

[108] Vgl. dazu die klassische Studie von Jakob von Uexküll: Streifzüge durch die Umwelten von Tieren und Menschen: Ein Bilderbuch unsichtbarer Welten, Berlin 2023.

[109] Nicolai Hartmann: Das Problem des geistigen Seins, Berlin ³1962, 120.

Sein des Begehrten als solches fasst, bringt es nicht dazu, dass die Banane, was sie an sich ist, auch für ihn sei« (ebd.). Es ist eine »innere Umwendung, mit der sich das geistige vom geistlosen Bewusstsein scheidet. Sie hängt aufs engste mit der Ablösung aus der Spannung zusammen. Das Verstehen der wirklichen Stellung, die das [geistige] Bewusstsein in der Welt einnimmt, erhebt es über die Eingespanntheit. Die Welt geht ihm nicht mehr auf in dem, was da droht und lockt; sie besteht ihm nun auch in sehr viel anderem, das in keiner Weise ihm gilt. So erscheint sie ihm als eine neutralisierte Welt, es hat Distanz zur Sache gewonnen, mit der es zu tun hat. Es ist entspanntes Bewusstsein« (ebd., 111).

Die heutzutage nicht nur in den Populärwissenschaften weit verbreitete Begeisterung für die Tiere dichtet diesen im Zuge eines als notwendig proklamierten ›Animal Turn‹ oder sogar ›Animal Mainstreaming‹ einen Geist an, den sie schlicht nicht haben.[110] Das erscheint mir wie eine infantilistische Projektion, die zur wirklichen Naivität eines realistischen Blicks nicht in der Lage ist. Man wird, um es humorvoll zu sagen, vergeblich auf die Einrichtung der ersten Tier-Universität warten, die mit Erkenntnissen über die ›Tierwelt‹ aus erster Hand aufwartet. Die Lebendigkeit des Tieres ist eine im guten Sinne geistlose: Tierisches Leben ist ein distanzloses Aufgehen in »primitiver Gegenwart«[111]; also in ganzheitlichen Situationen, aus deren Bedeutsamkeit sich »keine einzelnen Sachverhalte, Programme und Probleme einzeln« (ebd.) abheben. Natürlich sind Tiere Lebewesen und keine Maschinen – sie als solche aufzufassen oder zu behandeln, gehört zu den Unarten des Menschen, gegen welche die Tierethik zurecht Einwände erhebt. Wie alle Lebewesen sind Tiere ihrem Wesen gemäß sogar das Gegenteil von allem Maschinellen, das der technisch-praktischen Intelligenz des Menschen entspringt und daher auch nur dem Menschen überhaupt verständlich ist.

---

[110] Vgl. die Beiträge in Friedrich Jaeger (Hg.): Grundlagen und Herausforderungen der Human-Animal Studies, Stuttgart 2020.

[111] Hermann Schmitz: Der Spielraum der Gegenwart, Bonn 1999, 99.

Das für uns an dieser Überlegung Wesentliche ist, dass es keine den Geist betreffende Konkurrenz zwischen Tieren und Menschen gibt. Der Philosoph und Theologe Johann Gottlieb Herder (1744-1803) hat dies erkannt, indem er betont: »Mit dem Menschen ändert sich die Szene ganz«.[112] Herder zufolge darf man den Geist des Menschen nicht als eine rein äußerliche Zutat zur ansonsten nach wie vor ›tierischen Natur‹ des Menschen auffassen; so als ob der beizeiten geistlos getriebene Mensch auf tierisches Niveau zurückfiele bzw. wieder zum Tier würde.[113] Der Geist des Menschen ist keine Substanz, die einem animalischen Grundstock an Artungen und Fähigkeiten aufgepfropft ist. Vielmehr durchwirkt das Geistige im Menschen, wie Arnold Gehlen in seiner Anthropologie überzeugend dargestellt hat, bereits dessen elementare leibliche Bewegungen und Haltungen.[114] Dass Tiere mit Menschen keine Dialoge führen können, ist klar, sagt aber noch zu wenig. Ein weitaus tieferer Unterschied ist der, dass Menschen und Tiere einander nicht einmal anschauen können. Stilisierte Tierfotographien in Wissenschaftsjournalen können uns vielleicht begeistern, vermögen aber nicht unseren Instinkt zu täuschen: Tiere haben kein Gesicht, aus dessen rätselhafter Innerlichkeit heraus sie ins

---

[112] Johann Gottlieb Herder: Abhandlung über den Ursprung der Sprache, Köln 2015, 28.

[113] Dieser kategoriale Fehlgriff unterläuft auch Hermann Schmitz, der der Meinung ist, dass Menschen aufgrund der Verankerung ihres Lebens in primitiver Gegenwart »immer noch und hauptsächlich Tiere sind« (Der Spielraum der Gegenwart, Bonn 1999, 99).

[114] »Es ist viel zu wenig beachtet worden, dass den Menschen eine ganz untierische Fülle von Bewegungsmöglichkeiten auszeichnet. Die uns möglichen willkürlichen Bewegungskombinationen sind buchstäblich nicht erschöpfbar, die Feinfühligkeit der Zuordnungen unbegrenzt. Wir können nicht nur jede […] Stelle des eigenen Körpers berühren, sondern jede beliebige Bewegung jeder anderen zuordnen und jede Bewegungsgestalt des einen Gliedes in die eines anderen transponieren. […] Es gehört aber weiter dazu die Ausbildung einer bildhaften *Bewegungsphantasie* und die Fähigkeit symbolischen, andeutenden Bewegungsvollzuges, womit wir erst Bewegungen transponieren, ineinander fortsetzen und eine in der anderen intendieren können« (Arnold Gehlen: Der Mensch. Seine Natur und seine Stellung in der Welt, Wiebelsheim [16]2014, 150).

Antlitz eines anderen Lebewesens oder auch nur ins Offene einer Welt zu schauen vermögen. Das ist natürlich kein Mangel: Denn das Tier wird hierdurch in keiner Weise von der ihm eigenen Art des Lebendigseins abgehalten, sondern es hat in diesem gesichts- und weltlosen Sein seine ihm eigentümliche Natur. Fest steht zudem, dass die Tiere in keiner Weise davon berührt werden, dass einige Menschen aufgrund ihrer überaktiven Geistigkeit dazu neigen, die allein ihnen wesentliche Menschlichkeit in Ideen und Theorien über Tiere hineinzulegen.[115]

All dies ist ebenso wenig neu wie originell. Dass Dinge (wie etwa Steine) und nicht-menschliche Lebewesen (wie Tiere) in ihrer jeweiligen Art, wirklich zu sein, aufgehen, gehört zum Allgemeingut der Philosophischen Anthropologie. Diese hat denn auch stets versucht, an den Phänomenen anstatt an (biologischen) Theorien anzusetzen. Der entscheidende Punkt ist, dass nicht-geistige Wesen, seien sie nun Lebewesen oder nicht, sich weder ihr eigenes Wirklichsein und Sosein noch Wirkliches überhaupt vor Augen führen. Sie bedenken, bereden oder kommentieren nichts, und sie beziehen auch nicht im strengen Sinne des Wortes ›Stellung‹ zu irgendetwas. Sie sind eben, neben vielem, was sie voneinander unterscheidet, geistfrei. Man kann die anthropologische Frage nach der »Sonderstellung des Menschen im Kosmos« (Max Scheler) insofern ruhig auch einmal andersherum stellen, und in der Alternativlosigkeit allen geistlosen Seins gerade dessen Sonder-

---

[115] Selbst Philosophen mit realistischem Selbstverständnis haben offenbar kein Problem damit, den Menschen als Tier zu bezeichnen; vgl. Markus Gabriel: Der Mensch als Tier. Warum wir trotzdem nicht in die Natur passen, Berlin 2022. Auch wenn Gabriel vehement versucht, die Besonderheit ›unseres Tierseins‹ zu begründen, bleibt es doch dabei: Mensch und Tier sind Lebewesen, aber der Mensch ist kein Tier – auch kein besonderes. Ob Gabriel übrigens tatsächlich philosophischer Realist ist, kann man bezweifeln. Mir fällt es jedenfalls schwer, jemandem, der u.a. behauptet, »dass der Körper Teil des Geistes ist« (ebd., 129), als Realisten zu aufzufassen. Tatsächlich Realist in Bezug auf das Mensch-Tier-Verhältnis dürfte dagegen Arnold Gehlen sein. Ich kann die Lektüre seines anthropologischen Hauptwerkes jedem empfehlen, der über dieses Verhältnis mehr erfahren möchte. Vgl. Arnold Gehlen: Der Mensch. Seine Natur und seine Stellung in der Welt, Wiebelsheim [16]2014.

stellung gegenüber dem Menschen erkennen. Da das freilich erneut nur der Mensch mittels seines Geistes tun kann, schließt sich der Kreis am Ende doch wieder auf klassische Weise.

Im Gegensatz zum ungeistig Seienden zeigt sich das Geistige im Menschen in der Bezogenheit auf die Welt. Der menschliche Geist ist beizeiten sogar dermaßen obsessiv weltbezogen, dass man meinen könnte, von diesem Bezug hinge seine nackte Existenz bzw. sein unmittelbares Überleben ab. Menschen entwerfen ständig Bilder der Welt – oder, auf das Alltagsleben bezogen: Sie erzeugen zahllose Bilder irgendwelcher Situationen oder Lebenslagen. Indem sie dies tun, beziehen sie sich in treffender oder unzutreffender Weise auf die Wirklichkeit, die ihnen als Feld theoretischer Einsicht oder praktischer Einflussnahme zur Verfügung steht. Bei geistlosen Lebewesen hingegen geschieht das Erleben ununterbrochen, und das bedeutet: Sie wissen in ihrer vollständigen Lebendigkeit nichts von irgendeiner Differenz zwischen sich und der Welt. Sie wissen oder erkennen sie im objektiven Sinne überhaupt nicht, ohne dass dies freilich ihren Wert als Lebewesen in irgendeiner Weise schmälert.

Menschlicher Geist ist wissend-erkennender und aus Erkenntnissen heraus handlungsmächtiger Weltbezug. Wie das Tier in Situationen, so geht der Geist in Sachbezügen auf. Nicht der Mensch als Ganzer, wohl aber der Geist des Menschen ist in gewisser Weise tatsächlich ›addicted‹: Er ist gleichsam besessen von seiner Bezogenheit auf das Wirkliche, weil er ohne diese nicht das ist, was er ist. Natürlich ist der Mensch, um es noch einmal klar zu sagen, nicht reiner Geist oder bloß Erkennender. Er ist zudem und letztlich sogar vor allem ein leibseelisches Lebewesen und das ist, wie ich hinzufügen möchte, auch gut so. Denn allein seine unterhalb allen Erkennens fortlaufende Vitalität bringt ihn immer wieder auf den (freilich bloß relativ) geistfreien und somit gegen jedwede Sucht weitgehend immunen Boden des Lebens sowie des zweckfrei sich hingebenden Erlebens zurück. Zum Tier wird der Mensch aber selbst in solchen Phasen seines Daseins nicht – die Angst vor einer entsprechenden Verrohung des Menschen ist ichrerseits nur eine Geistgeburt, und als solche zugleich ein Selbstmissverständnis.

Die Welt wird vom menschlichen Geist aus mit sich selbst bekannt; und im Falle des Erkennens wird sie sich als das bekannt, was sie ist. Genau hier kommt das Zutreffen, also die Wahrheit, ins Spiel. Die Wahrheit besteht eben in jener bestimmten Art der Bezogenheit des Geistes auf das Wirkliche, die als Zutreffen treffend charakterisiert ist. Auf dem Wort ›Zutreffen‹ liegt insofern ein besonderer Nachdruck, als unter den zahlreichen Beziehungen, die der Mensch zur Welt unterhält, allein diese Relation auf die Anwesenheit der Wahrheit hindeutet. Wer etwas Zutreffendes über die Realität sagt, sagt etwas Wahres aus. Und wer Zutreffendes über das Zutreffen als solches sagt, sagt etwas Wahres über die Wahrheit. Jeder spürt wohl, dass wir uns nun in einem Bereich bewegen, der mit der Sphäre physischen oder animalischen Seins nichts mehr zu tun hat. Ich möchte es sogar zuspitzen: Wahrheit ist weder etwas für Steine oder Affen noch etwas für Menschenkinder. Wahrheit ist ein Thema für erwachsene Menschen; für Wesen, die ihren Geist in vernünftiger Weise verwenden, und die ihn gerade deshalb als das erkennen, was er an sich ist.

Etwas Wahres und die Wahrheit: Hier liegt ein kardinaler Unterschied. Denn die Wahrheit ist nicht die Summe einzelner wahrer Aussagen. Wahre Aussagen geben inhaltlich Auskunft über die Wirklichkeit, nicht dagegen zwangsläufig über die Wahrheit. Natürlich hängen die Wahrheit und das Wahrsein einzelner Aussagen eng zusammen. Aber da das Zutreffen als ein Identisches in allen wahren Aussagen steckt, kann man das Wahrsein von Aussagen, die auf etwas Besonderes abzielen, nur verstehen, wenn man bereits weiß, was es mit dem Zutreffen als solchem auf sich hat.

Gegenüber dem Begriff ›Wahrheit‹ hat der Begriff des Zutreffens den Vorteil, dass mit ihm konkrete Anschauungen verbunden sind; Treffer beim Fußball oder auch beim Bogenschießen. Die Wahrheit besteht in der Relation des Zutreffens. Aber man hat einfach klarer vor Augen, was die Wahrheit ist, wenn man sich beim Verstehen unmittelbar sinnlich an ihr eigenes Charakteristikum, also an das Zutreffen, hält. Führen wir uns das Phänomen des Treffens also noch einmal anschaulich vor Augen. Wir entfernen uns damit nicht etwa von der Wahrheit, sondern lernen sie an ihrem eigenen Gleichnis besser kennen.

Wenn man im Alltagsleben vom Zutreffen von Aussagen oder Vorstellungen auf Wirkliches spricht, so ist dies eine gut verständliche Charakterisierung. Denn das Phänomen des Treffens oder Zutreffens ist nicht auf das Gebiet der Aussagen oder Vorstellungen beschränkt, sondern findet sich ebenso häufig in außergeistigen Zusammenhängen. Jeder normale Mensch etwa weiß, was geschieht, wenn es in unterschiedlichsten Situationen zu einem Treffen kommt; wenn also etwas buchstäblich getroffen wird. Tatsächlich spricht man oft vom Treffen oder Sich-Treffen, ohne jemals in ernste Zweifel darüber zu geraten, was damit gemeint ist. Denken Sie noch einmal an den Treffer beim Fußball; oder denken Sie daran, was passiert, wenn der Hammer den Nagel auf den Kopf trifft; oder denken Sie schließlich daran, dass jemand in einer bestimmten Situation das treffende Wort findet (im Gegensatz zu Fällen, in denen jemand mit seinen Worten nicht den Kern der Sache trifft oder die Situation unzutreffend einschätzt).

Erfahrungen dieser und ähnlicher Art sind Gleichnisse der Wahrheit. Durch sie verstehen wir, was es mit dem Zutreffen von Repräsentationen auf die Realität auf sich hat, weil sie Fälle dieses Zutreffens unmittelbar anschaulich machen. Wie im normalen Leben das Zutreffen auf handfest-praktische Weise geschieht, so im Falle der Wahrheit auf geistige Weise. Wahre Aussagen und Gedanken treffen das Wirkliche so wie der Hammer den Nagel trifft. Während ein Hammer und eine Aussage (oder auch das Hämmern und Aussagen) natürlich nicht dasselbe sind, ist das Zutreffen als solches jederzeit und allerorts identisch. Dieses Faktum ist eine Letztgegebenheit und lässt sich nicht weiter rational begründen – um es mit einem Gleichnis des Philosophen Ludwig Wittgenstein (1889-1951) zu sagen: »Habe ich die Begründungen erschöpft, so bin ich nun auf dem harten Felsen angelangt und der

Spaten biegt sich zurück«.[116] Dass sich die Wahrheit in ihren Gleichnissen anschaulich dargestellt, hat keinen tieferen Grund. Es ist einfach so, und der menschliche Geist muss dieses Sosein hinnehmen. Immerhin kann er aber sagen, dass es so ist, und dies kann außer dem Menschen niemand.

5. Die Normalität des Treffens und der Geist des Prometheus

Formulieren wir das Ganze nun noch etwas verbindlicher. Beim Zutreffen von Geistigem auf die Realität kommen zwei Relationsglieder in Kontakt miteinander. Wenn der Hammer den Nagel trifft, ist dieser Kontakt physischer Art; und das Gleiche gilt, wenn sich zwei Personen auf dem Marktplatz treffen. Beim Zutreffen von Aussagen oder Gedanken auf Tatsachen liegt natürlich keine physische Berührung vor; Gedanken oder Urteile sind nichts Körperliches, und sie können daher keinen körperlichen Kontakt zu etwas aufnehmen. Aber die Beziehung des Zutreffens kann in ihrem Fall dennoch in Analogie zur physischen Kontaktaufnahme verstanden werden.

Diese Idee ist nicht aus der Luft gegriffen, sondern hat tiefe Wurzeln in der Philosophiegeschichte. Es ist kein Zufall, dass schon in der antiken griechischen Philosophie, z.B. bei Aristoteles, das Phänomen der Erkenntnis durch ein Wort, welches ursprünglich ›berühren‹ bedeutet, wiedergegeben worden ist; und auch heute ist in der Erkenntnistheorie noch immer häufig von ›begreifen‹ oder ›erfassen‹ die Rede.[117] Diese Ausdrücke sind nicht bloß

---

[116] Ludwig Wittgenstein: Philosophische Untersuchungen. In: Werkausgabe. Band 1: Tractatus-logico-philosophicus, Tagebücher 1914-1916, Philosophische Untersuchungen, Frankfurt/M. 1984, 350.

[117] »Das griechische Wort für Erkennen (›νοεῖν‹)«, so schreibt Nicolai Hartmann, »ist immer falsch übersetzt worden; es hat mit cogitatio, Denken und logischer Struktur wenig zu tun. Der eigentliche Wortsinn besagt auch etwas ganz anderes, was man mit »spüren«, »bemerken« oder auch »erfassen« wiedergeben kann. Es drückt nicht die immanente Gedankenbildung, sondern einen durchaus transzendenten Akt aus, einen echten Erkenntnisakt also. Aristoteles hat es direkt durch »Berühren« (θιγγάνειν) umschrieben, womit

metaphorisch. Denn in einer eher spürbaren als streng rational zu fassenden Weise kommt es beim Zutreffen geistiger Gebilde auf die Welt zu einer Fühlung- oder Kontaktnahme des Geistes mit dem Wirklichen. Wahre Aussagen und Vorstellungen greifen mit ihrem Inhalt in den Bereich des Realen hinüber, der jenseits von Aussagen oder Vorstellungen liegt. Dieser Übergriff ist geistiger Natur, doch der Geist bleibt im Erkennen nicht bei sich. Er greift über sich hinaus und erfasst das Seiende selbst. Genau diesen Bezug bezeichnen die charaktervollen Ausdrücke ›begreifen‹ oder ›erfassen‹. Sie stehen für jenen metaphysischen Kontakt, den der erkennende Geist zur Wirklichkeit aufnimmt.

Alltägliche Formen des Treffens bereiten uns keine Verständnisprobleme. Peter und Paul treffen sich auf dem Marktplatz: Jeder weiß, was ›treffen‹ in diesem Fall bedeutet. Im Falle der Wahrheit ist das Treffen dagegen durch eine Irrationalität gekennzeichnet, die das Verstehen erheblich erschwert. Das Problem ist nicht so sehr die intuitive Erkenntnis dessen, was die Wahrheit als solche ist, sondern die Artikulation dieser Einsicht. Dies hat mit dem Anspruch des Geistes zu tun, das Zutreffen seinerseits so trefflich wie möglich zur Sprache zu bringen oder gedanklich zu fassen – und genau das fällt ihm schwer.

Natürlich weiß man in groben Umrissen, was Treffen oder Zutreffen bedeutet. Aber den alltäglichen Beispielen, die dieses Phänomen veranschaulichen, haftet aus Sicht des Geistes eine unbefriedigende Vagheit an. Solche Beispiele mögen dem praktischen Verstehen genügen; der theoretische Geist aber drängt darüber hinaus auf eine logisch exakte Fassung der Phänomene.[118] Bei diesem Versuch wird ihm seine eigene Begrenztheit bewusst, die jeg-

---

das Heranlangen an den Gegenstand gemeint ist« (Der Aufbau der realen Welt, Berlin ³1964, 180).

[118] Natürlich wird die »vorwissenschaftlich-ungenaue Denkweise [...] von den Logikern und Philosophen ebenfalls benutzt, wenn sie praktische Entscheidungen zu treffen haben« (Karl Mannheim: Ideologie und Utopie, Frankfurt/M. ⁹2015, 3). Diese Denkweise bildet somit »einen Komplex, der weder von den psychologischen Wurzeln der emotionalen und vitalen Impulse, die ihm zugrunde liegen, noch von der Situation, in der er entsteht und die er zu lösen sucht, leicht abzutrennen ist« (ebd., 3f.).

liches Erkennen wie ein Schatten begleitet. Das »Grenzbewusstsein«[119] weiß einerseits darum, dass jede aktuelle Erkenntnis insofern vorläufig ist, als ein weiteres Eindringen in den Gegenstand möglich ist – vieles am Gegenstand ist als noch Unerkanntes »transobjektiv« (ebd., 60) und fordert weitere Erkenntnisbemühungen heraus. Zweitens weiß das Grenzbewusstsein auch, dass es in vielen Bereichen des Wissens »feste Grenze[n] der Erkennbarkeit« (ebd., 59) gibt; hier stößt der Geist auf »Transintelligibles« (ebd., 60), also auf an sich Unerkennbares, das sich dem erkennenden Eindringen absolut widersetzt.[120]

Man kann diese Überlegungen zum Grenzbewusstsein auch für die Frage nach dem Wesen der Wahrheit fruchtbar machen. Auch hier zeigt sich deutlich, dass – so Nicolai Hartmann – die »Anmaßung des absoluten Rationalismus ein falsches wissenschaftliches Pathos, ein verfälschtes Postulat der Erkenntnis« (ebd., 257) ist. Die Idee absoluter Rationalität geht einher mit dem Ideal der Exaktheit – im Falle der Wahrheit also mit der Forderung, punktgenau zu bestimmen, was ›Treffen‹ ist. Der Geist erfährt bei diesem Versuch die Grenzen der Rationalisierung des Irrationalen. Natürlich weiß er, dass es die Wahrheit gibt; und er weiß außerdem, dass ihr Wesen im Zutreffen geistiger Gebilde auf die Wirklichkeit besteht. Aber diese Bestimmungen, die schon dem Alltagsbewusstsein zugrunde liegen, erscheinen ihm noch zu unscharf. Er zielt darauf, mit letzter Genauigkeit zu erfassen und zu artikulieren, was Zutreffen ›im Innersten‹ ist.

---

[119] Nicolai Hartmann: Grundzüge einer Metaphysik der Erkenntnis, Berlin ⁵1965, 451.

[120] Aus Nicolai Hartmanns Sicht ist u.a. das Körper-Geist-Verhältnis transintelligibel. »Die Psychologie, die diesem Problem von jeher mit besonderem Interesse nachgegangen ist, stößt hier auf eine Grenze ihrer Forschung, über die sie auf keine Weise hinauskann« (Grundzüge einer Metaphysik der Erkenntnis, Berlin ⁵1965, 388). Denn: »Wie ein Prozeß als Körpervorgang beginnen und als seelischer Vorgang endigen kann, oder umgekehrt, ist schlechterdings unbegreifbar. Man versteht wohl in abstracto, dass dem so sein kann, aber nicht in concreto, wie es sein kann. Hier ist eine absolute Grenze der Erkennbarkeit, an der alle kategorialen Begriffe versagen, sowohl die physiologischen als psychologischen« (ebd., 390f.).

In der Fußballgeschichte macht das berühmte Wembley-Tor beim WM-Endspiel England gegen Deutschland (1966) auf den Kern des Problems aufmerksam. Mit den damaligen technischen Mitteln war nicht erkennbar, ob der Ball die Linie vollumfänglich überschritten hatte. Der Schiedsrichter gab den Treffer, aber heute weiß man aufgrund exakterer Beweistechniken, dass es sich seinerzeit um eine Fehlentscheidung gehandelt hat. Diese Eindeutigkeit und Endgültigkeit ist das ersehnte Ziel des Geistes, und in Bezug auf das Wembley-Tor hat er inzwischen sein Ziel erreicht. Aber der Geist ist expansiv. Ihn leitet in Bezug auf alle Erscheinungen die »Idee einer absoluten, exakten Bestimmbarkeit der Dinge«.[121] Problematisch daran ist nicht das Streben nach Erkenntnis als solches, sondern die Vorstellung der exakten Bestimmtheit alles Seienden sowie seiner entsprechend exakten geistigen Bestimmung. Dieser Anspruch des Geistes ist hyperbolisch, da er das Ideal der Exaktheit auf alle Seinsbereiche ausdehnt. Die räumliche Position eines Dinges mag sich exakt bestimmen lassen – für sie gibt es heutzutage digitale Geräte zur Positionsbestimmung. Die meisten Bereiche der Wirklichkeit aber sind der mathematisch-exakten Bestimmung entzogen. Der Geist sucht – heute übrigens zumeist im Gehirn – vergeblich nach dem exakten Ort der Trauer oder auch nach dem genauen Zeitpunkt, in dem das Gefühl der Liebe oder der Wut eintritt. Exaktheit und Positionierung gehen für den Rationalismus Hand in Hand, doch die meisten Phänomene sind an sich nicht räumlich oder zeitlich lokalisiert. Sie sind real, lassen sich aber nicht mittels Quantitätskategorien ausdrücken.[122]

---

[121] Edmund Husserl: Die Krisis der europäischen Wissenschaften und die transzendentale Phänomenologie, Hamburg 2012, 261.

[122] Es ist richtig, so Nicolai Hartmann, dass sich »die Dinge im Raume der mathematischen Gesetzlichkeit fügen«, und dass das, »was wir im Denken »rechnend« über sie ausmachen, auch realiter auf sie [zutrifft]«. Aber das gilt nicht »vom Seienden höherer Ordnung« (Der Aufbau der realen Welt, Berlin ³1964, 392) – also in Bezug auf organische, seelische oder geistige Prozesse, wo die quantitative Exaktheit zum Begreifen der Phänomene nicht ausreicht. »Exaktheit ist unserem Erkennen nur im Bereich des Quantitativen möglich, die

Außerhalb jener Bereiche, die sich mit mathematischer Präzision erfassen lassen, stößt das rationalistische Ideal der Exaktheit immer wieder aufs Neue an seine Grenzen. Es scheint geradezu so, als wäre der Geist nicht dafür geschaffen, die jeweiligen Kontaktstellen punktgenau zu repräsentieren. Zwar weiß der Geist in pauschaler Form darum, dass sich bei jedem Zutreffen ein unmittelbarer Kontakt realisiert. Aber er weiß eben nicht, wie dies genau geschieht. Die exakte Wiedergabe dieses Kontakts, auf die es das alltägliche Erleben und Handeln in seiner relativen Geistlosigkeit gar nicht abgesehen hat, ist ihm verwehrt.[123]

Machen wir uns das Problem noch einmal an einem Beispiel klar. Peter und Paul treffen sich auf dem Marktplatz. Das Treffen selbst ist ein Phänomen, keiner wird es ernsthaft bezweifeln, denn da stehen die beiden und haben sich somit ohne Frage getroffen. Aber wo genau treffen sie sich? Am Brunnen mitten auf dem Marktplatz, denn dort haben sie sich verabredet. Aber wo eigentlich genau am Brunnen findet ihr Treffen statt? Nun ja, auf der Seite des Brunnens, die gegenüber der Konditorei Meier liegt. Und man möchte meinen, dass hiermit der Punkt des Kontakts hinreichend markiert ist. Alltagspraktisch betrachtet ist das auch so. Aber für die Exaktheitsansprüche des rationalistischen Geistes ist noch lange nicht Schluss. Er will mehr wissen, ja er will ›alles‹ wissen. Er ist jene unstillbare Instanz im Menschen, die – frei nach

Quantität aber spielt die dominierende Rolle nur im niedersten Bereich des Realen« (Philosophie der Natur, ²1980, 406).

[123] Dazu bemerkt Colin McGinn: »Die Realität als solche ist allenthalben von unterschiedsloser Natürlichkeit, doch wir sind aufgrund der Schranken unseres Erkenntnisvermögens außerstande, uns diesen […] ontologischen Grundsatz zunutze zu machen. Der Aufbau unseres Erkenntnisvermögens behindert die Erkenntnis der eigentlichen Natur der objektiven Welt« (Die Grenzen vernünftigen Fragens. Grundprobleme der Philosophie, Stuttgart 1996). Die ›eigentliche Natur‹ dürfte genau das sein, was der nach abschließender Erkenntnis strebende Faust in Goethes Drama sucht – nämlich das, »was Welt im Innersten zusammenhält« (Johann Wolfgang Goethe: Faust. Der Tragödie erster und zweiter Teil. Urfaust, München 1986, 20).

dem Bekenntnis Mephistos in Goethes *Faust*[124] – jeden erreichten Stand des Wissens stets verneinen bzw. als bloßes Teilziel immer wieder überschreiten muss.

Und so würde der Geist in unserem Beispiel fragen, wo sich denn nun ›punktgenau‹ Peter und Paul treffen. Einem solchen Geist reicht die Angabe der ungefähren Gegend nicht, er verlangt nach exakter Positionsbestimmung. Die schlichten Evidenzen des Alltagsbewusstseins, dem der ungefähre Hinweis auf den Treffpunkt der beiden Freunde genügt, können dem Anspruch des Geistes auf Exaktheit nicht befriedigen. Was er zu seiner Beruhigung braucht, ist die totale Analyse: Er zielt auf vollständige und durchgreifende Enthüllung des in alle Richtungen unabsehbar dicht gewobenen Realitätszusammenhangs an, den er dazu allerdings in unnatürlicher Einstellung als ein Netz aus diskreten Elementen (›Daten‹) auffassen muss. Wenn man so will, zeigt sich hier die Alltagsferne jeder rein theoretischen Sachlichkeit, wie sie sich gegenwärtig in Gestalt der Digitalisierung offenbart. Diese dringt, von einer Vision letzter Trefflichkeit angestachelt, immer tiefer ins Mark des Realen vor, und zwar im Gegensatz zum Alltagsbewusstsein, dass sich mit annähernd trefflichen Hinweisen auf das Wirkliche zufriedengibt.

Aus Sicht des Alltagsverstandes ist die Frage nach dem Treffpunkt von Peter und Paul spätestens mit dem vollzogenen Treffen der beiden Freunde beantwortet. Dem Geist hingegen genügt die Angabe vager Kontaktflächen nicht. Er sucht fortlaufend nach dem Punktuellen in jedem Treffen. Da nun aber die Idee des Punktes – also die paradoxe Vorstellung von etwas ausdehnungslos Ausgedehntem – sein eigenes Erzeugnis ist, muss der Geist die Analyse des Realen entlang dieses autogenen Konstrukts buchstäblich ins Unendliche fortsetzen; das Ungefähre gilt ihm, ähnlich wie dem Faust im Drama Goethes, direkt als Nichts.[125] Wäh-

---

[124] »Ich bin der Geist, der stets verneint! / Und das mit Recht; denn alles was entsteht, / Ist wert, dass es zugrunde geht« (Johann Wolfgang Goethe: Faust. Der Tragödie erster und zweiter Teil. Urfaust, München 1986, 47).

[125] »Und sehe, dass wir nichts wissen können! / Das will mir schier das Herz verbrennen« (ebd., 20).

rend Peter und Paul sich längst getroffen haben, arbeitet sich der rationalistische Geist immer weiter in die Unendlichkeit vor, denn jeder erreichte Punkt lässt, so weiß er, der Sache nach immer weitere Diskretisierungen zu. Der Geist hängt sich, um es sportlich auszudrücken, die Latte, die er überspringen will, immer höher und höher. Und so wird er, angesichts der Unstillbarkeit seines Strebens hin zu einem imaginären Letzten, der Motor seiner Unruhe. Das gilt zumindest für den Geist des absoluten Rationalismus, dessen Bindungen an die Alltagsrealität erheblich gelockert sind – also für den prometheisch entfesselten Geist Ahab'schen Typs.[126]

Man hat die geistige Unruhe spätestens seit der Aufklärungszeit als ein nicht zu erlösendes metaphysisches Bedürfnis im Menschen bezeichnet.[127] Das ist jedoch nicht ganz zutreffend, denn um ein eigentliches Bedürfnis handelt es dabei nicht. Alle normalen Bedürfnisse des Menschen sind prinzipiell stillbar. Das gilt etwa vom Hunger als körperlichem sowie von der Liebe als seelischem Bedürfnis. Man kann satt sein, und man kann lieben und geliebt werden; und auch wenn dieser Zustand immer wieder neu an sein Ziel gebracht werden muss, so ist das Ziel selbst doch jeweils erreichbar – auch wenn man dafür, was dieses Ziel ist, keine exakten Worte hat oder braucht. Diejenigen Zielvorstellungen hingegen, mit denen der entfesselte Geist sich selbst bedrängt, haben höchstens in einem metaphorischen Sinn den Charakter von Bedürfnissen. Zum Wesen von Bedürfnissen gehört deren prinzipielle Befriedigung. Das Phantasma totaler Exaktheit ist dagegen eine dermaßen faustische Idee, dass in ihm eine mögliche Befriedigung –

---

[126] Der Repräsentant des natürlichen Realismus in *Moby Dick* ist der Offizier Starbuck, der sich Ahabs Befehlen ebenso mutig wie pragmatisch widersetzt: »Ich habe genug Mut […], Kapitän Ahab, […] aber ich bin hierhergekommen, um Wale zu jagen, nicht um meinen Kapitän zu rächen. Wieviel Fässer wird dir deine Rache bringen, wenn sie denn gelingt, Kapitän Ahab? Sie wird dir wenig einbringen auf Nantuckets Markt« (Herman Melville: Moby Dick. Aus dem Amerikanischen von Matthias Jendis, München ⁶2023, 272f.).

[127] So z.B. Arthur Schopenhauer: Die Welt als Wille und Vorstellung, Köln 2009, 595-619.

»Werd' ich zum Augenblicke sagen, verweile doch! Du bist so schön!«[128] – gar nicht mitgedacht ist.

Man muss nun allerdings das stete Weiterdrängen des entfesselten Geistes keineswegs pauschal kritisieren. Denn die Provinzen, in denen der Geist als entfesselter auftritt, können weder die Wirklichkeit noch die Wahrheit ernsthaft gefährden. Das ist nicht zynisch, sondern schlicht realistisch gemeint: Ich möchte nämlich gerade die Vorstellung, dass die moderne Welt nur noch von steigerungsbedingten Krisen und Katastrophen geschüttelt wird, als einen unmittelbaren Bestandteil jener Geschichten, mit denen sich der entfesselte Geist narrativ anstachelt, verständlich machen.[129] Tatsächlich ist es so, dass »im Weltalter des Ausgleichs«[130] jede geistige Entfesselung sofort Gegengeister entfesselt. Die Ökonomie z.B. ruft Kritiker der Ökonomie, die Wissenschaft Wissenschaftskritiker auf den Plan, so dass bei extremer geistiger oder praktischer Unwucht für Ausgleich gesorgt ist. In den tragenden Bereichen menschlichen Lebens tritt der Geist daher niemals in seiner rationalistisch enthemmten Gestalt als »sozial freischwebende Intelligenz«[131] auf. In diesen Bereichen ist der gebundene Geist alltägliche Normalität, und dieser hat die Eigenschaft, dass er die Extreme meidet, also der Beruhigung fähig ist. Er verlässt sich im Zweifelsfall auf das Zeugnis der Sinne, die ihm z.B. mitteilen, dass Peter und Paul soeben auf dem Marktplatz eintreffen. Und er weiß, dass mit dem Händedruck der beiden Freunde das Treffen vollendet ist.

Dieser Geist ist der Normalgeist, denn er weiß, dass die Wahrheit, ähnlich wie jedes sonstige Treffen, nicht im Unendlichen liegt und dass ein Satz, der vom Treffen von Peter und Paul zutreffend berichtet, wahr ist. Alle für den Menschen überhaupt verständ-

---

[128] Johann Wolfgang Goethe: Faust. Der Tragödie erster und zweiter Teil. Urfaust, München 1986, 57.

[129] Vgl. zu diesem Narrativ Eva Horn: Zukunft als Katastrophe. Frankfurt/M. ²2020.

[130] Max Scheler: Der Mensch im Weltalter des Ausgleichs (1927). In: Gesammelte Werke, Band IX: Späte Schriften, Bonn ³2008, 145-170.

[131] Karl Mannheim: Ideologie und Utopie, Frankfurt/M. ⁹2015, 135.

lichen Formen des Treffens und Zutreffens stammen letztlich aus alltäglichen Erfahrungen, an denen keine vermeintliche Steigerungslogik irgendetwas ändern. Es ist ganz unklar, wie ein gelingendes Treffen noch gesteigert oder optimiert werden sollte. Und ebenso unklar ist, was jemand, dem die Wesensbestimmung der Wahrheit zu unexakt ist, eigentlich verlangt. Die Wahrheit selbst kann nicht ›wahrer‹ sein, als sie ist. Und die philosophische Artikulation des Wesens der Wahrheit hat ihr Ziel auf befriedigende Weise erreicht, wenn sie die Idee des Zutreffens einigermaßen zutreffend beschrieben hat. Man darf von der Philosophie keine absolute rationale Präzision erwarten, wohl aber ungefähre Richtungs- und Zielangaben. Und genau dazu dienten die Überlegungen in diesem Kapitel.

6. Zwischenfazit

Wahrheit ist das treffliche In-Kontakt-Kommen geistiger Gebilde mit Wirklichem: Damit ist das Wesentliche über die Wahrheit gesagt. Die Wahrheit ist kein Ereignis oder Erlebnis, auch wenn sie, vor allem von Phänomenologen und Existenzialisten, gelegentlich so dargestellt worden ist. Das Wesen der Wahrheit, also das Zutreffen geistiger Gebilde auf die Wirklichkeit, ist auch nichts, was sich Menschen ausgedacht haben. Und auch wenn man es dem obigen Satz in seiner Formelhaftigkeit nicht direkt ansieht: Er bringt lediglich das allgemein verbreitete Gefühl der Wahrheit zum Ausdruck, von dem bereits in der Einleitung des Essays die Rede war. Dieses Wahrheitsgefühl wird durch seine philosophische Artikulation nicht rationalisiert, sondern bleibt ganz wie es ist. Die Beschreibung der Wahrheit kann und soll dieses Gefühl nicht ersetzen. Sie dient allein dem Zweck, dem Gefühl zu einer klareren Aussprache seiner selbst zu verhelfen.

In diesem Kapitel sind wir dem weißen Wal der Philosophie bis in die Tiefen seiner ozeanischen Lebenswelt gefolgt. Wir mussten zu ihm hinabtauchen, weil sich Moby Dick nur selten an der Oberfläche des Meeres zeigt. Es ist der Atmen der Wahrheit, den wir an der freien Luft, in der wir leben, zu spüren bekommen – und der uns daran erinnert, dass tief unten im Meer ein Wesen eigener Art zuhause ist. Man kann dieses Wesen philosophisch studieren, aber dazu muss man sich Zeit nehmen und die Friedlichkeit, die von ihm ausgeht, aushalten. Das habe ich in diesem Abschnitt versucht.

In den nun folgenden zwei Kapiteln interessieren mich die Harpuniere, die Jagd auf den weißen Wal der Wahrheit machen. Ich werde mich damit beschäftigen, einige besonders verbreitete Vorurteile bezüglich der Wahrheit kritisch darzustellen. Angesichts der Vielzahl dieser Vorurteile habe ich unter ihnen eine gewisse Auswahl getroffen und mich zudem bei ihrer Beurteilung nur auf den Kern des jeweiligen Arguments konzentriert. Das Verbindende aller ›Idole der Wahrheit‹[132] besteht darin, dass sie das Dasein und Sosein der Wahrheit entweder leugnen oder als etwas höchst Problematisches darstellen. Ich werde versuchen nachweisen, warum diese beiden Vorbehalte ins Leere gehen.

Viele Vorurteile gegenüber der Wahrheit sind, wie sich zeigen wird, schlicht unsachlich. Und so wie es allgemein unklug ist, das Wesentliche eines Phänomens zu ignorieren oder an ihm vorbeizureden, so rächt sich dies auch im Falle der Wahrheit. Man landet dann schnell in der Falschheit. In unserem Fall hat die Falschheit, je nach Lagerung des jeweiligen Idols, verschiedene Gesichter. Bald trifft ein bloß vermeintlich gegen die Wahrheit gerichtetes Urteil gar nicht direkt auf sie zu; man verfehlt dann einfach das Thema. Bald wiederum führt die Ignoranz gegenüber dem Wesen der Wahrheit zu aberwitzigen Konstruktionen und Spekulationen – etwa dazu, dass man die Lüge, also das bewusste Sagen der Unwahrheit, für etwas anthropologisch Unvermeidliches erachtet.

---

[132] Den Begriff des Idols verwende ich in lockerer Anlehnung an Francis Bacons *Novum Organon* (1620): »Die Idole und falschen Begriffe, welche vom menschlichen Verstand […] Besitz ergriffen haben und tief in ihm wurzeln, halten den Geist der Menschen […] in der Weise in Beschlag, dass der Wahrheit nur mit Mühe ein Zugang offensteht« (Francis Bacon: Neues Organon, Teilband 1, Lateinisch-Deutsch, Hamburg 1990, 100f.).

Über das Phänomen der Lüge wird noch zu sprechen sein (Kapitel 5, Abschnitt 7); und man kann sich, wie wir sehen werden, in dieser Hinsicht recht kurz fassen, um die wesentlichen Kritikpunkte zu markieren. Ähnliches gilt für die sich hartnäckig durchhaltende Auffassung, die Wahrheit sei nichts weiter als eine Erfindung oder eine soziale Konstruktion. Ich werde, wenn die Sprache darauf kommt, natürlich nicht behaupten, dass es das sozial Erfundene überhaupt nicht gibt; denn niemand kann die Existenz gesellschaftlicher Fiktionen und Phantasmen ernsthaft leugnen. Ich werde aber darauf hinweisen, dass dies alles nichts mit dem Wesen der Wahrheit zu tun hat. Was auch immer sozial konstruiert sein mag, die Wahrheit ist es nicht. Es herrscht in den Debatten über diese Fragen ein nicht geringes kategoriales Durcheinander. Und es ist lediglich ein wenig geistige Klarheit nötig, um dieses Durcheinander zu entwirren.

Beginnen möchte ich den Abstieg vom Gipfel dieses Essays mit dem aus meiner Sicht gewichtigsten aller Vorurteile gegenüber der Wahrheit, von dem nahezu alle weiteren Vorurteile abhängen. Die Wahrheit, so lautet die These, ist abhängig von menschlicher Erkenntnis; sie ist, so will es das Vorurteil, stets relativ auf den aktuellen Stand menschlichen Wissens, das sich in dauernder Veränderung befindet. Ich habe bereits verschiedentlich auf diese These und ihre Modernität hingewiesen, mich ihr aber bislang noch nicht gezielt zugewendet. Das soll im folgenden Kapitel geschehen, bevor die Diskussion einiger weiterer Idole Gegenstand des fünften Kapitels sein wird.

4. WAHRHEIT UND ERKENNTNIS

1. Die Fragen des Skeptikers

Ohne den Anspruch, damit etwas Originelles zu äußern, habe ich die Wahrheit bislang so beschrieben, dass man sie auf die im Abschnitt zuvor verwendete Formulierung bringen kann: Die Wahrheit ist das treffliche In-Kontakt-Kommen geistiger Gebilde mit Wirklichem. Es könnte nun jemand gegen diese Bestimmung Folgendes einwenden: »Alles schön und gut! Aber man weiß doch oft gar nicht, dass oder ob etwas wahr ist. Ja mehr noch: Man kann sogar prinzipiell nie wissen, dass oder ob etwas wahr ist. Denken Sie nur an die vielen Informationen, die man tagtäglich in den Nachrichten oder im Internet liest, und von denen man überhaupt nicht weiß oder nachprüfen kann, ob sie stimmen. Insofern ist Ihr ganzes Reden vom Wesen der Wahrheit im Grunde müßig. Und außerdem: Woher wollen Sie eigentlich wissen, dass das, was Sie, lieber Autor, als Wesen der Wahrheit beschreiben, auch wirklich das Wesen der Wahrheit ist? Wenn schon das alles andere als klar ist, dann ist auch nicht sicher, ob das, was Sie beschreiben, überhaupt existiert. Ihre Beschreibung der Wahrheit ist doch auch bloß eine Meinung sein. Sie drücken Ihre persönliche Sicht aus, mehr nicht! Ich bin noch nicht überzeugt von Ihren Argumenten, und ich werde deshalb nicht von meiner Meinung abrücken, dass die Wahrheit, wenn es sie denn überhaupt gibt, relativ auf individuelles menschliches Erfahren, Erkennen und Wissen ist«.

Ich habe diesen Einwand bewusst wuchtig und engagiert formuliert. Ich denke nämlich, dass ein existenzielles oder auch humanistisches Engagement dieses Typs letztlich der Hintergrund jenes Sacharguments ist, das dem Einwand zugrunde liegt. Vordergründig wirkt dieser so, als summierten sich in ihm viele unterschiedliche Argumente. Doch trotz dieser scheinbaren Komplexität läuft er auf eine einzige zentrale Behauptung hinaus: Die Wahrheit hängt davon ab, was Menschen wissen, und der einzelne Mensch ist der Maßstab dessen, was wahr oder falsch ist.

Wer mit diesem Einwand gegen das bislang Dargestellte auftritt, wird vermutlich versuchen, die These von der Erkenntnisrelativität der Wahrheit mit Beispielen zu untermauern. Und Beispiele wird er in Hülle und Fülle zu finden meinen. Er wird etwa sagen, dass es für den Menschen der Antike wahr war, dass die Erde eine Scheibe ist, während es für uns Heutige aufgrund des veränderten kosmologischen Wissensstandes wahr ist, dass die Erde Kugelgestalt hat – wobei weitere Änderungen der Wahrheit natürlich vorbehalten sind. Unser Kritiker kann aber auch von Fällen menschlichen Nichtwissens ausgehen, um die Wahrheit in Bezug auf diese Fälle entweder zu bezweifeln, oder sie geradewegs für nicht-existent zu erklären. Ist es wahr, wird er uns fragen, dass es Gott gibt, und dass dieser noch dazu allgütig ist? Ist es wahr, dass die Erde in fünfhundert Jahren menschenleer ist, weil sie dann von transhumanen Maschinen bevölkert sein wird? Und wie eigentlich kann die Ehefrau im zentralen Beispiel dieses Essays wissen, ob ihr Mann wirklich dort war, wo er gewesen zu sein vorgibt? Denn auch die von ihr befragten Zeugen könnten ja lügen bzw. sich täuschen.

Dies und vieles mehr könnte unser Kritiker im Namen gesunder Skepsis einwenden. Man könnte sich eine schier endlose Reihe von weiteren Zweifelsfragen ausdenken, die darauf zielen, unsere tiefe Unwissenheit hinsichtlich dessen, was wahr ist, bloßzustellen. Andererseits ist derselbe Skeptiker durchaus auch ein Freund jenes persönlichen Wissens, über das einzelne Menschen verfügen. Dies zeigt sich daran, dass er bereit ist, das kosmologische Wissen der Alten ebenso wie unser Heutiges gleichermaßen für eine Art Wissen zu betrachten. Wie dumm nur, dass sich die wirkliche Gestalt der Erde gar nicht nach dem Meinen oder Wissen der Menschen richtet, möchte man bereits an dieser Stelle gegen den Skeptiker einwerfen. Doch gehen wir langsam vor.

Wer gegen die Existenz und das Wesen der Wahrheit Einwände der soeben skizzierten Art vorbringt, der ist der Ansicht, dass die Wahrheit von unserem tatsächlichen oder möglichen Wissen über die Welt abhängt – und wo es um dieses Wissen schlecht bestellt ist, dort sieht es aus seiner Sicht auch mit der Wahrheit schlecht aus. Die Idee ist eben die, dass dort, wo kein Wissen besteht, auch keine Wahrheit existiert; und wo wir hingegen über Wissen verfügen, dort existieren stets vielerlei sich historisch abwandelnde ›Wahrheiten‹.

Fragen wir uns nun, was von diesem Einwand zu halten ist, und nehmen wir uns dafür Zeit. Der Einwand ist nämlich ebenso verbreitet wie hartnäckig, und er sollte nicht leichtfertig weggewischt werden. Wir fragen also: Gibt es tatsächlich eine so enge und insbesondere einseitige Verknüpfung von Wissen und Wahrheit derart, dass die Wahrheit relativ auf den aktuellen oder möglichen Stand menschlichen Wissens über die Welt ist? Ich schlage vor, dass wir zur Beantwortung dieser Frage zunächst noch einmal zum Ehepaar in unserem Ausgangsbeispiel zurückkehren. Denn auch in Bezug auf dieses Beispiel kann, wie wir bereits gesehen haben, ein entsprechender Einwand laut werden.

Die Frau fragt ihren nach Hause kommenden Mann, wo er gewesen ist, und dieser antwortet, er sei auf der Party seines Freundes Dieter gewesen. Für die Frau ergibt sich hieraus mit einer gewissen Zwangsläufigkeit die Frage, ob diese Behauptung wahr ist bzw. tatsächlich zutrifft. Es ist natürlich nicht so, dass die Frau sich diese Frage notwendig stellen muss; sie kann ihrem Mann auch einfach glauben oder die Angelegenheit auf sich beruhen lassen. Aber die Sache ist die: Wenn sich die Frau diese Frage stellt, dann geschieht es aus Nichtwissen. Die Frau weiß ja tatsächlich nicht unmittelbar, ob ihr Mann die Wahrheit sagt, und dieser Umstand liefert ihr einen vernünftigen Grund zur Nachfrage. Das, so wird unser Kritiker hinzufügen, ist bei dem Mann offenbar anders. Er kennt die Wahrheit bzw. weiß um sie, weil er, wie wir ihm zumindest unterstellen wollen, weiß, wo er den Abend verbracht hat.

Ich möchte an dieser Stelle einhaken und eine Gegenfrage stellen: Was heißt es eigentlich, dass jemand, der weiß, wo er war, in Bezug auf seinen Aufenthaltsorts die Wahrheit kennt bzw. um die Wahrheit weiß? Wie auch immer es um die Verbindung von Wissen und Wahrheit bestellt sein mag: Es ist nicht so, dass jemand, der weiß wo er war, die Wahrheit über seinen Aufenthaltsort kennt – er weiß vielmehr einfach, wo er gewesen ist. Es geht in der Frage der Frau: »Ist das, was mein Mann sagt, auch wirklich wahr?«, also gar nicht unmittelbar um die Wahrheit. Es ist keineswegs so, dass die Frau die Wahrheit nicht kennt; ihr Nichtwissen bezieht sich allein auf den Aufenthaltsort des Mannes. Die Wahrheit – oder auch das, was die Wahrheit ist – ist für die Frau nicht das Problem, und danach fragt sie auch gar nicht. Denn natürlich weiß sie, dass die Wahrheit im Zutreffen der Behauptung ihres Mannes auf die Wirklichkeit besteht. Und sie weiß auch, dass das, was die Wahrheit ist, ganz unabhängig davon ist, wie ihr Mann ihre Frage beantwortet. Die Frau weiß, was die Wahrheit ist, aber sie weiß nicht, ob das, was ihr Mann sagt, wahr ist.

Dieser Unterschied sollte sich eigentlich von selbst verstehen, aber offensichtlich hat der Skeptiker ihn nicht vor Augen. Versuchen wir daher weiterhin nachzuvollziehen, was jemand meint, der im mangelnden Wissen der Frau ein Problem für die Wahrheit sieht, und der, umgekehrt, die Wahrheit der Aussage des Ehemannes vom Wissen seiner Frau abhängig machen möchte.

Natürlich kann sich die Frau fragen, ob das, was der Mann zu ihr sagt, wirklich wahr ist. Das kann übrigens jeder, der am Wahrsein von Aussagen, Berichten, Mitteilungen oder Informationen zweifelt. Nicht alle Aussagen haben die Schlichtheit des Satzes »Es regnet!«, der wahrheitsgemäß geäußert wird, wenn es regnet. Man kann an dermaßen evidenten Fällen zwar trefflich demonstrieren, was das Wesentliche an der Wahrheit ist. Aber bereits das Beispiel des Ehepaars zeigt, dass die meisten Aussagen ihr Wahrsein nicht so leicht offenbaren, wie Aussagen über sichtbare Dinge in der näheren Umgebung es tun. Es ist der Kernpunkt des skeptischen Einwands, dass nicht alle Dinge in der Welt uns dermaßen klar vor Augen stehen wie der Regen draußen vorm Fenster. Das Meiste geht in unserer Abwesenheit bzw. außerhalb unserer konkreten Situation vor sich, und daraus resultieren massive Lücken in unserem Weltwissen. Und selbst beim Regen, den wir wahrzunehmen meinen, könnte es sich prinzipiell um eine Täuschung handeln. Vielleicht ist es doch bereits Hagel? Oder vielleicht ist das Fahrzeug der Straßenreinigungsfirma defekt, und der abgelenkte Wasserstrahl erzeugt just in dem Augenblick, in dem wir durch das Fenster schauen, eine wie Regen anmutende Fontäne? »Wer weiß, wer weiß«, murmelt der Skeptiker, »möglich ist es«.

Zweifel dieser Art, wie konstruiert sie auch sein mögen, können sehr weit gehen; etwa bis hin zur Idee einer im Geheimen ablaufenden Weltverschwörung. Man sieht also, dass mit diesem Einwand eine alte metaphysische Vorstellung wiederauflebt: Die Idee, dass die Fäden der Welt auf einer Art Hinterbühne gezogen werden, ohne dass die Menschen Zugang zu diesem Backstage-Bereich der Realität haben. Von dieser Vorstellung sind nahezu alle erkenntnisskeptischen Überlegungen durchzogen. Das Leben könnte, so sagt man, bloß ein Traum sein, oder es könnte sein, dass wir bloß Gehirne im Tank sind, ohne jemals zu bemerken, dass es die Welt da draußen gar nicht gibt. »Ja genau«, sagt der Skeptiker, »möglich ist es«. Und so bleibt es für ihn bei dem von Immanuel Kant (1724-1804) so genannten »Skandal der Philosophie und allgemeinen Menschenvernunft, das Dasein der Dinge außer uns [...] bloß *auf Glauben* annehmen zu müssen, und, wenn es jemand einfällt es zu bezweifeln, ihm keinen genugtuenden Beweis entgegenstellen zu können«.[133]

Man muss an dieser Stelle allerdings genau sein. Was nämlich die vermeintlich skandalöse Idee der Unbeweisbarkeit der realen Welt angeht, so verliert der Skeptiker bereits bei der Beschreibung der Ausgangslage die Phänomene aus den Augen. Es ist nämlich nicht so, dass der Alltagsverstand die Welt für möglicherweise inexistent bzw. für eine Art Illusion hält. Ein solcher Zweifel ist theoretischer Natur: Er entspringt der erkenntnisphilosophischen Skepsis selbst, ist also gerade kein Bestandteil des Alltagsbewusstseins. Nicolai Hartmann stellt dies unmissverständlich heraus: »Der natürliche Realismus ist nicht eine philosophische Theorie. Er gehört zum Phänomen der Erkenntnis und ist in ihm jederzeit aufzeigbar. Er ist identisch mit der uns lebenslänglich gefangen haltenden Überzeugung, daß der Inbegriff der Dinge, Personen, Geschehnisse und Verhältnisse, kurz die Welt, in der wir leben

---

[133] Immanuel Kant: Kritik der reinen Vernunft, Stuttgart 2024, 45f.

und die wir erkennend zu unserem Gegenstande machen, nicht erst durch unser Erkennen geschaffen wird, sondern unabhängig von uns besteht. Verließe uns diese Überzeugung auch nur einen Augenblick im Leben, wir würden das Leben nicht mehr ernst nehmen. Es gibt philosophische Theorien, die sie preisgeben; damit aber entwerten sie das Leben in der Welt und nehmen es in der Tat nicht mehr ernst. Die natürliche Einstellung kennt ein solches Preisgeben nicht«.[134]

Die philosophische Skepsis vermag ihre Zweifelsüberlegungen nur durch eine künstliche Umbiegung der natürlichen Einstellung durchzuführen. Vor die unmittelbare Ausrichtung auf den realen Gegenstand (›intentio recta‹), die das Alltagsbewusstsein dominiert, tritt bei ihr die kritische Infragestellung der Möglichkeit seiner Erkenntnis (›intentio obliqua‹). Es ist natürlich etwas grundlegend anderes, ob man einen Gegenstand einfach betrachtet oder praktisch verwendet, oder ob man sich zu fragen beginnt, ob er überhaupt existiert bzw. wie man seine Existenz beweisen kann. Dass der Alltagsrealismus in seiner ›intentio recta‹ solche Fragen nicht stellt, bedeutet natürlich nicht, dass die ihm gegebenen Objekte aufgrund ihrer Unreflektiertheit irreal werden. Allererst die Skepsis eröffnet aufgrund der für sie einschlägigen ›intentio obliqua‹ die Möglichkeit, die Welt mitsamt dem erkennenden Subjekt als nicht-existent zu denken.

Diese Wende zur ›intentio obliqua‹ ist eine unscheinbare Operation, aber sie hat systematisch erhebliche Konsequenzen. In ihr spiegelt sich wie in einem Brennglas die Grundtendenz des neuzeitlichen Denkens, nicht mehr » über die Dinge der Welt, sondern über das Denken selbst zu reflektieren und nicht so sehr über die Wahrheit an sich als über die [...] Tatsache, dass die gleiche Welt verschiedenen Beobachtern verschieden erscheinen kann«.[135] Mit dieser Wende von der Ontologie zur Erkenntnistheorie, die sich spätestens im philosophisch-wissenschaftlichen Denken des 19. Jahrhunderts auf ganzer Breite durchsetzt, gerät der natürliche

---

[134] Nicolai Hartmann: Zur Grundlegung der Ontologie, Berlin ⁴1965, 49.
[135] Karl Mannheim: Ideologie und Utopie, Frankfurt/M. ⁹2015, 7.

Realismus unter Legitimationsdruck. Er ist es, der nun beweisen muss, dass er mit seinem unmittelbaren »Weltglauben« (Maurice Merleau-Ponty) vor dem Tribunal der skeptischen Zweifel sowie vor den neu entstehenden Erkenntnistheorien idealistischer Provenienz bestehen kann. Einen solchen Beweis kann er natürlich nicht antreten, weil seine Domäne gerade nicht die Reflexion auf die Realität und deren Erkenntnis ist, sondern das unmittelbare Wirklichsein und praktische Wirksamsein selbst.

Der Skeptiker verlangt vom Alltagsbewusstsein etwas, das dieses nicht leisten kann, aber auch nicht leisten muss. Denn die Beweislast liegt nicht beim natürlichen Realismus, sondern auf Seiten der skeptischen oder idealistischen Reflexion.[136] Diese selbst muss sich die Frage gefallen lassen, ob sie, wenn sie die Wirklichkeit infragestellt, dies denn nun ›wirklich‹ tut oder nicht. Der Konstruktivist Siegfried J. Schmidt (*1940) gibt in Anlehnung an die Tradition der antiken Skepsis zu bedenken, »man müsste vor jedem Wort, das man sagt oder schreibt, sagen: Das erscheint mir so. Damit der Leser nicht den Eindruck bekommt, man möchte sagen: Das ist, wie es *wirklich* ist. Denn das sollte man nie sagen«.[137] Damit bringt sich der Konstruktivist in eine schwierige Situation. Denn wenn er mit dieser Idee Recht hätte, »dann kann

---

[136] Als erkenntnistheoretischer Skeptiker »bemerkt man nicht, dass man die natürliche Einstellung schon verlassen und den künstlichen Standpunkt, den man erweisen will, schon vorweggenommen hat. In dem Konflikt, den man hervorruft, schiebt man dem natürlichen Bewusstsein die Beweislast zu, nachdem man zuvor selbst die metaphysische Behauptung [der Unbeweisbarkeit der Wirklichkeit] aufgestellt und sie durch nichts […] legitimiert hat. […] In Wirklichkeit fällt die Beweislast gerade dem Idealismus zu, eben weil er es ist, der sich vom natürlichen Gegenstandsbewusstsein und von der Sachlage des Erkenntnisphänomens entfernt und eine Behauptung aufstellt, die von vornherein den Stempel der Widernatürlichkeit trägt. Die antike Skepsis hatte noch ein klares Bewusstsein dieser Sachlage und nahm deswegen die Beweislast auf sich; sie blieb kritisch, sofern sie nicht über die Urteilsenthaltung hinausging. Erst der neuzeitliche Idealismus beginnt mit der Verkehrung der Sachlage. Er macht sich damit der Problementstellung schuldig« (Nicolai Hartmann: Grundzüge einer Metaphysik der Erkenntnis, Berlin ⁵1965, 229).

[137] Siegfried J. Schmidt (Hg.): Der Diskurs des Radikalen Konstruktivismus, Frankfurt 1987, 408.

man auch nicht mehr sagen: Das erscheint mir tatsächlich so. Der Leser kann sich dann bei nichts, was ihm gesagt wird, darauf verlassen, dass es wirklich so gemeint ist, wie gesagt wird. Was tatsächlich die Meinung des Autors ist, weiß nicht einmal dieser selbst, da auch ihm nur noch so erscheint, was er meint, wenn er etwas sagt«.[138] Dieser Einwand ist schlagend, und man merkt, dass mit der konstruktivistischen Leugnung der Wirklichkeit etwas grundsätzlich nicht stimmt.

Werfen wir vor dem Hintergrund dieser etwas allgemeineren Überlegungen nun einen Blick auf die skeptische Infragestellung der Wahrheit. Wir wollen herausfinden, was genau eigentlich bezweifelt wird: Ist es das Wissen um die Wahrheit, das als zweifelhaft gilt, oder ist es die Wahrheit selbst? Oder am Ende gar beides? Schauen wir uns die Sache näher an.

2. Berechtigte Zweifel?

Wir haben im zweiten Kapitel gesehen, dass Menschen grundsätzlich alles meinen oder behaupten können – ›alles Mögliche‹, wie es so schön heißt. Das beinhaltet natürlich die Möglichkeit von Falschbehauptungen; sei es, dass man absichtlich die Unwahrheit sagt, sei es, dass man sich unwillkürlich täuscht. Wer an unser Thema von dieser Seite herantritt, bei dem wird sich vielleicht eine Art Generalverdacht gegen den Inhalt von Behauptungen breitmachen: Trifft denn wirklich zu, was behauptet wird? Ist es mit einer Sache tatsächlich so, wie von ihr berichtet wird? Oder ist alles ganz anders als die Berichte uns nahelegen wollen?

Skeptische Fragen dieser Art sind durchaus verständlich. Man bekommt eine Information, die ganz sachlich daherkommt, und der man ihr Wahr- oder Falschsein nicht ansehen kann. Und dann kommen weitere Nachrichten, Meldungen, Informationen: noch eine, noch eine und noch eine. An Meinungen, Behauptungen und Mitteilungen herrscht nicht gerade Mangel; und nicht immer

---

[138] Hermann Schmitz: Gibt es die Welt?, Freiburg/München 2014, 44.

(oder besser: fast nie) geht es um triviale Inhalte wie den Regen vorm Fenster oder die Farbe von Gegenständen. Man kann in der Tat bezweifeln, dass Sachlichkeit und Wirklichkeitstreue zu den Hauptmotiven derer gehören, die Nachrichten senden.[139] Manchen Informanden mag es um gezielte Aufmerksamkeitslenkung, anderen einfach um Sensation oder Selbstdarstellung gehen: Unsachliche Motive sind jedenfalls – und zwar ganz gleich, wo und von wem nun etwas gesendet wird – niemals auszuschließen. Man muss das natürlich weder nostalgisch beklagen noch moralisch bewerten. Man kann es einfach als Tatbestand hinnehmen, und es beim Namen nennen, wo es sinnvoll ist.

Die Frage als solche besteht also ganz zurecht: Ist es wirklich so gewesen, wie die betreffende Information besagt? Im Grunde braucht jemand nur den Mund aufzumachen, um etwas zu behaupten – schon kann der Zweifel an die Tore unseres Bewusstseins klopfen: »Er sagt, er war bei Dieter auf der Party, aber ist das *wirklich* wahr? Trifft *tatsächlich* zu, was er sagt?«. Solche Zweifelsfragen können die Menschen lähmen oder in notorische Skepsis hineintreiben. Andererseits ist es aber gerade eine gesunde Form von Skepsis, die eine Haltung des »Ich will es jetzt genau wissen« hervorruft. Wo sich eine solche Haltung in Handlung umsetzt, stoßen die Menschen, anstatt im Zweifel zu verharren, das Tor zur Wirklichkeit auf. Ob und wie weit sich dieses Tor öffnen lässt, kann man nicht im Voraus wissen; aber es zeigt sich mit jedem Schritt, den man auf dem Weg der »Ergreifung des Wirklichen« (Hugo Dingler) zurücklegt. Das Eigentümliche am Zweifel ist also, dass er gerichtete Bewegungen einleiten kann. Die Richtung dieser Bewegung geht eben dorthin, wo sich die Skepsis zugunsten von Wissen auflöst – und sei es, bei der Einsicht in etwas Unerkennbares, auch nur ein sokratisches Wissen des Nichtwissens. Dass Erkenntnis stets eine Kontaktnahme mit dem Realen bedeutet, weiß auch der Skeptiker. Es liegt jederzeit an ihm, investigativ

---

[139] In der Politik ist dies, wie man spätestens seit Hannah Arendt (Wahrheit und Lüge in der Politik. Zwei Essays, München/Berlin 2017) weiß, mit Sicherheit nicht der Fall.

zu werden, um die Wissenslücken, die er beklagt, so weit wie möglich zu schließen.

Ob es darüber hinaus möglich und sinnvoll ist, alle Zweifel, die man theoretisch hegen kann, vollständig auszuräumen, ist eine andere Frage. Es ist zuletzt eine Frage der persönlichen Lebenseinstellung und der praktischen Lebensführung, wie man mit bleibenden Zweifeln umgeht; immer eingedenk der Tatsache, dass viele Zweifel rein theoretischer Natur sind. Es ist sicher nicht lebensnotwendig, mit letzter Sicherheit zu wissen, wie viele Sterne am Nachthimmel stehen – und wen ein diesbezüglicher Zweifel um den Schlaf bringt, sollte sich die Frage stellen, ob es tatsächlich die Sterne sind, um die es ihm in der Sache geht. Die Frage, was eine Person im Einzelnen als wissenswert erachtet, und welche bleibenden Zweifel ihr hingegen gleichgültig sind, ist wohl eher eine Charakterfrage. Der eine benötigt mehr Sicherheit als ein anderer, dies lässt sich jeweils nur im Einzelfall bestimmen und auch nur individuell verändern. Es erscheint mir jedenfalls offensichtlich, dass es ein totales Wissen, also eine empirische Erkenntnis sämtlicher Realzusammenhänge, für den Menschen nicht gibt – die völlige geistige Transparenz der Welt ist ein rationalistisches Idol. Es mag sein, dass die Menschen, wie Aristoteles meinte, natürlicherweise nach Wissen streben und generell das Wissen dem Nichtwissen vorziehen.[140] Normalerweise aber beschränkt sich dieses Streben auf konkrete, lebensrelevante Wissensgebiete, und selbst hier hat die Erkenntnis naturgemäß Grenzen, die nicht mit den Seinsgrenzen der erforschten Sache zusammenfallen.[141] Kein vernünftiger Mensch maßt sich an, alles bis ins letzte Detail wissen

---

[140] Vgl. Aristoteles: Metaphysik, Reinbek bei Hamburg ⁴2005, 37.

[141] »Der Gegenstand ist »an sich«, was er ist; an ihm als seiendem macht es überhaupt keinen Unterschied, ob und wie weit er erfasst wird. Er verhält sich indifferent gegen das Erfassen, indifferent also auch gegen die Grenzen des Erfassens. Diese Grenzen sind keine Seinsgrenzen, sie sind bloß die in ihn hinausprojizierten Erkenntnisgrenzen. Was also am Gegenstand selbst unlöslich zusammenhängt, kann in der Erkenntnis des Gegenstandes sehr wohl abgelöst erscheinen« (Nicolai Hartmann: Möglichkeit und Wirklichkeit, Berlin ³1966, 338).

zu wollen oder wissen zu können. Die Meisten haben daher kein Problem mit der Existenz des Nichtwissens, zumal es eben tatsächlich vieles gibt, was sie wissen. Dabei handelt es sich um Dinge, die sich nur in künstlicher Weise problematisieren oder in Frage stellen lassen. Dazu gehören neben strikt subjektiven Tatsachen, die jeder nur in eigenem Namen aussagen kann (›Ich fühle mich heute sehr gut‹), auch objektive Tatsachen (›Ich heiße Peter, wohne in Mainz, bin 48 Jahre alt, verheiratet und habe drei Kinder‹) sowie eine Vielzahl weiterer empirischer und apriorischer Kenntnisse. Auch wenn jegliches Wissen von einem breiten Hof des Unerkennbaren sowie des Zweifelhaften umgeben ist, gibt es doch die mehr oder weniger bestimmte Zone dessen, was man weiß. Dies ist der Bereich, in der man in direktem geistigen Kontakt mit dem Wirklichen steht.

Dennoch gibt es natürlich Situationen, in denen, vor einem breiten Hintergrund weiterhin unbezweifelter Dinge, die Frage aufkommt: »Ist das Behauptete *wirklich wahr*?«. Man sollte hier aber genau auf die Formulierung achten. Wer die Frage so stellt, spielt gedanklich mit der Möglichkeit, dass das Gesagte ›in Wirklichkeit‹ auch unwahr sein könnte. Aber was Wahrheit und Unwahrheit ist, muss jemand, der so zweifelt, natürlich schon wissen. Sein Zweifel richtet sich also nicht gegen das Wesen der Wahrheit, sondern darauf, ob durch die Behauptung sein Wissen auf einen der Realität entsprechenden Stand gebracht wird. Wäre die Behauptung unwahr – und wer kann das wissen, außer der Behauptende selbst – dann würde man durch sie nicht informiert, sondern auf irgendeine Weise getäuscht. Und das kann man oft tatsächlich nicht unmittelbar wissen, sondern muss es von Fall zu Fall herausfinden.

Ich möchte allerdings darauf hinweisen, dass die Formulierung, etwas sei ›wirklich wahr‹, ziemlich irreführend ist. Wahrheit und Wirklichkeit werden in dieser Formulierung zu eng miteinander verknüpft, und das kommt weder dem Verständnis der einen noch der anderen Kategorie zugute. Um es direkt zu sagen: Der Unterschied zwischen dem Wahren und dem sogenannten ›wirklich Wahren‹ ist ein phantastischer Unterschied. Es handelt sich um eine rhetorische Differenz, die jenseits der sprachlich artikulierten Einbildung nicht existiert. Dies ist leicht einzusehen: Wenn etwas wahr ist, ist es selbstverständlich ›wirklich‹ wahr – wie sollte es denn auch ›unwirklich wahr‹ oder ›scheinbar wahr‹ sein? Der Ehemann war, wo er war, an diesem Sachverhalt ist weder etwas zu deuten noch zu ändern. Und ein Satz, der aussagt, wo der Mann war, ist ein zutreffender Satz. Dass die Frau nicht weiß, wo der Mann war bzw. welcher der vielen denkbaren Antworten wahr ist, ändert an dieser Tatsache nichts. Der eventuelle Zweifel der Frau an der Wahrheit der Antwort macht also die Wahrheit des wahren Satzes weder ›unwirklich‹, noch macht er die Wahrheit zu einer bloß ›scheinbaren‹. Die Wahrheit selbst ist weder wirklich noch unwirklich oder scheinbar. Diese Kategorien sind in Bezug auf das menschliche Wissen sinnvoll anwendbar, auf die Wahrheit selbst dagegen nicht.

Dass die Frau nicht weiß, wo ihr Mann war, ist ein Fall von Nichtwissen. Mit der Wahrheit als der Relation des Zutreffens von Aussagen auf die Wirklichkeit hat ihr Nichtwissen jedoch nichts zu tun. Natürlich kann man sich stets zweifelnd fragen: »Trifft denn wirklich zu, was ich soeben erfahren habe?«. Aber trotz des Zweifels der Frau an dem, was ihr Mann sagt, wird die Frau nicht daran zweifeln, dass die Wahrheit im Zutreffen geistiger Gebilde auf die Wirklichkeit besteht. Aus sehr gutem Grund lautet ihre Zweifelsfrage nicht: »Ist mein Nichtwissen hinsichtlich des Aufenthaltsortes meines Mannes ein Fall von Nichtzutreffen?« – denn die Frage, was Wahrheit oder Unwahrheit ist, ist überhaupt nicht Gegenstand ihres Zweifels. Ich habe, so wie Sie auch, schon viele Zweifelnde getroffen. Aber darunter war in meinem Fall noch keiner, der angesichts des konkreten Bezweifelns von etwas zudem bezweifelt hätte, dass die Wahrheit einer Aussage in ihrem Zutreffen auf die Realität besteht. In Sachen der Wahrheit ist und bleibt allein dieses Zutreffen der wesentliche Punkt. Deshalb ist die Wahrheit auch nicht abhängig davon, was wir im Einzelnen wissen oder nicht wissen.

Natürlich ist es nachvollziehbar, dass jemand meint, das Wissen müsse mit an Bord sein, wenn es um die Wahrheit geht. Denn es gibt eben die handfeste Möglichkeit, dass Menschen mit dem, was sie sagen, etwas absichtlich oder irrtümlich Unwahres behaupten. Der Ehemann kann durchaus behaupten, er sei bei seinem Freund gewesen, obwohl er – ›in Wirklichkeit‹, wie man häufig hinzusetzt – in der Kneipe an der Ecke gewesen ist. Es ist schon richtig: Seine Frau kann tatsächlich nicht unmittelbar wissen, ob ihr Mann die Wahrheit sagt – könnte sie es, so bräuchte dann erst gar nicht zu fragen: »Wo warst Du, Adam?«.[142] Wenn jemand die Wahrheit sagt, dann ist für ihn das Wissen sozusagen schon an Bord, denn er bezieht sich auf die Realität, um deren Sosein er weiß und das er in seiner Behauptung wiedergibt. Trotzdem ist nicht das Wissen, sondern die Realität der ›Grund‹ der Wahrheit – und zwar ebenso für den, der um die Wirklichkeit weiß wie für denjenigen, der als Nichtwissender zweifelt.

Nun sind in Bezug auf unser Beispiel durchaus Zwischenstufen des Umgangs mit der Situation denkbar. Die Frau könnte ihrem Mann einfach glauben; also darauf vertrauen, dass das, was er sagt, zutrifft. Das ist häufig der Gang der Dinge im Ungefähr des Alltags, wo die Menschen vielen flüchtigen Andeutungen nicht bis ins Letzte nachgehen. Gerade deshalb kann ja, je nach Persönlichkeit oder individueller Erfahrungsvorgeschichte, ein Rest an Zweifel bestehen bleiben. In vielen Fällen erscheint dieser Rest kaum besorgniserregend. Außerdem es ist im normalen Zusammenleben weder üblich noch praktikabel, jede Behauptung detektivisch auf ihr Wahrsein zu überprüfen – das Alltagsleben ist kein organisierter Wissenschaftsbetrieb und die Alltagskommunikation kein reiner Informationsaustausch. Im Hinblick auf das Verleihen von zwischenmenschlichem Glaubensvorschuss gleicht der Alltag eher dem aus der religiösen Erfahrung bekannten Grundvertrauen darauf, dass der Sprecher kein Lügner und Betrüger,

---

[142] In Anlehnung an Genesis 3,8-9: »Und Adam versteckte sich mit seiner Frau vor dem Angesicht Gottes des Herrn unter den Bäumen im Garten. Und Gott der Herr rief Adam und sprach zu ihm: Wo bist du?«. Gott will von Adam keine Information: Er weiß natürlich, wo Adam ist und provoziert mit seiner Frage nur dessen Schuldbekenntnis. Das unterscheidet ihn von der Ehefrau im Beispiel, deren Frage einem echten Nichtwissen entspringt.

sondern alles in allem glaubwürdig ist.[143] Auch sind dem grundsätzlich möglichen Fahnden nach dem jeweils Wahren – also nach dem Zutreffen konkreter Aussagen auf konkret Wirkliches – im Alltag recht enge praktische und technische Grenzen gezogen. Hier leben die Menschen daher oft in gewissem Maße auf Kredit. Sie verhalten sich effektiv so, als wüssten sie, dass die anderen sie nicht täuschen oder belügen, obwohl sie es, streng genommen, nicht wissen. Genau diese Unsicherheit in Fragen des Wissens ist es, die – aus meiner Sicht allerdings zu Unrecht – eine Unsicherheit in Sachen Wahrheit nach sich zieht.

Diese Unsicherheit ist ein Phänomen, und Phänomene sind durch Theorien nicht aus der Welt zu schaffen. Man kann sich dies an einem bekannten Beispiel aus der Wahrnehmungspsychologie klarmachen. Wird ein gerader Stab schräg ins Wasser getaucht, so erscheint er gekrümmt. Aber wir wissen natürlich, dass sich seine Form durch das Eintauchen ins Wasser nicht ändert, was uns der Tastsinn auch bestätigt. Zu dumm nur, dass sich der optische Eindruck weder durch rationales Wissen noch durch den Tastsinn belehren lässt. Das optische Phänomen bleibt wie es ist; es verändert sich nicht durch den Eindruck, den andere Erkenntnisquellen in Bezug auf die Form des Stabes gewinnen.

Wir können das auf unser Thema beziehen. Die weit verbreitete Meinung, dass die Wahrheit vom menschlichen Wissen abhängt, ist ein Phänomen; und als solches steht es hartnäckig dem gegenüber, was ich kritisch gegen diese Auffassung einwende. Ob sich diese Meinung durch meine Argumente beeindrucken lässt, ist nicht der entscheidende Punkt, und darauf legen es meine Gedanken auch nicht in erster Linie an. Es könnte durchaus sein, dass es sich bei diesem Phänomen um etwas handelt, das sich, so ähnlich wie der optische Eindruck im Falle des gekrümmt erscheinenden Stabes, prinzipiell nicht verändern lässt. Klar ist jedenfalls, dass man das Phänomen – also die weit verbreitete Überzeugung, dass

---

[143] Hier greift das Prinzip der Wohltätigkeit (›principle of charity‹): Überzeugungen und Äußerungen einer Person werden zunächst so gedeutet, dass sie normalen Maßstäben entsprechend weitgehend wahr sind. Vgl. dazu Donald Davidson: Inquiries into Truth and Interpretation, Oxford 1984, 27.

Wahrheit auf Wissen gründet und mit diesem steht und fällt – nicht wegdiskutieren kann. Denn »es liegt nun einmal im Wesen von Phänomenen, dass sie uns nicht direkt verraten, was an ihnen Realität und was Deutung, was Realphänomen und was Schein-phänomen ist«.[144] Ich möchte die Fragestellung des folgenden Ab-schnitts so präzisieren: Ist es richtig, dass Wissen eine notwendige Bedingung der Wahrheit darstellt, so dass die Wahrheit sich letzt-lich auf Wissen reduzieren lässt? Die Frage ist im Grunde einfach die, ob die Wahrheit relativ auf menschliches Wissen ist.

3. Die Bedeutung der Relativität

Ein Großteil jener Streitigkeiten, die im Laufe der letzten Jahrhun-derte über die Wahrheit geführt worden sind, kreisen um das Ver-hältnis zwischen Wahrsein und Wissen. In der Philosophie ist das bis heute so, wobei die zentrale Frage nach wie vor lautet: Wie kann man eigentlich – und zwar unabhängig von der alltäglichen Praxis des Vorschießens von Vertrauen – wissen, was wahr ist. Die Wahrheitstheorien innerhalb der modernen Philosophie drehen sich fast ausschließlich um das Problem des Wissens und seiner Rechtfertigung, während es nur am Rande darum geht, was die Wahrheit selbst ist. Viele Wahrheitstheoretiker sind daher eigent-lich Erkenntnistheoretiker. Sie konzentrieren sich auf die Frage, ob und wie Wissen über die Wahrheit möglich ist oder praktisch zustande kommt. Umgekehrt erklären sich die Erkenntnistheore-tiker seit längerem auch in der Wahrheitsfrage für mitzuständig. Dies wird etwa daraus ersichtlich, dass die erstmals in Platons Di-alog *Theaitetos* begegnende Standarddefinition des Wissens, die Wissen als ›gerechtfertigte wahre Überzeugung‹ bestimmt, die Wahrheit als konstitutiven Bestandteil in sich enthält.

Der Wissenssoziologe Karl Mannheim (1893-1947) hat die auf-fällige Fixierung der Philosophie auf Fragen der Erkenntnis mit dem Schwund traditioneller Sozialstrukturen im Übergang vom

---

[144] Nicolai Hartmann: Philosophie der Natur, Berlin/New York ²1980, 239.

Mittelalter zur Neuzeit in Verbindung gebracht. Das autoritäre Wissensmonopol des Adels sowie des Klerus gerät ins Wanken, und es entsteht der neue Sozialtypus einer freischwebenden Intelligenz, die nicht mehr an eine bestimmte soziale Schicht gebunden ist. Die Geburt des modernen Intellektuellen geht laut Mannheim mit dem Verlust älterer ontologischer Verbindlichkeiten einher und führt zur Aufwertung von »Agnostizismus«, »Skeptizismus« und »ethischem Pluralismus«[145], wie sich repräsentativ an Michel de Montaigne (1533-1592) zeigen lässt: »Es sind die ethische Desorientierung und der Agnostizismus Montaignes, die eine beispiellose Neugierde auf die empirische Varianz menschlicher Antworten entstehen ließen. Montaignes ironische Behandlung trivialer Vorfälle und bedeutsamer historischer Ereignisse auf derselben Ebene verrät eine ikonoklastische Missachtung von Rangunterschieden in menschlichen Angelegenheiten und die Neugier des zukünftigen Wissenschaftlers auf die *omnia ubique*. Montaigne spielte, wie die Sophisten, gerne mit dem Schein […]. Was Montaigne bewegte, war die Wandlungsfähigkeit des Menschen und seiner Umstände (ebd., 75f.). Die mit René Descartes (1598-1650) einsetzende Abkehr von der alten Ontologie zur neuzeitlichen, subjektzentrierten Erkenntnistheorie ist der philosophische Ausdruck dieser sozialen Wandlungsprozesse: »Die Erkenntnistheorie ist Ausdruck eines erschütterten Glaubens nicht nur an eine bestimmte Wahrheit, sondern an die Wahrheit als solche und an die menschliche Erkenntnisfähigkeit« (ebd., 74f.).

Dass sich philosophische Wahrheitstheorien auf Fragen der Erkenntnis fokussieren, hat natürlich neben historischen auch systematische Gründe. Wahrheitstheorien sind Theorien; und als solche erheben sie wesentlich einen Anspruch auf Erkenntnis. Auch Wahrheitstheorien können die Wahrheit nur dann als sinnvollen Untersuchungsgegenstand auffassen, wenn sie diese als etwas Erkennbares behandeln. Es kann also leicht passieren, dass die Seinsfrage (»Was ist Wahrheit?«) unter der Hand durch die epistemologische Frage nach der möglichen Erkennbarkeit der Wahr-

---

[145] Karl Mannheim: Ideologie und Utopie, Frankfurt/M. ⁹2015, 75.

heit ausgetauscht wird. Und die Geschichte der Erkenntnistheorie macht deutlich, dass die so verwandelte Frage nach der Möglichkeit der Wahrheitserkenntnis eine Vielzahl affirmativer und skeptischer Antworten zulässt.

Als paradigmatisch für die Wende von der Ontologie zur Erkenntnistheorie kann die von Immanuel Kant durchgeführte ›Kopernikanischen Wende‹ angesehen werden, bei der es um die rationale Begründung wissenschaftlicher Erkenntnis geht. Die empirische Wissenschaft, so Kant, ist das Feld, auf dem es zu wahren Aussagen und Theorien über die Wirklichkeit kommt. Die philosophische Erkenntnistheorie ist dagegen jener Bereich, in dem die Bedingungen der Möglichkeit wissenschaftlichen Wissens aufgezeigt werden soll. Kant geht es nicht um Kriterien der Wahrheit selbst, sondern um solche der Wahrheitserkenntnis. Er möchte zeigen, aufgrund welcher apriorischen Maßstäbe man gerechtfertigterweise behaupten kann, dass empirische Erkenntnisse wahr sind. Nicht die Wahrheit selbst ist bei Kant Gegenstand der Rechtfertigung; denn dass »sie die Übereinstimmung der Erkenntnis mit ihrem Gegenstande sei, wird hier geschenkt und vorausgesetzt. Man verlangt aber zu wissen, welches das allgemeine und sichere Kriterium der Wahrheit einer jeden Erkenntnis sei«.[146] In seiner Transzendentalphilosophie legt Kant ausführlich dar, dass die Erkenntnis, die aus seiner Sicht auf apriorischen Synthesen einer allgemeinen Subjektivität beruht, an die Dinge an sich nicht heranlangt – »was die Dinge an sich sein mögen, weiß ich nicht und brauche es auch nicht zu wissen, weil mir doch niemals ein Ding anders als in der Erscheinung vorkommen kann« (ebd., 379f.). Es gibt die Wahrheit für Kant durchaus; aber es gibt keine Erkenntnis der ansichseienden Realität, so dass die Erfahrungserkenntnis auf die durch apriorische Subjektfunktionen (Anschauungsformen und Kategorien) mitbedingten Erscheinungen der Dinge beschränkt bleibt. Als empirischer Realist ist Kant weit davon entfernt, die Wirklichkeit zu leugnen. Und als transzendentaler Idealist betont er, dass man das Ding an sich, welches empi-

---

[146] Vgl. Immanuel Kant: Kritik der reinen Vernunft, Stuttgart 2024, 135.

risch unerkennbar ist, doch philosophisch ›denken‹ muss, da man ansonsten keinen Begriff von Erkenntnis sowie kein Kriterium der Wahrheit oder Falschheit wissenschaftlichen Wissens hätte.[147]

Kant selbst war weder Skeptiker noch Konstruktivist. Denn aus der Unerkennbarkeit des Dinges an sich, die aus seinem transzendentalen Idealismus folgt, hat er nicht den Schluss gezogen, dass es die Wirklichkeit nicht gibt. Kant identifiziert Sein nicht mit Erkanntsein; und er hat außerdem ein klares Bewusstsein vom Wesen der Wahrheit als Zutreffen von Vorstellungen auf Wirkliches. Während Kant also durchaus noch von der (wenngleich subjektgetragenen) Objektivität der Kategorien überzeugt war[148], haben

---

[147] Kants Verhältnisbestimmung von Ding an sich und Erscheinung hält Nicolai Hartmann aus ontologischer Perspektive Folgendes entgegen: »Darf man beide so auseinanderreißen, dass nur Erscheinung erkennbar ist, das Ding an sich aber nicht? Liegt es nicht im Wesen der Erscheinung, Erscheinung eines »Erscheinenden« zu sein? Sonst wäre Erscheinung leerer Schein, Erscheinung von nichts, also auch gar nicht Erscheinung. Kant gerade protestiert aufs Nachdrücklichste gegen die Verwechslung von Erscheinung und Schein. Steckt aber ein Erscheinendes dahinter, so ist evident, daß dieses nicht wiederum bloß Erscheinung sein kann, sondern nur ein Ansichseiendes, in Kantischer Sprache also »Ding an sich«. Daraus folgt aber erstens, dass mit der Erscheinung ein dahinterstehendes Ding an sich immer schon mit zugestanden ist; und zweitens, daß dieses Ding an sich immer mit erkannt wird, wo die Erscheinung erkannt wird. Denn ist das Ding an sich das Erscheinende in der Erscheinung, so ist es unmöglich, dass es in diesem seinem Erscheinen gleichwohl verborgen bleibe, d.h. nicht erscheine. Es ist also unmöglich, dass Erscheinung allein ohne Ding an sich erkannt werde; entweder werden beide erkannt, oder beide sind unerkennbar« (Diesseits von Idealismus und Realismus. In: Kleinere Schriften, Band II: Abhandlungen zur Philosophie-Geschichte, Berlin 1955, 278-322, 289).

[148] Die Objektivität der Kategorien kann man, so Nicolai Hartmann, »nur dann verfehlen, wenn man die »Erkenntnis« als eine rein interne Bewusstseinsangelegenheit versteht, etwa als bloße Sache des »Denkens« oder des Urteils; ein Fehler, den freilich die meisten Theorien des 19. Jahrhunderts, insonderheit die neukantischen, gemacht haben. Kant selbst hat ihn keineswegs gemacht. Ihm gilt Erkenntnis noch als Verhältnis des Subjekts mit seinen Vorstellungen zu einem »empirisch realen« Gegenstand; und das Hauptproblem ist ihm das Zutreffen der Vorstellung auf den Gegenstand. Darum steht das Problem der »objektiven Gültigkeit« im Zentrum seiner Kategorienlehre« (Nicolai Hartmann: Der Aufbau der realen Welt, Berlin ³1964, 7).

seine Epigonen die Wende von der Ontologie zur Erkenntnistheorie zum Ausbau radikalerer Formen von Idealismus genutzt. Die sich im philosophischen Denken des 19. Jahrhunderts durchsetzende Ansicht, dass Kategorien allein eine Sache des Denkens sind, berief sich zu Unrecht auf Kant. Denn »gerade für Kant waren sie zugleich Formen des Gegenstandes. […] Der Irrtum aber wuchs mit dem Platzgreifen des Subjektivismus; und über dem einmal missverstandenen ›subjektiven Ursprung‹ [der Kategorien im transzendentalen Subjekt] vergaß man immer mehr den Sinn der ›objektiven Realität‹«.[149]

Natürlich zieht sich die bei Kant noch lebendige Einsicht, dass die Wahrheit die Form der Übereinstimmung von Gedanke und Welt hat, auch weiterhin durch die wahrheitstheoretischen Texte. Aber sie steht nun, nachdem Kant die Erkenntnistheorie in Umkehrung der natürlichen Blickrichtung (›intentio recta‹) zur Basis ontologischer Fragen gemacht hatte, nicht länger im Mittelpunkt des Nachdenkens. Nicht die Wahrheit als solche bewegt die Geister, sondern vor allem die Frage nach den subjektiven Bedingungen der Möglichkeit des Wissens um das Reale. Es ist jedoch zweifelhaft, ob sich diese seit Kant geläufige Fragestellung sinnvollerweise auf die Wahrheitsfrage anwenden lässt. Denn jede Antwort auf diese Frage setzt die Idee der Wahrheit ebenso voraus wie das Wissen um ihr Wesen. Davon unbeeindruckt hat sich die Kopernikanische Wende, also die Umstellung vom Sachbezug auf den Erkenntnisbezug, allgemein durchgesetzt. In der Philosophie wie in den Wissenschaft hat sich die Idee der Abhängigkeit der Realität vom erkennenden Bewusstsein zu einer Art Dogma verfestigt, dem sich selbst das Alltagsbewusstsein kaum entziehen kann.

Wir wollen dieser historischen Entwicklung nicht weiter folgen, sondern uns der Plausibilität dieses Standpunktes zuwenden. Kant selbst glaubte die Verbindlichkeit der Erkenntnis noch in der Allgemeinheit eines transzendentalen Subjekts absichern zu können, dessen ontologischer Charakter allerdings problema-

---

[149] Nicolai Hartmann: Kategoriale Gesetze. Ein Kapitel zur Grundlegung der allgemeinen Kategorienlehre. In: Philosophischer Anzeiger, Jahrgang 1 (1925-1926), 201-266, 204.

tisch blieb.[150] Nach Kant löst sich diese Verbindlichkeit jedoch zunehmend auf, und das transzendentale Ich weicht einem offensiven Subjektivismus bzw. Relativismus der Denkformen. Wahrheit wird zu einer Funktion subjektiver oder kollektiver Weltanschauungen, und an die Stelle philosophischer Sachforschung tritt die empirische Analyse historisch wie interkulturell divergierender Weltbilder und Ideologien. Die hieraus für die Wahrheit resultierenden Probleme können, wissenssoziologisch betrachtet, »nur in einem Zeitalter, in dem Nichtübereinstimmung mehr auffällt als Übereinstimmung, allgemein werden. Von der unmittelbaren Betrachtung der Dinge wendet man sich zur Beobachtung der Denkweisen, wenn die Möglichkeit, die Begriffe von Dingen und Situationen unmittelbar und kontinuierlich auszuarbeiten, angesichts einer Vielfalt divergierender Definitionen zusammengebrochen ist«.[151]

Bei der Kritik des Denkformenrelativismus haben wir den Alltagsverstand insofern auf unserer Seite, als dieser in seiner natürlichen Sachausrichtung die Kopernikanische Wende gerade nicht vollzieht. Das Alltagsbewusstsein nimmt das Ansichsein der Realität ebenso als Gegebenheit wie das Wesen der Wahrheit im Sinne des Zutreffens von Gedanken und Meinungen auf das Reale; ihm

---

[150] Das transzendentale Subjekt ist das Ich in Kants bekannter Formulierung: »Das: *Ich denke*, muß alle meine Vorstellungen begleiten *können*« (Immanuel Kant: Kritik der reinen Vernunft, Stuttgart 2024, 186). Über die schillernde Wirkungsgeschichte dieses Begriffs schreibt Wilhelm Halbfass: »Nach Kant schließen zahlreiche Denker mehr oder minder explizit an diese Konzeption an und deuten sie zugleich mehr oder minder entschieden um. Gemeinsam bleibt, daß es um den Begriff eines Subjekts geht, das dem empirisch-faktischen, in die Konkretion seiner Erlebnisse verstrickten Ich konfrontiert werden kann und muß. Es sei an J. G. Fichtes schließlich ins Überindividuelle gesteigertes »absolutes Subjekt«, an A. Schopenhauers Konzeption eines als »Träger der Welt« fungierenden Subjekts, ferner an die neukantianische, besonders bei H. Rickert hervortretende, der Intention nach rein erkenntnistheoretische Explikation eines als »Form jedes bewusten Subjekts«, als nicht objektivierbare, unpersönliche Instanz verstandenen Subjekts erinnert« (Artikel ›Subjekt, transzendentales‹. In: Historisches Wörterbuch der Philosophie, Band 10, Basel 1998, 400-401, 400).

[151] Karl Mannheim: Ideologie und Utopie, Frankfurt/M. ⁹2015, 7.

steht die Reflexion auf das erkennende Bewusstsein, also die ›intentio obliqua‹, ganz fern. Und tatsächlich: Sofern das Wesentliche an der Wahrheit das Zutreffen von Vorstellungen auf die Wirklichkeit ist, stellt der reflexive Denkweg (›intentio obliqua‹) in Bezug auf diese einen Abweg dar. Der Ontologe muss diese Wende erneut umwenden, um das Ansichsein des Erkenntnisgegenstandes wiederzugewinnen. »Die ontologische Umprägung der idealistischen Denkimmanenz des Seins in eine Seinsimmanenz des Denkens bedeutet die Umkehrung der »kopernikanischen Tat« Kants. Wie dort die Vernunft dem Sein übergeordnet wurde, so hier das Sein der Vernunft. Genau genommen passt aber der Vergleich mit Kopernikus viel besser auf die ontologische Revolution der Denkweise als auf die idealistische Kants. Das natürliche Denken sieht den eigenen Standort als ruhenden Pol an, um den sich das Himmelsgewölbe drehen soll; das kopernikanische gliedert ihn in ein größeres System von Bewegungen ein, in dem er selbst das Sekundäre und Bewegte ist. Kant aber gab umgekehrt dem Subjekt die Rolle des ruhenden Pols, um den die Objekte sich bewegen […]; sein […] Weltbild ist subjektozentrisch, alles in ihm dreht sich um den Standpunkt der Vernunft. Die ontologische Umkehrung nun stellt die Analogie mit der kopernikanischen wieder her; sie gliedert die Vernunft in ein größeres Seinssystem ein, das sich nicht nach ihr richtet […], in welchem sie vielmehr selbst das Abhängige und Sekundäre ist. Hier wird die Dezentralisation des Weltbildes […] wieder hergestellt«.[152]

Sachlich betrachtet ist es die Wahrheit, die eine notwendige Voraussetzung dafür darstellt, dass Wissen und Erkenntnis überhaupt existieren. In solcher Direktheit mag diese Behauptung überraschend klingen; aber eben nur für denjenigen, der sich daran gewöhnt hat, die Wahrheit für erkenntnisrelativ zu halten – und der zudem dazu neigt, Erkenntnisrelativität mit Subjektivität gleichzusetzen. Man muss die Behauptung allerdings richtig verstehen. Sie besagt nicht, dass das Bestehen der Wahrheit die müh-

---

[152] Nicolai Hartmann: Grundzüge einer Metaphysik der Erkenntnis, Berlin
⁵1965, 286f.

samen Prozesse alltäglichen oder wissenschaftlichen Erkennens überflüssig macht. Wer zu Wissen gelangen will, kommt um den Prozess der Erkenntnis natürlich nicht herum. Gemeint ist nur, dass alltägliche oder wissenschaftliche Erkenntnisprozesse eben zu Wissen führen, nicht hingegen zur Wahrheit. Zum Verständnis dieses Gedankens ist viel gewonnen, wenn man einsieht, dass die Wahrheit kein Produkt oder Ergebnis von Erkenntnisprozessen ist. Das Ergebnis des Erkennens ist Wissen, und Wissen setzt Forschung voraus. Die Wahrheit dagegen ist kein Resultat der Erforschung des Realen, da sie in jeder Phase des Erkenntnisweges die notwendige Instanz der Orientierung darstellt.

Wer die Begriffe ›Produkt‹ oder ›Herstellung‹ in diesem Kontext nicht missen möchte, kann sie auf das Wissen ohne Weiteres anwenden. Wissenschaftler erforschen Ausschnitte der Realität, und am Ende konkreter Erkenntniswege steht im Erfolgsfall Wissen, das im Verlauf des Forschungsprozesses produziert bzw. hervorgebracht wird. Die Wahrheit selbst jedoch wird nicht ebenso hervorgebracht oder erzeugt wie das Wissen. Sie ist kein Fabrikat, das am Ende eines geistigen Produktionsprozesses als Resultat herausspringt. Die vielbeschworene Relativität bezieht sich nicht auf die Wahrheit, sondern auf das Wissen über die Welt. Es gibt einen persönlichen oder auch historischen Wissensstand, aber es gibt keinen ›Wahrheitsstand‹. Das Wissen, und damit verbunden die Anschauung der Welt in Weltbildern, ist historisch variabel; der Mensch erkundet die Realität und deckt dabei immer neue Seiten des Wirklichen auf.[153] Die Wissensrelativität ist aber keine Relativität der Wahrheit: jene ist eine Selbstverständlichkeit, diese dagegen gibt es nicht. Daran, dass es eine Relativität »der Weltanschauungen und der hinter ihnen stehenden Denkformen gibt, ist

---

[153] »Denn die Erkenntnis steht nicht still. Sie bewegt sich auch nicht nur in dem Sinne fort, daß sie inhaltlich vorwärtskommt, das Bild der Welt erweitert und vertieft, sondern auch in dem andern Sinne, daß ihr eigenes Tun sich ändert, mit anderem Werkzeug arbeiten lernt, ja dieses Werkzeug erst erschafft, erfindet, an ihm verbessert und feilt« (Nicolai Hartmann: Die Erkenntnis im Lichte der Ontologie. In: Kleinere Schriften, Band I: Abhandlungen zur systematischen Philosophie, Berlin 1955, 122-180, 160).

natürlich nicht zu rühren. Aber […] die Welt ist eine, und nur der Anschauungen sind viele. Vergleichbar und gegeneinander abhebbar sind die Anschauungen ja auch nur, weil sie sich in einer und derselben Welt begegnen. Darüber hinaus aber beweist die Typologie der Denkformen gerade durch ihr eigenes Tun, daß die Erhebung über sie sehr wohl möglich ist. Sie beweist es mit der Tat, indem sie sich im Betrachten und Vergleichen faktisch über die Denkformen erhebt. Denn was sie über diese ausmacht, soll ja nicht in der Relativität einer Denkform, sondern schlechthin gelten«.[154]

Dieser Gedanke wird von Nicolai Hartmann an einem Beispiel verdeutlicht: »Erweist sich z.B. die alte Ansicht, dass die Sonne sich um die Erde bewege, eines Tages als irrig, so ist der Sinn dieser Einsicht, dass jene Ansicht auch früher irrig war. Die Ansicht hat sich eben geändert. Und das heißt, die Vorstellung hat sich geändert. Was unwahr ›ist‹, muss schon immer unwahr gewesen sein, wo und wann es auch für wahr gehalten wurde; was wahr ›gewesen ist‹, einerlei wo und wann es geglaubt wurde, muss für alle Zeit wahr bleiben, anders kann es auch zur Zeit seiner Geltung nicht wahr gewesen sein«.[155] In dieser Argumentation wird der Sinn des Phänomens der Relativität deutlich. Es gibt Relativität, das ist unbestreitbar. Aber sie betrifft nicht das Sein der Wahrheit, sondern das, was aufgrund eines jeweiligen Wissensstandes als wahr gilt. Als-wahr-Gelten bzw. Für-wahr-Halten ist ein Charakteristikum des Wissens, kein Wesenszug der Wahrheit selbst. Das menschliche Wissen um die Realität und ihre Strukturen ist niemals absolut in dem Sinne, dass es jemals inhaltlich vollständig wäre, mit restloser Gewissheit dastünde und von allen Erkenntnissubjekten gleichermaßen geteilt würde. Hier liegt jene tatsächlich existierende Relativität, die man mit Begriffen wie Subjektivität, Perspektivität, Standpunktabhängigkeit, Kontextualität usw. so häufig beschwört. Aber der Relativismus ist Sache des Wissens,

---

[154] Nicolai Hartmann: Der Aufbau der realen Welt, Berlin ³1964, 20.

[155] Nicolai Hartmann: Die Erkenntnis im Lichte der Ontologie. In: Kleinere Schriften, Band I: Abhandlungen zur systematischen Philosophie, Berlin 1955, 122-180, 134.

nicht der Wahrheit. Diese nämlich teilt die mit dem Wissen notwendig verbundene Bezogenheit auf einen bestimmten, historisch oder auch perspektivisch variablen Stand nicht.

Wissen allein kann ›als Wissen gelten‹, die Wahrheit dagegen ›gilt‹ nicht noch ist sie ›ungültig‹. Sie besteht vielmehr in einer für das Wissen nicht zu erreichenden Absolutheit. Diese Absolutheit darf aber nicht überhöht werden, und sie darf vor allem nicht als absolute Erkenntnis missverstanden werden; absolute Erkenntnis gibt es nicht. Das Absolutsein der Wahrheit bedeutet einfach, dass das Wahrsein nicht von Erkanntsein abhängt, also kein Effekt des Erkennens ist. Natürlich ist die Wahrheit eine Relation; aber sie ist keine ›auf die Erkenntnis relative‹ Relation, da die Erkenntnis ihrerseits ein Glied innerhalb der Relation ist, die die Wahrheit ausmacht. Wir erinnern uns: Wahrheit ist das treffliche Bezogensein von Repräsentationen auf die Wirklichkeit – und gerade in den Repräsentationen des Realen steckt das Element des Wissens, das somit ein unmittelbares Glied in der Wahrheitsrelation bildet.

Vielleicht geht es Ihnen ja wie mir: Ich kann mir eine Welt ohne Wissen und Erkenntnis zwar nicht leicht, aber immerhin prinzipiell vorstellen. Es wäre dies eine Welt, in der die Menschen keinen sonderlich großen Wert auf Rationalität, Wissenschaft oder auch auf Produktivität und Technik legen. Zugegeben, das ist nicht gerade die heutige Welt; aber es ist eine Welt, von der man doch eine gewisse Vorstellung entwickeln kann. Eine Welt dagegen, in der es die Wahrheit nicht gibt, kann ich mir beim besten Willen nicht ausmalen. Es wäre eine Welt, in der es kein Zutreffen und damit auch kein Nicht-Zutreffen oder Verfehlen gäbe. Die reale Welt ist so jedenfalls nicht eingerichtet. Und ich kann mir von einer derartigen Welt auch weder ein anschauliches Bild machen noch einen klaren Gedanken von ihr entwickeln.

4. Erkannte Wirklichkeit, seiende Wahrheit

Machen wir uns die Sache nun wieder etwas leichter. Stellen Sie sich vor, wie der Pfeil des Bogenschützens ins Schwarze der Zielscheibe trifft. Diese Vorstellung können wir, wie schon gesehen, als ein treffliches Bild der Wahrheit, welche ihrerseits in einem Zutreffen besteht, verwenden. Schauen wir also, was sich aus diesem Gleichnis für das Verständnis von Wahrheit und Falschheit ergibt.

Der Pfeil trifft ins Schwarze der Scheibe, er steckt im Ziel. Hat es nun irgendeinen Sinn zu sagen, dass der schlichte Tatbestand dieses Treffens mit einem Wissen dieses Treffens verknüpft ist? Sicher nicht. Warum auch sollte das Wissen darüber, was das Treffen ist, wichtig oder sogar notwendig für das Bestehen oder Zustandekommen des Treffens sein? Um im Bild zu bleiben: Ist das Treffen des Pfeils ins Schwarze davon abhängig, dass Menschen wissen, dass oder auch warum das Treffen geschieht? Müssen wir notwendig sehen oder erfassen, dass der Pfeil das Ziel trifft, damit es wirklich zu diesem Treffen kommt? Macht allererst unser Wissen um das Treffen das Treffen als solches möglich, oder sorgt unser Wissen gar dafür, dass das Treffen ein Treffen ist? Jemand, der das Wissen zum Kriterium der Wahrheit macht, wird all dies annehmen müssen. Aber wirklich einleuchtend ist es nicht.

Jedenfalls ist in diesem Punkt gedankliche Sorgfalt wichtig. Es gilt, die Frage danach, was die Wahrheit ist, klar von der Frage nach den Erkenntnisbedingungen der Wahrheit zu unterscheiden. Als These formuliert lautet mein Gedanke: Wahrheit und Wahrheitserkenntnis sind kategorial verschieden. Und entsprechend ist die Frage, ob und wie jemand die Wahrheit erkennen kann, eine ganz andere als die, was die Wahrheit ist. Dass es allein um die zweite Frage geht, wo es um die Wahrheit geht, sollte sich eigentlich von selbst verstehen. Und doch scheinen viele Philosophen die Frage nach der Wahrheitserkenntnis direkt mit der Frage nach dem Wahrsein selbst zu identifizieren.

Die Identifikation von Wahrheit und Wahrheitserkenntnis ist jedoch weder plausibel noch zwingend. Denn die Erkenntnis von etwas fällt mit dem Gegenstand der Erkenntnis nicht zusammen. Erneut kann uns eine Analogie zum Verständnis dienen. Wissenschaftler sind Erkennende; aber daraus, dass sie erkennen, lässt sich in keiner Weise ableiten, was sie inhaltlich erkennen. Es ist ein Unterschied, ob ein Forstwissenschaftler einen Baum untersucht, oder ob ein Psychologe die menschliche Wahrnehmung eines Baumes untersucht. Der Fortwissenschaftler erforscht den Baum selbst, ohne dass dessen Wahrnehmung in den Inhalt der Untersuchung eingeht – warum sollte sich ein Forstwirt auch für die Baumwahrnehmung interessieren, für deren Erforschung es ja Psychologen gibt! Der Psychologe wiederum geht der Frage nach, was beim Sehen des Baumes geschieht. Nicht Bäume sind Objekt seiner Forschung, sondern das wahrnehmende Bewusstsein, auf dessen Funktionsweise sich die Allgemeine Psychologie spezialisiert. Der Forstwissenschaftler findet nichts über Wahrnehmungen, der Psychologe nichts über Bäume heraus.

Natürlich sind die Objekte, die sie untersuchen, in beiden Fällen wirkliche Gegenstände. Das Wahrnehmen ist ebenso real wie das Wahrgenommene, das natürlich, wie wir schon wissen, in seinem Wahrgenommenwerden nicht aufgeht. Aber es sind in beiden Fällen Gegenstände unterschiedlicher Art, die im Fokus der Erkenntnis stehen. Im einen Fall sind in schlichter und direkter Weise Bäume das Objekt der Forschung, im anderen Fall ist das sinnliche Erkennen (von Bäumen und anderem) der Forschungsgegenstand. Das Entscheidende an dieser Analogie ist, dass Bäume und Baumerfahrungen nicht dasselbe sind. Bäume haben Stämme, Zweige und Blätter, die Baumwahrnehmung hat all das nicht; die Blätter eines Baumes verfärben sich im Herbst, während die Baumwahrnehmung natürlich keine Farbe hat. Hieraus wird ersichtlich, dass es verschiedene Klassen von Objekten gibt, die allesamt ansichseiend sind: einerseits Wahrgenommenes bzw. generell objektiv Erkanntes (z.B. Bäume), andererseits subjektive Wahrnehmungen und Erkenntnisse von etwas (z.B. solche von Bäumen). Keins dieser Objekte ist ›bloß Erscheinung‹: Bäume sind ebenso wirklich und somit zurecht Gegenstand entsprechender Realwissenschaften wie Baumerkenntnisse. Der Forstwissenschaftler erforscht Bäume daraufhin, wie sie sind, der Wahrnehmungspsychologe untersucht das Sein der sinnlichen Erkenntnis von Objekten. Beide Wissenschaftler gelangen im Erkennen ohne Umweg zur Sache selbst. Ihre Gegenstände sind kategorial verschieden, aber der Realitätsbezug ist in beiden Fällen derselbe.

Ebenso steht es mit der Wahrheit im Verhältnis zur Wahrheitserkenntnis. Beide sind etwas objektiv Verschiedenes. Man kann die Erforschung der Wahrheit ebenso wenig aus der Erforschung der Wahrheitserkenntnis ableiten wie die Arbeitsweise eines Forstwissenschaftlers aus der eines Wahrnehmungspsychologen. Die Wahrheit ist nicht ›weniger seiend‹ als ihre Erkenntnis; es handelt sich einfach um kategorial unterschiedliche Gegenstände. Und noch etwas kommt hinzu. Die Erkenntnis der Wahrheit kann rein objektiv erfolgen, sich also direkt am Phänomen der Wahrheit orientieren. (Das passiert in diesem Essay bereits die ganze Zeit.) Die Erkenntnis der Wahrheitserkenntnis dagegen ist nur möglich, weil bzw. sofern es die Wahrheit auch ohne ihr Erkanntwerden gibt. Fragen Sie sich doch selbst: Was sollte Erkenntnis der Wahrheitserkenntnis heißen, wenn es den zugrundeliegenden Gegenstand, also die Wahrheit selbst, überhaupt nicht gäbe? Es gäbe dann weder Wahrheitserkenntnis noch Erkenntnis dessen, was Wahrheitserkenntnis ist – alle Erkenntnisgebilde hingegen in diesem Fall vollkommen gegenstandslos in der Luft.

Der Titel dieses Essays lautet aus guten Gründen nicht ›Über die Erkenntnis der Wahrheit‹, sondern schlicht ›Über die Wahrheit‹. Sie merken sofort, dass mit beidem Unterschiedliches gemeint ist, und dass ein Text über Wahrheitserkenntnis ganz andere Fragen zu behandeln hätte als die, die wir uns hier stellen. Der wesentliche Unterschied ist leicht nachvollziehbar, und wieder hilft uns dabei ein Beispiel. Wer sich fragt, woher er weiß, was ein Auto ist, fragt nicht danach, was ein Auto ist. Die Frage, was ein Auto ist, ist – so seltsam es klingt – keine Angelegenheit des Wissens über Autos. Natürlich will jemand, der wissen möchte, was ein Auto ist, etwas wissen; und er muss auch schon einiges an sonstigem Wissen über die Realität mitbringen, um die Antwort, die ihm gegeben wird, zu verstehen. Entscheidend ist aber, dass es bei der im Raum stehenden Frage nicht um das Wissen oder die Erkenntnis von Autos geht, sondern um das Auto selbst. Der Gegenstand der Frage: »Was ist ein Auto?« ist nicht die Auto-Erkenntnis, sondern ganz schlicht das Auto-Sein. Man will nicht wissen, was jemand für ein Auto ›hält‹ oder was ›für jemanden‹

oder ›aus jemandes Sicht‹ ein Auto ist. Man will direkt wissen, was ein Auto ist, worin also die wesentlichen Merkmale eines Autos bestehen.

Der Gedanke ist einfach dieser: Dafür, was ein Auto ist, ist es gleichgültig, was jemand tut, der er ein Auto erkennt (oder ob er überhaupt ein Auto erkennt). Auch ein unerkanntes oder nie zuvor gesehenes Auto ist ein Auto. Das Auto wird nicht durch unser Erkennen zu dem, was es ist. Natürlich werden Autos produziert; aber nicht durch ›Akte‹ des Erkennens, sondern durch handgreifliche oder technische Herstellungsprozesse. Erkenntnis ist keine herstellende Tätigkeit in diesem Sinne. Weder stellt sie das Realsein des Autos her, noch erzeugt sie das Auto-Sein eines Autos. Lassen Sie diesen Gedanken einmal in Ruhe bei sich ankommen, und Ihre mögliche Irritation wird bestimmt nach und nach verschwinden.

Entsprechend dieser Überlegung können wir nun auch klar unterscheiden zwischen der Ermittlung der Wahrheit und einer solchen, die zu erläutern versucht, ob und wie die Menschen die Wahrheit im Einzelfall erkennen – wie sie also in einer konkreten Situation wissen können, dass oder ob etwas wahr ist. In diesem Essays geht es, das haben Sie inzwischen sicher gemerkt, nicht um empirische Erkenntnis- oder Wissensfragen. Natürlich sind das Fragen, die man bei der Beschäftigung mit der Wahrheit genauso aufwerfen kann wie bei der Beschäftigung mit anderen Themen: Immer kann man sich fragen, woher man etwas weiß, und ob man es überhaupt im strengen Sinne des Wortes ›weiß‹ (oder lediglich unterstellt oder vermutet). Aber diese Fragen setzen unausgesprochen voraus, dass es das Etwas, um das es geht, gibt.

Wer als Erkenntnistheoretiker nach allgemeinen Möglichkeitsbedingungen der Erkenntnis fragt, geht selbstverständlich davon aus, dass es Erkenntnis gibt, und dass sie nicht erst durch Erkenntnis entsteht.[156] Nicht anders ist es im Fall der Wahrheit. Wer sie erforscht, geht davon aus, dass sie besteht, und zwar eben als sie

---

[156] »Erkenntnis ist auch ein Modus des Seins, denn Bewußtsein ist ein Seiendes und in die Gesamtsphäre des Seienden eingebettet« (Nicolai Hartmann: Grundzüge einer Metaphysik der Erkenntnis, Berlin ⁵1965, 394).

selbst und nicht allein als Erkenntnisobjekt. Nur wer die Wahrheit in ihrer Eigenart auffasst, gelangt zu ihrer Identität, zum Wesentlichen an ihr. Nur so kommt man dazu, sie als jenes Zutreffen geistiger Gebilde auf Reales zu bestimmen, das sie an sich ist.

5. IDOLE DER WAHRHEIT

1. Die Wahrheit ist keine Erfindung

Ich hoffe, dass ich das Knäuel von Ideen, in denen Erkenntnis und Wahrheit unvorteilhaft ineinander verwoben sind, bereits etwas entwirren konnte. Wenn es in diesem Abschnitt darum geht, dass die Wahrheit keine menschliche Erfindung ist, dann kann ich dabei auf Gedanken zurückgreifen, die ich bereits zuvor gegen die Engführung von Wissen und Wahrheit verwendet habe. Der Akzent verschiebt sich inhaltlich nur leicht. Denn die Behauptung, dass die Wahrheit eine Erfindung ist, liegt ebenfalls im Hauptstrom jener Meinungen, die die Wahrheit als Produkt des menschlichen Geistes auffassen.

Die Wahrheit ist keine menschliche Erfindung. Auch wenn bedeutende Denker wie z.B. Friedrich Nietzsche (1844-1900) diese Auffassung, die sich gegen die Existenz objektiver Tatsachen richtet, vertreten haben[157], halte ich sie für schlichtweg falsch. Schon rein gefühlsmäßig wehrt sich etwas in mir dagegen, Wahrheit und Erfindung in einem Atemzug zu nennen. Bei der Verbindung von Lügen und Erfinden hätte ich hingegen weitaus weniger Probleme. Denn Lügner erfinden tatsächlich etwas, das sie an die Stelle dessen setzen, was wirklich (geschehen) ist. Doch dazu später.

---

[157] Nietzsche wörtlich: »Gegen den Positivismus, welcher bei den Phänomenen stehn bleibt »es gibt nur *Tatsachen*«, würde ich sagen: nein, gerade Tatsachen gibt es nicht, nur *Interpretationen*. Wir können kein Faktum »an sich« feststellen: vielleicht ist es ein Unsinn, so etwas zu wollen. »Es ist alles *subjektiv*« sagt ihr: aber schon das ist *Auslegung*. Das »Subjekt« ist nichts Gegebenes, sondern etwas Hinzu-Erdichtetes, Dahinter-Gestecktes. – Ist es zuletzt nötig, den Interpreten noch hinter die Interpretation zu setzen? Schon das ist Dichtung, Hypothese. Soweit überhaupt das Wort »Erkenntnis« Sinn hat, ist die Welt erkennbar: aber sie ist anders *deutbar,* sie hat keinen Sinn hinter sich, sondern unzählige Sinne. – »Perspektivismus.« Unsere Bedürfnisse sind es, *die die Welt auslegen;* unsere Triebe und deren Für und Wider. Jeder Trieb ist eine Art Herrschsucht, jeder hat seine Perspektive, welche er als Norm allen übrigen Trieben aufzwingen möchte« (Nachgelassene Fragmente 1885-1887. In: Kritische Studienausgabe in 15 Bänden, Band 12, München/New York 1980, 315).

Man kann das ungute Gefühl, dass sich angesichts der Verbindung von Wahrheit und Erfindung einstellt, durch vernünftige Gedanken unterstützen. Die Sache ist, nüchtern betrachtet, recht einfach. Wäre die Wahrheit eine Erfindung, dann müsste es der Mensch sein, der sich das Zutreffen von Aussagen und Vorstellungen auf das Wirkliche ausdenkt und dann als Wahrheit deklariert. Das aber wäre ein absurdes und witzloses Unterfangen. Man muss stets im Auge behalten, dass es sich bei der Wahrheit nicht um das Äußern wahrer Sätze oder die Bildung wahrer Vorstellungen und Gedanken handelt. Äußerungen und Gedanken haben, als persönliche Vollzüge betrachtet, naturgemäß eine Nähe zu dem, der denkt oder sich äußert. Daraus kann man leicht zu dem irrigen Schluss kommen, dass alles, was jemand als Gedanken in sich bewegt und sprachlich äußert, rein persönlichen Quellen entspringt. Gerade das Sich-Äußern macht in seiner Spontaneität den Eindruck des Produktiven und Kreativen. Und da mit einer Äußerung etwas im Raum steht, was vorher nicht da war, ist ein Äußernder in gewisser Weise stets von einer Aura des Ingeniösen umgeben – nicht zufällig gelten (künstlerische) Genies oder (technische) Ingenieure gemeinhin als Menschen, die scheinbar ganz aus sich heraus etwas Neues, das sich in schwer nachvollziehbarer Weise in ihnen zusammenbraut, in die Welt setzen.

Nun hat die Wahrheit aber gar nichts mit einer Hervorbringung und öffentlichen Zuschaustellung von etwas geistig Inneren zu tun. Wer etwas Zutreffendes über die Welt sagt, produziert zwar Laute und Bedeutungen. Und die Art, in der er spricht, mag ein kreatives und schöpferisches Moment besitzen, das an die Praxis des Erfindens erinnert. Aber die Wahrheit wird durch solche oberflächlichen Merkmale von Äußerungen natürlich nicht selbst zu einer Schöpfung oder Erfindung. Zwar kann man Wahres auf persönliche und individuelle Weise äußern, aber man kann das Zutreffen als solches nicht erfinden, also nach Belieben konstruieren oder rekonstruieren. Das wäre so, wie wenn man versuchen sollte, das Rot-Sein von etwas Rotem zu erfinden. Ein Mensch, der den Auftrag erhielte, dies zu versuchen, würde nicht die geringste Ahnung haben, was zu tun ist.

Stellen Sie sich das einfach unmittelbar vor. Stellen Sie sich vor, jemand bittet Sie um Folgendes: »Erfinden Sie das Zutreffen der Aussage ›Der Wagen ist rot‹ auf einen roten Wagen!« Sie würden den, der so etwas von Ihnen verlangt, wahrscheinlich irritiert fragen, was genau er eigentlich von Ihnen will. »Wollen Sie«, so würden Sie ihn fragen, »dass ich sage oder zugebe, dass der Wagen da drüben rot ist?« – »Nein!« müsste Ihr Gegenüber, der die Erfindung der Wahrheit von Ihnen verlangt, entgegnen: »Sie sollen auf kreative Weise dafür sorgen, dass der Satz vom roten Auto auf das rote Auto zutrifft!« Jetzt mal ehrlich: Würden Sie verstehen, was dieser Mensch von Ihnen will? Ich würde es nicht verstehen.

Man hört zwar gelegentlich, dass Leute die Wahrheit als eine Erfindung bezeichnen. Aber ich habe das eigentlich schon immer für eine lose Redensart gehalten. Kein Mensch kann das Rot-Sein von etwas Rotem erfinden, und zwar weder mittels Sprache noch gedanklich. Im Falle des Zutreffens gibt es schlicht nichts zu erfinden, zu erschaffen oder zu kreieren. Und es ist ebenfalls menschenunmöglich, ein bestehendes Nichtzutreffen in ein Zutreffen umzudichten, also aus Irrtum oder Lüge die Wahrheit zu machen.

Natürlich können Menschen lügen; ich komme noch dazu, was das für unser Thema bedeutet. Aber darum, dass Lügen möglich ist, geht es bei der These von der Wahrheit als Erfindung nicht. Die These besagt vielmehr, dass die Wahrheit, sofern sie eben nur eine Erfindung ist, stets relativ auf ihre jeweiligen Erfinder ist. Wir begegnen in dieser Behauptung also erneut jenem Relativismus, auf den ich im Zusammenhang mit dem modernen Erkenntnisdogma bereits hingewiesen habe. Wo von der Wahrheit als Erfindung die Rede ist, wird dieser Relativismus jedoch weniger skeptisch gesehen. Vielmehr wird er, ausgehend von Nietzsche vor allem bei den Theoretikern der Postmoderne, in heiterer und spielerischer Weise befürwortet.

Nietzsche selbst orientiert seine relativistischen Ideen vor allem an der Figur des Künstlers, der in seinem Schaffen der Phantasie freien Lauf lässt. Ohne Zweifel hat Nietzsche Recht, Künstler sind Erfinder, Ingenieure imaginärer Szenarien. Aber nichts von dem, was sie hervorbringen, hat mit dem Zutreffen von Aussagen oder

Ideen auf die Wirklichkeit zu tun. Zum Wesen der Kunst gehört die »Entwirklichung«, also die »Enthebung« des ästhetischen Gegenstandes »in eine andere Sphäre, […] gleichsam neben die Realität«.[158] Für das Kunstwerk gilt: »Nur der Vordergrund, [also] das materielle, sinnliche Gebilde, ist real, der erscheinende Hintergrund, der geistige Gehalt, ist irreal« (ebd., 89). Die Inhalte künstlerischer Werke, so kann man auch sagen, sind Sinngebilde, deren Bedeutungen innerhalb dieser Gebilde, also im Raum der Einbildung verbleiben. Gerade weil es auf Kreation und Erfindung beruht, haben das künstlerische Schaffen und seine Produkte essenziell nichts mit der Wahrheit zu tun. Damit ist aber wohlgemerkt nichts für oder gegen die Kunst und die Künstler gesagt. Ich behaupte lediglich, dass ein Verständnis der Wahrheit in Analogie zum künstlerischen Produkt am Phänomen der Wahrheit vorbeigeht. Und das Gleiche gilt auf andere Weise auch für den Vergleich der Wahrheit mit den Erzeugnissen einer eher technischen Ingenieurskunst.

Am Bestehen der Relation des Zutreffens ist nichts zu modeln: Es gibt hier kein Erfinden, und auch kein Experimentieren. Zwar können sich die Menschen mittels Phantasie glauben machen, ein Nichtzutreffen sei ›eigentlich‹ ein Zutreffen – und in vielen, praktisch harmlosen Fällen entstehen aus Verwirrspielen dieser Art recht niedliche Scheinbarkeiten, die man in ästhetischer oder hedonistischer Hinsicht nicht missen möchte. Wie kreativ die Phantasie jedoch auch immer sein mag: Selbst sie vermag es nicht, das Unzutreffende in ein Zutreffendes zu verwandeln oder umzufingieren. Dazu nämlich müsste es ihr gelingen, aus Irrtum, Täuschung oder Lüge Wahrheit zu machen – und eben das geht nicht. Man kann an einem Irrtum, einer Lüge oder einer Täuschung nicht wie an einer Schraube so lange drehen, bis sie – also Irrtum, Lüge und Täuschung – irgendwann die Wahrheit sind. Nur die Wahrheit ist die Wahrheit, und sonst nichts. Insofern ist die Rede von der Wahrheit als Erfindung im Grunde harmlos. Es handelt sich einfach um eine phantasievolle façon de parler, die als solche

---

[158] Nicolai Hartmann: Ästhetik, Berlin ²1966, 229.

durchaus ihre rhetorische Berechtigung haben mag. Damit, was die Wahrheit ist, hat all das aber nichts zu tun.

Menschen können wahre Aussagen treffen. Doch wo sie dieses Können praktisch ausüben, deutet nichts auf eine erfinderische oder konstruktive Leistung hin. Angenommen, es regnet, und jemand sagt, wahrheitsgemäß: »Es regnet«. Wo hier das hartnäckig beschworene Moment der geistigen Welterzeugung liegen soll, kann ich nicht erkennen. Auch die nüchterne Analyse lässt nichts dergleichen erkennen. Der Regen selbst ist sicherlich nicht erfunden, erzeugt oder konstruiert. Und ist die Regenwahrnehmung ein Konstrukt? Ich sehe nicht, wie das sein könnte; denn weit und breit gibt es keinen Konstrukteur, und ich erkenne auch nirgends einen geistigen ›Regenbauplan‹, der den wirklichen Regen zum Vorbild hätte oder ihn, was zu behaupten noch absurder wäre, effektiv hervorbrächte.[159] Und schließlich ist auch der Satz über den Regen wirklich: Er wird von einem Sprecher geäußert, aber er wird von ihm nicht im strengen Sinne des Wortes ›erfunden‹ – und zwar weder allgemein als ein Satz noch in Bezug auf seinen konkreten Inhalt, der ja gerade nichts erdichtet, sondern gedankliche Fühlung mit dem wirklichen Regen aufnimmt. Natürlich erschöpft sich das geistige Leben des Menschen nicht in Feststellungen vom Typ: »Es regnet«. Aber das darf uns nicht zu dem Fehlschluss verleiten, dass die Wahrheit dort, wo mittels Aussagen, Berichten und Mitteilungen etwas über die Wirklichkeit festge-

---

[159] Neurowissenschaftler würden wohl sagen, der Konstrukteur der Wahrnehmung sei das Gehirn – aber das wäre ein Kategorienfehler. Der neurowissenschaftliche Materialismus kann das evidente Phänomen der Immaterialität von Vorstellungen nicht erklären: Vorstellungen und Gedanken sind nicht im Gehirn. Darüber, was dem Bewusstsein erscheint, können Hirnforscher keine Auskunft geben. Ihre Domäne sind die physischen Bedingungen des Bewusstseins. Doch so wie niemand die Ursachen einer Sache mit der Sache selbst verwechselt – der Prozess der Herstellung eines Autos ist selbst kein Auto – so wird auch niemand die neuronalen Ursachen von Wahrnehmungen, Vorstellungen oder Gedanken mit den Wahrnehmungen, Vorstellungen oder Gedanken selbst verwechseln. Oder es geschieht doch, und dann liegt eben ein Kategorienfehler vor. Vgl. zu diesem Thema die Koproduktion von Maxwell R. Bennett, Peter M. Hacker: Philosophische Grundlagen der Neurowissenschaften, Darmstadt ²2012.

stellt wird, nur eine Fiktion ist. Die Wahrheit ist geradezu niemals eine Fiktion. ›Fiktive Wahrheit‹ gibt es nicht, denn was wahr ist, ist, wie ich schon mehrfach betont habe, wirklich wahr.

Wie sollte es auch anders sein? Wenn über (wirklichen) Regen (wirklich) die Wahrheit ausgesagt wird, dann ist auch die Relation des Zutreffens selbst wirklich bzw. wird verwirklicht. Für das, was irgendeine Fee in irgendeinem Märchen ›sagt‹, gilt dasselbe: Wenn diese als fiktive Figur über den fiktiven Regen innerhalb der fiktionalen Szene die Wahrheit sagt, dann realisiert sich innerhalb des Märchens das Bestehen die Relation des Zutreffens. Die Fee ist selbst eine Erfindung, und der gesamte erzählerische Kontext ist fiktional. Der Erfinder solcher Erfindungen mag erfinden, was immer er will, die Relation des Zutreffens kann er nicht erfinden. Er findet sie vor und macht beim Erzählen wie selbstverständlich aktualisierenden Gebrauch von ihr.

Von der Wahrheit als einer Erfindung kann also alles in allem keine Rede sein. Das gilt auch dort, wo es um die Beziehung eines Aussageinhalts zur außersprachlichen Wirklichkeit geht. Für Erfindungen ist charakteristisch, dass sie der Welt etwas, das bisher in ihr so nicht vorkam, produktiv hinzufügen. Erfindungen der Kunst oder auch der Technik bereichern die Welt; sie bringen etwas Neues in die Welt, und das geschieht in der Regel absichtsvoll. Die Äußerung des Satzes »Es regnet« dagegen ist, im Angesicht des Regens geäußert, ein Musterbeispiel für die Unproduktivität des Sprechens. Wahre Aussagen sind ihrer inneren Tendenz gemäß konservatorischer Natur. Sie sagen zu etwas, das so und so ist, einfach bestätigend aus, dass es so und so ist.[160] Zwar kann man die Äußerung eines wahren Satzes, mit viel gutem Willen, als eine geistige Leistung bezeichnen; denn auch wiedergebende Äußerungen sind ja, bevor sie vom Sprecher hervorgebracht werden, nicht da. Aber keineswegs handelt es bei dieser Produktion um eine Leistung des Typs ›Erfindung‹. Man müsste schon überaus großzügig sein und einen jeden, der etwas Wahres

---

[160] Das eben ist der schlichte Sinn des Begriffs ›Ontologie‹: Seiendes denken und sprachlich wiedergeben.

sagt, als einen Erfinder bezeichnen – etwa jenen Mann, der im Fußballstadion zu seinem Begleiter sagt: »Da läuft sich Ronaldo warm!«. Auch wenn der Sprecher durch seine Bemerkung dafür sorgt, dass sein Begleiter den Blick in die Hinweisrichtung lenkt, ist die Aussage des Mannes keine kreative Leistung im eigentlichen Sinn des Wortes.

2. Die nackte Wahrheit und der Kommentar

Was tut eigentlich jemand, der sagt, dass etwas so und so ist? Ich würde sagen, er kommentiert etwas Reales, sei es nun ein Sachverhalt oder auch ein Geschehen. Hier liegt auch der ursprüngliche Sinn des Wortes ›Kommentar‹ (lat.: ›commentare‹) – ein Begriff, der heute häufig sinnentfremdet verwendet wird. Etwas zu kommentieren bedeutet, dass man ein Geschehen geistig, also gedanklich oder sprachlich, begleitet. Die an sich keineswegs geistige Tatsache etwa, dass sich da unten Ronaldo warmläuft, kann geistig so begleitet werden, dass man – gedanklich gleichsam mit dem Geschehen mitlaufend – sagt: »Schau mal, da unten läuft sich Ronaldo warm!«. Kommentieren ist eine unaufwändige und geradezu asketische Angelegenheit. Man muss einfach etwas, das passiert (ist), auf der Ebene des Denkens oder Sprechens wiederkehren lassen, es also so, wie es sich verhält oder verhalten hat, in angemessener Näherung beschreiben.

Was einem heutzutage unter dem Stichwort ›Kommentar‹ begegnet – und zumindest nominell wimmelt es heute geradezu von Kommentaren – hat mit der ursprünglichen, nur wenig Kreativität erfordernden Tätigkeit geistigen Begleitens kaum etwas zu tun. Heutiges Kommentieren hat eher den Charakter eines Mental Engineering, und es rückt damit tatsächlich eng an die Praxis des Erfindens heran. Das Ausmalen und Fortspinnen von Ereignissen, unmittelbar verknüpft mit persönlicher Meinungsbekundung, Bewertung oder auch Kritik: Das alles wird heute großzügig unter Kommentieren subsumiert. Bei dieser Art des Besprechens begnügt sich der Geist (lat.: ›mens‹) nicht mit einem Mitlaufen (lat.:

›commentare‹) mit den Ereignissen, sondern er geistert gleichsam um das Geschehen(d)e herum, um es in freier sprachlicher und gedanklicher Kreation umzuformen und umzumodeln. Das entsprechende Resultat wirkt oft wie ein Ornament, das sich dem Geschehen wie ein autonomes Gebilde an die Seite stellt. Ist bei solchem Reden, so kann man sich fragen, eigentlich noch von der Welt die Rede? Bleibt dieses vagabundierende Sprechen in Fühlung mit seinem Anlass, also mit den realen Geschehnissen, die es kommentierend doch gerade zu bewahren gilt? Oder aber erschafft die Rede hier eher Girlanden aus subjektiven Ideen und Assoziationen um einen Ursprung herum, den es letztlich mehr zudeckt als freilegt und eröffnet?

Das kann man natürlich nur im Einzelfall entscheiden. Doch wie auch immer es aktuell ums Kommentieren bestellt sein mag: Das Sagen der Wahrheit, im schlichten Sinn von Wiedergabe (›Reportage‹), ist eine ursprünglich unproduktive Weisen des Sprechens. Darin, dass es die Realität nicht ›beleuchtet‹, sie also nicht standpunktlich um- oder nachbearbeitet, gleicht sie dem Erkennen, welches ebenfalls keine geistige Formung von etwas an sich Ungeformtem ist. Natürlich kann man das Sagen der Wahrheit ebenso wie das Erkennen der Welt als Produktionsaktivität auffassen – und philosophiehistorisch ist das, wie wir bereits gesehen haben, auch nicht selten geschehen. Die Frage ist allerdings, ob man mit einer solchen Auffassung das entsprechende Phänomen treffend wiedergibt. Ich hege diesbezüglich große Zweifel. Aus meiner Sicht ist das Erfinden in ganz anderen Zusammenhängen als denen von Erkenntnis und Wahrheit beheimatet. Vor allem bei der Produktion von Artefakten ist der Mensch schöpferisch; hier gestaltet er die Realität durch aktives Eingreifen und Intervenieren um. Das Erkennen hingegen ist eine hinnehmende Weise des Stellungnehmens, also gerade kein aktives Umbilden der Realität. Die wahrheitsgemäße Darstellung der Welt, etwa in sachorientierter Theorie, ist kein Eingreifen ins Wirkliche, und auch das Sagen der Wahrheit ist kein Ummodeln des Vorhandenen hin zu etwas Neuem oder Anderem, so wie man es aus der technischen Produktion kennt. Natürlich ist auch die geistige Wiedergabe der

Wirklichkeit eine Art Arbeit. Aber diese Arbeit besteht nicht in einem produktiven Erfinden oder Erzeugen, sondern sie ist bewahrender und beschauender Art. Das gilt übrigens auch für philosophische Theorien, in denen behauptet wird, dass Erkenntnis eine Aktivität oder Konstruktion ist. Dies zu behaupten und dann folgerichtig auszubuchstabieren, ist und bleibt eben Theorie; und Theoriebildung ist nicht identisch mit eigentlicher Aktivität und Handlung.[161]

Als nicht eingreifendes Mitlaufen des Geistes mit dem Geschehen steht das Kommentieren dem Informieren nahe – gibt es doch in enger Umschreibung wieder, was passiert, ohne dabei dem Geschehen Persönliches, Konstruiertes oder Ingeniöses hinzuzufügen. Dem ornamentalen Reichtum, der aktuelle Formen des Kommentierens kennzeichnet, steht die gestalterische Armut wahrer Äußerungen gegenüber. Gerade deswegen leuchtet auch die bildliche Rede von der ›Nacktheit‹ der Wahrheit noch immer so unmittelbar ein.[162] Die Wahrheit als solche ist natürlich immer nackt, also ohne irgendeine Bemäntelung. Wahre Aussagen drücken die nackte Wahrheit genau dann sprachlich aus, wenn sie beim Kommentieren des Geschehens auf Hüllen und Hülsen verzichten, damit sich im Fluchtpunkt der Gesagten das pure ›so ist es‹ abzeichnen kann.

Der Einwand, dass man niemals wissen kann, wann das nackte Wahre da ist oder in Sicht kommt – hinter jeder fortgezogenen Kulisse könnte sich doch eine neue und immer wieder neue Kulisse auftun – ist durch ein treffendes Gleichnis leicht zu entkräften.

---

[161] Zum Verhältnis von Theorie und Handlung bemerkt Nicolai Hartmann: »In der Handlung zeigen Subjekt und Objekt das umgekehrte Bestimmungsverhältnis wie in der Erkenntnis. Nicht das Objekt bestimmt hier das Subjekt, sondern das Subjekt bestimmt das Objekt […]. Die Handlung geht vom Bewusstsein aus, ihr Zweck ist von ihm aus gesetzt. Ihr Inhalt ist eine Bestimmtheit des Objekts, die dieses an sich, ohne die Handlung nicht hat. Tendenz der Handlung ist also, das seiende Objekt umzuschaffen« (Nicolai Hartmann: Grundzüge einer Metaphysik der Erkenntnis, Berlin ⁵1965, 215f.).
[162] Vgl. Hans Blumenberg: Die nackte Wahrheit, Frankfurt 2019. Blumenberg verfolgt die Metapher der Wahrheit als Enthüllung durch die Philosophiegeschichte.

Wenn Sie sich all Ihrer Kleidung entledigen, stehen Sie nackt da. Sie kommen nicht auf die Idee, sich nun auch noch die Haut vom Körper abzuziehen, um ›wirklich‹ oder ›ganz‹ nackt zu sein. Der Grund dafür ist einfach der, dass die Haut eben nicht Teil der Kleidung, sondern Teil des Körpers ist. Gerade körperliche Nacktheit ist das urbildliche Gleichnis dafür, wann das Schieben der (vermeintlich) unendlichen Kulissen, die das Wahre (vermeintlich) verstellen, beendet ist. Nacktheit und Wahrheit sind, und dies eint sie, nicht zu steigern. Kein Nackter ist nackter als ein anderer, und ›wahrer als wahr‹ gibt es auch nicht.

Auf die Frage: »Hast du eine Affäre mit Frau Müller?« lauten die beiden nackten Antworten: »Ja« bzw. »Nein«. Im Falle der Ja-Antwort kann der Betreffende natürlich hinzufügen: »…aber ich kann dir das erklären«. Dieser Zusatz ist aber bereits kein Teil der sachlichen Antwort mehr, mit ihm beginnt bereits das ornamentale Kommentieren. Natürlich trifft in der Alltagskommunikation nur selten nacktes Fragen auf nacktes Antworten, denn anders als vor Gericht steht hier in der Regel nicht Aussage gegen Aussage. Das Alltagsleben ist weder ein Verhörzimmer noch ein wissenschaftliches Labor, in welchem das Ausfragen und Ausforschen von Menschen oder Sachverhalten im Mittelpunkt steht. Entscheidend ist aber, dass auch das alltägliche Geschehen, ob es nun gezielt befragt wird oder nicht, unnachgiebig seine Spuren hinterlässt – ein Umstand, den man mit Nicolai Hartmann als die »Härte des Realen«[163] bezeichnen kann. Es ist verständlich, dass sich die

---

[163] »Die charakteristische Härte des Realen ist in allem unmittelbar gegeben, was im Erfahren, Erleben und Erleiden sich aufdrängt« (Nicolai Hartmann: Zur Grundlegung der Ontologie, Berlin ⁴1965,172). Das wird besonders deutlich an der Situativität menschlichen Lebens: »Die Situation, in der wir handeln, wählen wir uns nicht nach Belieben. Wir können, wo wir sie kommen sehen, höchstens in gewissen Grenzen vorbauen oder ausweichen; aber selbst im Ausweichen beschwören wir die neue ungewollte Situation herauf, und im allgemeinen sehen wir sie nicht einmal kommen. Die Situation kommt ungerufen, sie überfällt den Menschen, er »gerät« in sie. Ist er aber einmal in sie geraten, so ist er auch in ihr gefangen: er kann nicht »zurück« aus ihr, er müsste denn das Geschehene ungeschehen machen, was ontisch unmöglich ist; er kann auch nicht »seitwärts« ausweichen, auch dafür ist es, wenn sie

Menschen der Härte des Wirklichen so oft wie möglich entziehen wollen. Und genau dazu dient ihnen im Alltag das freiere Kommentieren sowie das mehr oder weniger phantastische Erzählen von Geschichten.[164] Dinge, die passieren, werden in der Alltäglichkeit ornamentalen Kommentierens und Erzählens also weniger informativ dargestellt, als vielmehr verwässert und breitgetreten. Natürlich wird dadurch das an sich kommentarlose Geschehen nicht verändert. Der Realzusammenhang als solcher bleibt stets ein bloßes oder nacktes Geschehen, ganz gleich, wie sehr sich die Kommentare und Geschichten in ihn einflechten. Und gerade weil sich die Realität durch Kommentierung nicht ›logifizieren‹ oder ›versprachlichen‹ lässt, kann das Sagen der Wahrheit an der kommentarlosen Wirklichkeit Maß nehmen. Das Sagen der nackten Wahrheit ist eine Art geistiger Widerschein der Wirklichkeit, die auch ihrerseits stets nackt ist. Die Kleidung, die man ihr mittels Kommentaren und Narrativen anzuziehen versucht, gehört ontologisch betrachtet zur Haut der Realität.

3. Du bist, was Du bist: Mephistophelische Evidenz

Die Wahrheit ist keine menschliche Erfindung, sie hat vielmehr etwas mit Auffinden oder Entdecken zu tun. Wahre Aussagen und Vorstellungen entdecken die Wirklichkeit so wie sie ist. Und selbst wenn man sagt, dass eine Aussage die Wirklichkeit ›hervorbringt‹ (im Sinne von: ›sprachlich ans Licht bringen‹), ist diese Hervorbringung kein Erschaffen oder Produzieren der Realität. Das Hervorholen und Wiedergeben des Wirklichen ist ein geistiges Aufweisen des Seienden, nicht dagegen die Erzeugung eines zuvor nichtseienden Sachverhalts.

---

einmal eingetreten, zu spät. Er muß also »vorwärts«, nach dem Gesetz der Zeit, die niemals stillsteht; er muß hindurch« (ebd., 191).

[164] Zur kulturanthropologischen Funktion von sozialen Narrativen und Imaginationen vgl. Robert Pfaller: Zweite Welten. Und andere Lebenselixiere, Frankfurt/M 2012.

Worum es hier geht, hat Martin Heidegger an einem Beispiel verdeutlicht.[165] Dieses macht ersichtlich, was beim Entdecken im Gegensatz zum Erfinden passiert; und es macht auch deutlich, dass es beim Entdecken noch nicht einmal zwingend auf die sprachliche Wiedergabe des Wirklichen ankommt. Heideggers Beispiel lautet sinngemäß so: Eine Person steht mit dem Rücken zu einer Wand, an der ein Bild hängt. Das Bild hängt schief, aber das kann die Person nicht sehen. Egal nun, was sie in Bezug auf die Ausrichtung des Bildes sehen und sagen wird, wenn sie sich dem Bild zuwendet: Das Bild hängt schief, und daran kann das Sehen oder Sagen nichts ändern. Natürlich kann die Person ihre Sichtbedingungen in Bezug auf das Bild verändern: Sie kann sich zur Wand umdrehen. Wenn sie das tut, sieht sie das Bild und entdeckt sein Schiefhängen – denn etwas anderes ist nicht zu sehen und kann folglich auch nicht entdeckt werden. Alle Vermutungen, Vorstellungen oder auch Wünsche, die die Person bezüglich der Aufhängung des Bildes gehabt haben mag, bevor sie dessen wirkliche Ausrichtung entdeckt, sind durch die Entdeckung wie weggefegt. Das gilt auch für Ideen oder Wünsche, die zufällig die wirkliche Aufhängung zum Inhalt hatten: Denn nun sieht die Person das Bild selbst, so dass sie von ihm nun keine Bild-Vorstellung mehr haben kann. Eine Erfindung des Wahren liegt also weder vor der Entdeckung des Wirklichen noch unmittelbar im Augenblick seines Offenbarwerdens vor. Spätestens wenn man erkennt, dass und wie etwas ist, gibt es nichts mehr zu erfinden. Man kann dann höchstens die Augen vor dem Tatsächlichen verschließen und versuchen, ein Phantasiebild über das Erkannte zu legen. Warum jemand das tun sollte – warum er also etwas Einsichtiges und Offensichtliches durch die Erzeugung einer Einbildung abstreiten möchte – muss uns hier weiter nicht interessieren.

Mit allem hier Gesagten soll die Praxis des Erfindens natürlich in keiner Weise in Misskredit gebracht werden. Es ist nur so, dass diese Praxis keinen Einfluss auf die Wahrheit hat. Entdecken kann man nur, was wirklich ist. Das Erfinden hingegen begnügt sich,

---

[165] Vgl. Martin Heidegger: Sein und Zeit, Tübingen [19]2006, 217f.

was auch immer seine jeweiligen Projekte sein mögen, niemals mit einem rezeptiven Aufweisen der Wirklichkeit. Man kann auch so sagen: Das Entdecken bzw. Aufdecken trifft sich mit der Härte des Realen, während das Erfinden in die konstruktive Unruhe aktiver Weltveränderung hineinführt. Während das Entdecken rezipiert, begreift und wiedergibt, versucht das Erfinden zu erneuern, einzugreifen und abzuwandeln. Dass natürlich auch eine aktiv veränderte, also durch menschliche Erfindungen bereicherte Welt in jeder Entwicklungsphase so ist, wie sie ist: An diese mephistophelische Evidenz sollte sich jeder, der die Wahrheit vollmundig zu einer Erfindung erklärt, von Zeit zu Zeit erinnern.[166]

Die Philosophie erlebt übrigens die Härte des Realen auf ganz eigene Weise: nämlich in Gestalt ihrer »von keiner Zeitlage und keiner Interessenrichtung abhängigen Grundfragen. Man kann sie im eigenen Denken wohl verfehlen, kann sie auch ignorieren, an ihnen vorbeileben, aber man kann sie damit nicht aus der Welt schaffen, nicht hindern, daß sie immer wieder auftauchen. Denn eben die Welt, wie sie einmal ist, und unser Leben in ihr gibt sie uns auf. Der Mensch kann ihnen grundsätzlich nicht entfliehen, weil es nicht in seiner Macht steht, die Welt zu ändern«.[167] Das gilt sicherlich auch von der Wahrheit: Es wäre ein Zeichen von »Problemmüdigkeit«[168], wollte man der Wahrheitsfrage ausweichen oder sie mit flüchtigen Denkgesten als veraltete, elitäre oder auch unentscheidbare Problemstellung abtun. Sicherlich: »Der tief eingerissene Relativismus – […] am bekanntesten in der Form des Historismus – hat hier erschlaffend gewirkt.« Aber es gilt eben:

---

[166] »[Faust] Was bin ich denn? wenn es nicht möglich ist / Der Menschheit Krone zu erringen, / Nach der sich alle Sinne dringen. [Mephistopheles] Du bist am Ende – was du bist. / Setz' dir Perücken auf von Millionen Locken, / Setz' deinen Fuß auf ellenhohe Socken, / Du bleibst doch immer was du bist« ((Johann Wolfgang Goethe: Faust. Der Tragödie erster und zweiter Teil. Urfaust, München 1986, 59f.).

[167] Nicolai Hartmann: Der philosophische Gedanke und seine Geschichte. In: Kleinere Schriften, Band II: Abhandlungen zur Philosophie-Geschichte, Berlin 1957, 1-47, 4.

[168] Nicolai Hartmann: Zur Grundlegung der Ontologie, Berlin ⁴1965, 2.

»Um Probleme eindeutig sehen und in Angriff nehmen zu können, muss man den Sinn von wahr und unwahr einsehen; denn alle forschende Arbeit geht auf Erringung der Wahrheit« (ebd.).

4. Informieren und Kommunizieren

Im Abschnitt zuvor habe ich beiläufig angedeutet, dass das Sagen der Wahrheit Berührungspunkte mit dem Informieren aufweist. Dieser Andeutung möchte ich nun gezielter nachgehen. Damit eröffnet sich aber kein neues Thema. Vielmehr wird die Wahrheit in diesem und im nächsten Abschnitt von einer bislang noch unbeachteten Seite beleuchtet, nämlich im Zusammenhang mit den Phänomenen der Information und der Kommunikation.

Ihnen ist bestimmt schon aufgefallen, dass man über die Kommunikation niemals sagt, sie sei wahr oder falsch, während man demgegenüber häufig von wahrer oder falscher Information (‹Fehlinformation›) spricht. Wenn jemand sagt, ihm sei etwas ›falsch kommuniziert‹ worden – z.B. Ort und Uhrzeit für ein bevorstehendes Meeting – dann meint er damit nicht, dass das Kommunizieren als solches falsch ist. Er meint vielmehr, dass die kommunizierte Information fehlerhaft ist: Der genannte Ort bzw. die Uhrzeit entspricht nicht den Tatsachen. Genau dieser Sachgehalt ist die Information, und nur diese, nicht dagegen der Prozess der Kommunikation, kann wahr oder falsch sein. Natürlich ist bei Weitem nicht jede Form von Kommunikation informierend. Aber überall dort, wo die Kommunikation informierenden Charakter hat, ist die Relation des Zutreffens im Spiel. Die Rede von wahrheitsgemäßer Information ist daher im Grunde redundant. Denn Informationen drücken aus, wie sich etwas verhält, während demgegenüber sogenannte Fehlinformationen überhaupt nicht informieren.[169]

---

[169] Der Soziologe Niklas Luhmann hat die Indifferenz der Kommunikation gegenüber der Alternative ›wahr-falsch‹ betont. Bei der Kommunikation geht es, so Luhmann, allein um Anschlussfähigkeit: also darum, dass und wie der Empfänger einer Mitteilung sinngebend mit dieser umgeht. Kommunikation

Durch Informationen erfährt man, was der Fall ist. Und falsch informiert ist man, wenn der Inhalt einer Information auf das Wirkliche nicht zutrifft. Falschinformation kann ihren Grund in absichtlicher Täuschung, aber auch in der Fehlinformiertheit eines ›uninformierten Informanten‹ haben. Es kann aber auch eine technische Störung des Kommunikationsprozesses vorliegen: Der Empfänger einer Mitteilung erhält dann zwar – wie beim Stille-Post-Spiel – eine Nachricht, aber nicht die, die ursprünglich gesendet wurde. Dass das Informieren scheitern kann, weiß man aus alltäglichen Kommunikationsprozessen zur Genüge. Und man weiß auch, dass die Ursachen des Misslingens vielfältig sein können.

Die Existenz von Falschinformationen ist unzweifelhaft: Jeder, der einmal eine Lüge durchschaut hat, weiß das. Man kann natürlich, wie schon erwähnt, darüber streiten, ob Falschinformationen überhaupt Informationen sind; denn informiert ist man letztlich nur, wenn man über ein Geschehen zutreffend, also der Wirklichkeit entsprechend unterrichtet wird.[170] Man kann auch darüber

---

ist, so Luhmann, eine »Einheit, die aus den drei Komponenten Information, Mitteilung und Verstehen besteht, die durch die Kommunikation erst erzeugt werden« (Niklas Luhmann: Die Gesellschaft der Gesellschaft. Erster Teilband 1-3, Frankfurt/M. 1998, 73). Luhmann ist operationaler Konstruktivist: Ob etwas in der Kommunikation als Information behandelt wird, hängt für ihn davon ab, wie ein System mit den aus seiner Umwelt stammenden Mitteilungen umgeht. »Die Einheit der kommunikativen Ereignisse ist weder objektiv noch subjektiv noch sozial ableitbar, und eben deshalb schafft die Kommunikation sich das Medium Sinn, in dem sie dann laufend darüber disponieren kann, ob weitere Kommunikation ihr Problem eine Information, in der Mitteilung oder im Verstehen sucht« (ebd.). Information im Sinne des Sender-Empfänger-Modells existiert laut Luhmann im Sozialen nicht. Und auch der realistischen Bestimmung von Information als wahrer bzw. wirklichkeitsbezogener Mitteilung steht Luhmann kritisch gegenüber. Ich selbst teile Luhmanns Begriff der Kommunikation, lehne als Realist aber die zu starke Bindung des Informationsbegriffs an den Kommunikation ab, da dies die Vernachlässigung objektiver Tatsachen zur Folge hat.

[170] Vor allem in der Theorie der politischen Kommunikation ist oft von Desinformation die Rede; vgl. Romy Jaster, David Lanius: Die Wahrheit schafft sich ab. Wie Fake News Politik machen, Stuttgart 2019, 81ff. Dieser Begriff geht einem dermaßen leicht von den Lippen, dass man seine Abgründigkeit kaum

streiten, ob man jemals mit letzter Sicherheit wissen kann, ob ein Informant die Wahrheit sagt, oder ob man den Inhalt einer Information richtig aufgenommen hat. Unstrittig ist aber, dass bei Informationen ein klares Gefälle des Wissens zwischen Informanten und Informierten besteht. Dieses Gefälle zwischen Wissen auf der einen und Nicht-Wissen auf der anderen Seite ist das Charakteristikum der Information. Und ein Informieren liegt dort vor, wo dieses Wissensgefälle zum Ausgleich kommt. Es ist also recht einfach: Bevor der Informationsprozess beginnt, weiß der Informant bereits, was in Bezug auf einen bestimmten Gegenstand der Fall ist, während diejenigen, die informiert werden, es nicht wissen. Das Informieren selbst ist dann ein Mitteilen oder Überbringen des jeweiligen Inhalts, also der Vorgang der Reportage – Reporter sind Überbringer von Nachrichten, also Boten.[171] Ist das Informieren vollzogen, so wissen beide, also Sender und Empfänger, was Sache ist. Informieren ist somit eine schlichte geistige Weitergabe von Tatsächlichem. Dafür ist weder beim Sender noch beim Empfänger der Nachricht ein Interpretieren oder Kommentieren des Reportierten erforderlich.

Für die Praxis des Informierens eine Differenz zwischen asymmetrischer Ausgangslage und symmetrischem Endzustand die notwendige Voraussetzung. Beim Empfänger liegt ein ausgleichbares Wissensdefizit vor, weshalb die Information für ihn den Charakter einer Neuigkeit, einer Nachricht oder auch einer Belehrung hat. Informationen führen zu Wissensgewinn, wo zuvor ein Wissensdefizit bestand; sie führen, bildlich gesprochen, zum Auf-

---

erkennt. Stellen Sie sich vor, jemand sagt zu Ihnen: » Ich wurde soeben darüber desinformiert, dass das Meeting auf 15 Uhr verlegt wurde!«. Kann man das sinnvoll sagen? Natürlich kann man falsch informiert werden; aber wenn man um das Falschinformiertsein weiß, dann weiß man eben auch, dass man nicht informiert wird – Desinformationen sind überhaupt keine Informationen, sondern z.B. Lügen. Es ist eine empirische Frage, ob Informationen über Desinformationen ihrerseits Informationen oder Desinformationen sind und wie man das herausfinden kann. Klar ist aber, dass eine Information nur vorliegt, wenn die Mitteilung in Kontakt zur Wirklichkeit steht.

[171] Vgl. Sybille Krämer: Medium, Bote, Übertragung. Kleine Metaphysik der Medialität, Frankfurt/M. 2008.

füllen einer zuvor bestehenden Leere. Dem entspricht der lateinische Ausdruck ›informare‹, der auf das Einprägen einer Form in eine formlose, zugleich aber formbare Unterlage zielt – klassisches Beispiel ist das Eindrücken des Siegelrings auf ein Dokument, also die Einprägung der Form des Siegels auf eine geeignete Unterlage.[172] Es ist offensichtlich, dass jemand über eine Tatsache nur dann informiert werden kann, wenn er das entsprechende Wissen über sie nicht bereits hat. Wer z.B. schon weiß, dass Berlin im Jahr 2024 die Hauptstadt Deutschlands ist, wird durch die wahre Aussage »Berlin ist im Jahr 2024 die Hauptstadt Deutschlands« nicht mehr in Form gebracht. Sein Bewusstsein hat, was diese Tatsache angeht, bereits eine Prägung erhalten und ist auf keine weitere Belehrung angewiesen.

Wo bisher in diesem Buch von Aussagen die Rede war, die wahr oder falsch sein können, ging es stets um Aussagen vom Typ ›Information‹: also um Sachfeststellungen oder Nachrichten. Aber natürlich geht die menschliche Kommunikation nicht im nüchternen Informationsaustausch auf. Viele Arten der Kommunikation zielen nicht oder wenigstens nicht im Kern auf die Reportage von Tatsachen – also darauf, zutreffend darüber zu unterrichten, was der Fall ist. Die enorme Gestalten- und Funktionsfülle der Kommunikation hat vor allem der Philosoph John R. Searle (*1932) in seiner Theorie der Sprechakte beschrieben.[173] Ich wende mich jetzt dem Unterschied zwischen Kommunikation und Information etwas genauer zu.

Eine wesentliche Differenz zwischen Kommunikation und Information besteht darin, dass das Informieren seinen Abschluss im Zustand des Informiertseins findet, während das nicht-informative Kommunizieren nicht auf einen Zielzustand zuläuft. Man kann sagen: »Ich bin informiert«, aber nicht: »Ich bin kommuniziert«. Wenn jemand weiß, was in Bezug auf einen bestimmten

---

[172] Vgl. Aristoteles: Über die Seele (De Anima), Hamburg 2017, Kap. II, 12.

[173] John R. Searle: Sprechakte. Ein sprachphilosophischer Essay, Frankfurt/M. [13]2019. Searle baut die Philosophie der normalen Sprache, die sein akademischer Lehrer John L. Austin in dem lesenswerten Buch *How to Do Things with Words* (1955) entwickelt hat, weiter aus.

Sachverhalt der Fall ist, ist er informiert; wobei es hier natürlich, wie beim Erkennen ganz allgemein, inhaltliche und umfangsmäßige Wissensgrenzen gibt. Im Gegensatz dazu läuft die Kommunikation, eine lockere Plauderei oder ein ernsthaftes Gespräch, ohne abschließendes Ziel fort. Kommunikation hat nur beiläufig eine Sachverbindlichkeit: Gespräche und Diskussionen können sich, gerade wenn sie, wie man so sagt, ›gepflegt‹ werden (›Diskussionskultur‹), weit von ihrem anfänglichen Gegenstand entfernen; und zwar insbesondere dann, wenn das Thema keiner abschließenden Lösung oder Klärung zugeführt werden muss.

Eine Differenz zwischen Kommunikation und Information besteht außerdem darin, dass eine Information für denjenigen, der sie erhält, den Charakter einer Neuigkeit hat. Für das Informieren ist das inhaltliche Unterrichtetwerden wesentlich, für das Kommunizieren dagegen nicht. Im Gegenteil: Kommunikation lässt etwas im strengen Sinne Neues gar nicht zu. Bei ihr nämlich steht die Anschlussfähigkeit einer Mitteilung im Mittelpunkt, und dazu bedarf es eines zumindest minimalen Schon-verständigt-Seins der Kommunikationspartner. Es geht in der Kommunikation um die Möglichkeit, an Gesagtes mit Mitteln anzuknüpfen, die im aktuellen Prozess der Kommunikation nicht erst erworben werden, sondern die man bereits ins Gespräch mitbringt. Demgegenüber hat das Informieren eine ausgesprochen unkommunikative Struktur, denn hier weiß der eine etwas, der andere dagegen (noch) nicht.

Um die Eigenart der Kommunikation zu verstehen, ist ein Blick auf die Etymologie sinnvoll. Das lateinische Wort ›communicatio‹ stammt vom griechischen ἐπικοινωνία ab, das ›Gemeinschaft‹ bedeutet; das entsprechende Adjektiv ἐπίκοινος, für das im Deutschen das ein wenig anders verwendete Wort ›kommunikativ‹ steht, bedeutet eigentlich ›teilhabend‹ oder ›gemeinsam‹. Die Adjektivform bezeichnet ursprünglich also keine Eigenschaft von Personen (»Peter ist sehr kommunikativ«), sondern steht für eine Teilhabebeziehung, die sowohl zwischen Menschen wie zwischen Dingen bestehen kann (»Etwas hat Teil an Etwas«; »Peter und Paul haben etwas gemeinsam«). Fasst man den Begriff ›Kommunikation‹ in dieser ursprünglichen Weise auf, so wird ersichtlich, warum sie nicht im Ausgleich informativer Mangellagen besteht. Wenn ›Kommunikation‹ Gemeinsamkeit bzw. Gemeinschaft bedeutet, dann hat die Teilhabe mehrerer Teilnehmer an einem Ganzen bereits Bestand. Die Gemeinschaft oder das Gemeinsame wird nicht durch Kommunikation erzeugt, sondern Kommunizieren ist der Ausdruck ursprünglicher Verbundenheit und Gemeinschaftlichkeit – und dieser Umstand impliziert, dass es keiner Informierung der Gemeinschaftsmitglieder bedarf.

Mitglieder an der Kommunikation sind Teilnehmer an einem Ganzen, und der ›objektive Geist‹ dieses Ganzen durchdringt die Lebens- und Wissenslagen seiner Mitglieder. Nicolai Hartmann hat in seinem Buch über *Das Problem des geistigen Seins* (1932) die Prozesse, die zur Integration der Individuen in den objektiven Geist die Gemeinschaft führen, sehr genau analysiert. Insbesondere seine Überlegungen zum »Leben und Geist der Sprache«[174] lassen sich als Theorie der Kommunikation im hier verstanden Sinne auffassen. Dazu schreibt Martin Morgenstern: »Ein Merkmal des objektiven Geistes ist die Intersubjektivität. […] Diese gemeinsame geistige Sphäre ermöglicht nach Hartmann auch die zwischenmenschliche Kommunikation. Geistige Gehalte können vom individuellen Bewusstsein abgelöst und auf andere Personen übertragen werden. […] Wie die Denkfähigkeit ist auch die Kommunikationsfähigkeit ein spezifisches Merkmal des Menschen, das durch den objektiven Geist bedingt ist«.[175]

Für unseren Zusammenhang ist entscheidend, dass Hartmann den Vorgang des Hineinwachsens in eine Gemeinschaft nicht als Informationsprozess begreift, sondern auf den Begriff der Tradi-

---

[174] Nicolai Hartmann: Das Problem des geistigen Seins, Berlin ³1962, Kap. 20.

[175] Martin Morgenstern: Nicolai Hartmann zur Einführung, Hamburg 1990, 113. Hartmann selbst betont: »Die Entdeckung der intersubjektiven Gemeinsamkeit fällt nahezu mit der Entdeckung des geistigen Seins zusammen. Heraklit spottet über die Verblendung »der Vielen«, die da meinen, sie hätten jeder seine »Privatvernunft« […], während der »Logos« in Wahrheit einer ist und gemeinsam. Der Gedanke der Einheit der Vernunft geht seitdem ununterbrochen durch die Mannigfaltigkeit der philosophischen Theorien, immer neue Phänomene führen zu ihm zurück« (Das Problem des geistigen Seins, Berlin ³1962, 182).

tion zurückgreift – das Traditionsgeschehen lässt sich nicht mit dem Modell des Übergangs von Uninformiertheit zu Informiertheit erfassen. Entsprechend hebt Martin Morgenstern hervor, dass laut Hartmann »Geistes- und Kulturgüter nicht vererbt werden« – Vererbung, etwa im genetischen Sinne, wäre ein Fall von Informationsweitergabe – »sondern tradiert und daher stets neu willentlich angeeignet werden müssen« (ebd.). Und wenn Hartmann selbst betont, dass Erziehung »immer Erziehung zum objektiven Geist«[176] ist, so drückt auch dies einen Vorrang der Kommunikation vor der Information aus. Kommunikative Praxis nämlich setzt ein genuines Mindestmaß an überpersönlichem Gemeinschaftsbewusstsein voraus. Sie setzt voraus, dass die Inhalte der Kommunikation nicht erst durch technische bzw. formale Akte des Informierens installiert werden.[177]

Es ist sicher kein Zufall, dass der Ausdruck ›Kommunikationsteilnehmer‹ umgangssprachlich geläufig ist, während das Wort ›Informationsteilnehmer‹ allenfalls im juristischen Kontext (z.B.

---

[176] Nicolai Hartmann: Das Problem des geistigen Seins, Berlin ³1962, 252.

[177] Am Beispiel des Spracherwerbs zeigt Hartmann den kommunikativen Charakter sozialen Lernens wie folgt auf: »Das Grundverhältnis ist dieses: der Einzelne schafft sich seine Sprache nicht, er findet sie als die gesprochene Sprache vor und »übernimmt« sie im Mitsprechen von den Sprechenden. […] Dass das Kind im Frühstadium in gewissen Grenzen selbsttätig Bezeichnungen schafft und sich in ihnen verständigt, widerspricht dem keineswegs. Denn weder bleibt es dabei, noch könnte es sich damit auch nur primitiv ausdrücken, wenn nicht der Erwachsene darauf »einginge«, ihm erratend oder auch mitformend entgegenkäme. Das Wesentliche ist gerade, dass das Kind diese Versuche selbsttätig wieder überschreitet und fallen lässt, indem es sich der gehörten Sprache anpasst und sie übernimmt. Es übernimmt damit das geistige Erbgut der Menschensphäre, in der es sich bewegt, soweit ein solches in der gesprochenen Sprache zu einer gewissen Stabilität gelangt ist und ihm als vorgeformtes entgegentritt. Und zwar übernimmt es dieses naiv, ohne zu wissen, was es damit übernimmt, ohne also sich auch nur im geringsten damit auseinanderzusetzen. Es weiß es nicht anders, als wie die gesprochene Sprache es ihm in ihren Prägungen darbietet; und es kann auch in diesem Prozess des Hineinwachsens nicht darauf kommen, dass es anders sein könnte, dass also gleicher Inhalt auch anders hörbar ausgesprochen, […] auch anders geistig-kategorial ausgeformt und verstanden werden könnte« (Das Problem des geistigen Seins, Berlin ³1962, 213f.).

im Datenrecht) existiert; wobei er auch dort gerade nicht auf eine Teilhabebeziehung abzielt, sondern den Gegensatz von Datengeber und Datenempfänger voraussetzt. Die Situation der Teilhabe an einem umgreifenden Ganzen, das aus unselbständigen Teilgliedern besteht, ist für kommunikative Prozesse geradezu wesentlich. Dagegen ist das Gefälle der Information dort, wo es massiv besteht, eher ein Symptom der Desintegration, die z.B. das Lager der wissenschaftlichen Experten von dem der Laienöffentlichkeit trennt. Es bedarf in solchen Fällen der Überbrückung des Informationsgefälles, für die der Ausdruck ›Wissenschaftskommunikation‹ sehr treffend ist.

Kommunikation setzt also ursprünglich genau das voraus, was bei der Information fehlt: ein immer schon bestehendes und sich in kommunikativen Akten entrollendes Band überpersönlicher Gemeinsamkeiten. Kommunikation ist weniger ein Mitteilen, als vielmehr ein beständig sich vollziehendes Teilen genuin gemeinsamer Erfahrungs- und Wissensbestände. Kommunizieren setzt ein miteinander Verständigtsein voraus, so wie man es z.B. von religiösen Kommunitäten oder sozialen und politischen Gemeinschaften kennt.

Auch wenn man bei ›Kommunikation‹ sofort an verbale Verständigung denkt, wird der konkrete Modus der Teilhabe in der ursprünglichen Wortbedeutung nicht spezifiziert. Es ist offen, ob ›communicatio‹ ursprünglich nur das Miteinander-Sprechen und somit eine symbolische Teilhabe meint, oder ob es eher um ein Gemeinschaftshandeln im Sinne praktischer Kooperation geht. Wesentlich für die Kommunikation ist das Moment bestehender Gemeinschaftlichkeit, das sich im Dabeisein, Mitmachen, In-Beziehung-Sein realisiert. Dies alles findet nicht nur sprachlich oder symbolisch, sondern auch praktisch statt, z.B. bei handwerklicher oder sportlicher Zusammenarbeit.[178]

---

[178] Zur Vielfalt von Kommunikationsprozessen vgl. Richard Sennett: Zusammenarbeit. Was unsere Gesellschaft zusammenhält, Berlin 2019. Man denke auch an Phänomene leiblicher Kommunikation wie etwa rhythmisches Rufen, Klatschen und Trommeln oder an gemeinsames Singen, Musizieren, Rudern oder Sägen. Hermann Schmitz hat Phänomene dieser Art unter dem Stich-

Nun könnte man natürlich einwenden, dass sich Menschen angesichts einer so verstandenen Kommunikation eigentlich nichts mehr zu sagen oder mitzuteilen hätten. Warum soll man überhaupt noch Kommunizieren, wenn die Mitglieder einer Gemeinschaft aufgrund bestehender Traditionen bereits im Wesentlichen miteinander verständigt sind? Anders gefragt: Ist das Vorverständigtsein nicht gerade der Abbruch eigentlicher Kommunikation?

Dieser Einwand trifft in einer Hinsicht zu. Tatsächlich ist die inhaltliche Neuigkeit, die für das Informieren wesentlich ist, im Phänomen der Kommunikation nicht angelegt. Dies ist jedenfalls ursprünglich so, wenn man sich an die Wortbedeutung von ›communicatio‹ erinnert. Heute sehen viele die Sache jedoch überraschend anders. Gerade heute nämlich binden viele Menschen die Kommunikation so eng an die Idee des Neuen, dass man sich die im eigentlichen Sinne kommunikativen Bedingungen – also jene Voraussetzungen, die hintergründig erfüllt sein müssen, damit etwas Neues überhaupt als solches erfahrbar ist – selten klarmacht. Was man sich dabei nicht klarmacht, ist die Tatsache, dass eine Information, die nicht auf irgendeine Weise kommunikativ eingebettet ist, streng genommen keine Bedeutung hat. Zwar verwendet man das Wort ›Informationsgesellschaft‹ als eines der vielen Etiketten für die heutige Zeit. Aber das ist zunächst nur ein Wort, das aber durchaus kommuniziert wird, und dessen informativer Wert fraglich ist.

Ein Gemeinschaftsleben ohne Zuwachs an Neuigkeiten ist durchaus denkbar, ja mehr noch: Dies war über weite Strecken der Kulturgeschichte, in denen News die seltene Ausnahme darstellten, der Normalzustand. Daraus wird ersichtlich, dass Kommunizieren auch ohne Informieren vollzogen werden kann, während es, umgekehrt, Neuigkeiten ohne die Basis eines gemeinschaftlich geteilten Lebenswissens nicht gibt. Man kann diesen Gedanken mittels einer Analogie präzisieren: So wie der menschliche Geist, dessen zentrale Kompetenz im sachlichen Erkennen der Wirklichkeit besteht, nur auf Grundlage körperlicher Lebens- sowie leib-

wort ›Einleibung‹ sehr differenziert untersucht. Vgl. exemplarisch Hermann Schmitz: Der Leib, Berlin/Boston 2011, 29-53.

seelischer Erlebnisprozesse wirksam werden kann, so ist auch die Praxis des Informierens nicht von der kommunikativen Grundlage, auf der sie sich vollzieht, ablösbar. Und so wie man leben und erleben muss, um etwas sachlich feststellen zu können, so muss man immer schon vieles fraglos Selbstverständliche kommunikativ miteinander teilen, um für Neues und Ungewohntes überhaupt empfangsbereit zu sein.

Das Aufbauverhältnis, das zwischen Kommunikation und Information besteht, ist weder auflösbar noch umkehrbar. Wie sollte man jemandem etwas Informatives mitteilen, sofern man nicht bereits Wesentliches mit ihm teilt: seien es allgemeine Lebenserfahrungen oder auch, gemeinschaftsspezifischer, die jeweilige Muttersprache, die als Instrument sowie als überpersönlicher Bedeutungsspeicher geistigen Teilens dient. Die Kommunikation erfüllt ihre Funktion der Vertrauensbildung gerade dort, wo es im sozialen Oberflächengeschehen um die Mitteilung von Neuigkeiten oder gar Sensationen geht. Absolut Neues, also ›radikale Information‹, hat es auf der Grundlage des gemeinsam geteilten Hintergrundes nicht nur schwer – vielmehr gibt es sie gar nicht. Das schlechthin Neue, das vollkommen verschieden wäre von allmählicher Erneuerung (‹Innovation›), ist schlicht keine Gegebenheit. Radikal Informatives wäre zwar ein »Ganz-Anderes« (Theodor W. Adorno), aber gerade als solches könnte es an nichts Bekanntes und kommunikativ Geteiltes anknüpfen. Es hinge sprichwörtlich in der Luft und könnte hier allenfalls von einer diffusen Sehnsucht getragen oder gehalten werden.

5. Kommunikation: Gemeinschaft, Teilhabe, Teilen

Halten wir also fest: Für jede Information bedarf es eines geteilten und seinerseits nicht mitteilungsbedürftigen Hintergrundes zwischen Sendern und Empfängern – und eben dieser Hintergrund wird durch das Traditionsmilieu der Kommunikation fortlaufend bereitgestellt. Insofern ist Kommunikation kein Prozess, in dem es, wie bei der Information, in erster Linie um Sachaussagen zum

Zweck wahrheitsgemäßer Wirklichkeitserforschung geht. Das bedeutet aber nicht, dass die Wahrheit im Rahmen der Kommunikation überhaupt keine Rolle spielt. Sie ist hier jedoch, anders als in Kontext von Sachinformationen, wo sie im Zentrum steht, nur hintergründig präsent und von Bedeutung. Wenn jemand einen Vortrag mit der Formulierung »Guten Tag, meine Damen und Herren!« eröffnet, gehen die Anwesenden stillschweigend davon aus, dass es Tag ist; aber natürlich entnehmen sie dieser Formel keine Information über die Tageszeit. Im Milieu der Kommunikation geht es eben nicht unmittelbar um Sachmitteilungen – hier stehen subjektive Eindrücke (»Peter sieht aber heute schlecht aus«) kommentierende Beurteilungen (»Ich würde das an Deiner Stelle lieber lassen«) oder einschätzende Bewertungen (»Wie kann man nur so dumm sein«), im Mittelpunkt des sozialen Verkehrs. Die alltägliche Kommunikation ist ein Resonanzboden für Informationen aller Art. Sie ist gleichsam das Milieu, in dem über die Durchsetzung der Wahrheit im gemeinschaftlichen Leben gestritten wird. Man sieht das ganz deutlich am Phänomen der öffentlichen Meinung. Diese liegt als sozialer »état imaginaire« (Arnold Gehlen) in der kommunikativen Luft, lässt sich aber kaum so recht greifen. Sie wird fortlaufend kommuniziert, hat aber keinen informativen Charakter in strengen Sinne des Wortes – ihr Kommunikationswert ist kein Wahrheitswert, denn dafür fehlen der öffentlichen Meinung die Kriterien des Wahren und Unwahren.

Dass öffentliche Meinung nicht über ein Wahrheitskriterium verfügt, hat Nicolai Hartmann an einem Beispiel verdeutlicht, das noch immer aktuell erscheint: »Warum schlägt denn in Kriegszeiten die Verhetzung gegen ein fremdes Volk so rückhaltlos ein? Sie kann das Unglaubwürdigste glaubhaft machen – und das nicht in Zeiten des Aberglaubens, sondern mitten im nüchternen Rationalismus einer wirtschaftlich-technischen Kultur. Man kann hier nicht argumentieren, das läge an systematischer Irreleitung durch eine rein auf ihre Zwecke bedachte Regierung, am Missbrauch der Presse u.s.f.; das vielmehr sind nur die Mächte und Mittel der Suggestion selbst. Das Erstaunliche ist doch gerade, dass überhaupt die Menge sich das durchaus Unglaubwürdige ansuggerieren läßt. Andererseits wäre es sehr lächerlich, zu glauben, solche künstlich genährte, über alle Grenzen des Menschenwürdigen getriebene Verlästerung sei jemals die wahre Meinung eines Volkes in seinem Gros über ein anderes Volk in seinem Gros. Das vielmehr ist das eigentlich Merkwürdige an der Sache, dass im Grunde ein jeder weiß, dass er irregeführt wird, und dennoch der Suggestion unterliegt. Er unterliegt ihr, nicht weil ihm so ganz das Urteil fehlte, sondern weil er in der Menge steht, und weil die öffentliche Situation des Augenblicks so ist, dass sie ihn und die anderen alle willenlos zur extremen Haltung inklinieren läßt, die er sonst verachten würde. Die Augenblickswelle des objektiven Geistes trägt ihn fort, reißt ihn mit. In ihr gerade liegt die Uneigentlichkeit«.[179] Zu diesen Überlegungen Hartmanns wäre, gerade mit Blick auf aktuelle Diskussionen über die Funktion der Massenmedien, noch manches zu sagen. Ich möchte das an dieser Stelle aber nicht tun.

Gegenüber jenen Informationsprozessen, die an der Oberfläche des Gemeinschaftslebens z.B. als jeweils aktueller Stand des Wissens veröffentlicht werden, ist die Kommunikation genuin informell. Auch dort, wo sie um lebensaktuelle Dinge kreist, besteht sie in der stillschweigenden Vergewisserung des Vertrauten und Geteilten – dieses setzt sich im Alltag praktisch fort, ohne ausdrücklich zur Sprache gebracht zu werden. Anders als das im buchstäblichen Sinne Informative taucht das kommunikative Hintergrundwissen nicht in den Schlagzeilen auf. Denn es ist in seiner Allgemeinheit und Überaktualität kaum der Berichterstattung wert.[180] Tatsächlich verläuft die Kommunikation unter Vorverständigten instinktartig. Man kennt das aus Situationen, in denen ein Wort das andere gibt und sich ein unwillkürlicher und überpersönlicher Fluss des Sprechens und Kommentierens durch die Alltagswelt hindurch ausbreitet – der sogenannte Mainstream. Nur gelegentlich wird die Kommunikation förmlicher oder existenzieller.

---

[179] Das Problem des geistigen Seins, Berlin ³1962, 352f.

[180] Zu den Selektionskriterien von Nachrichten im Mediensystem vgl. Niklas Luhmann: Die Realität der Massenmedien, Wiesbaden ⁵2017.

Wo das geschieht, werden die Menschen gewissermaßen wach für das, was ansonsten als normal gilt und entsprechend selbstverständlich hingenommen und kommuniziert wird. In solchen Fällen kommt der Kommunikation eine Art Erinnerungs- oder Weckfunktion zu. Es wird den Menschen bewusst, was der Fall ist. Existenzielle Kommunikation reißt allgemein Bekanntes aus seiner üblichen Latenz und stellt es in den Lichtkegel der Bewusstheit. Sie lenkt den Geist auf vertraute Dinge, die gerade wegen ihrer Vertrautheit unbeachtet geblieben sind.

Das In-Erinnerung-Rufen dessen, was die an einer Situation Beteiligten hintergründig wissen – »Wir sind hier zusammengekommen, um Abschied zu nehmen von Manfred Müller« – ist durchaus eine produktive Leistung. Sie hebt einen bekannten, aber zugleich ›eingeschlafenen‹ Inhalt aus seiner Vergessenheit in die Aktualität des Aufmerkens. Manchmal geschieht dies feierlich wie beim gemeinsamen Abschiednehmen, manchmal dagegen so unspektakulär, dass man das Stattfinden der Weckung kaum bemerkt («Lass' das sein, das tut mir weh» oder »Schau mal, die Nachbarn bekommen Besuch«). Da der Umfang erweckbarer Inhalte schier unendlich ist, sind der Kommunikation, also dem wechselseitigen Sich-Erinnern an insgeheim Vertrautes und hintergründig Gelebtes, keine Grenzen gesetzt.

Dass diese Dimension der Kommunikation oft vergessen wird, liegt wohl daran, dass dem normalen Leben und seinem undramatischen Fortgang kaum Beachtung geschenkt wird. Ausgerechnet das Selbstverständlichste, also das, was vollkommen unkommentiert und undiskutiert geschieht, wird tagtäglich von Neuigkeiten und Sensationen übertönt. Andererseits darf das, was im normalen Leben paradoxerweise gerade durch die Kommunikation unsichtbar bleibt, auch gar nicht zu sehr zum Gegenstand der Aufmerksamkeit werden. Würde es nämlich zu große Beachtung finden, wäre es in Gefahr, seine hintergründige Vertrautheit zu verlieren. Dass dies jemals auf ganzer Linie geschieht – dass also Alltägliches wie eine Information oder gar eine Sensation dasteht – ist freilich ausgeschlossen. Einerseits wissen die Menschen, dass Außergewöhnliches selten passiert, und andererseits kann selbst hochinformatives Außergewöhnliches auf sie nur dann beeindruckend wirken, wenn es nach seinem Eintritt auf normalem kommunikativem Boden verarbeitet wird.[181]

Auch die Wahrheit, deren genuiner Erscheinungsort die Information ist, zieht sich immer wieder in ihre Alltagsverstecke zurück – immer wieder bettet sie sich nach ihrem Auftauchen in den Mainstream der Kommunikation zurück. Man kann dies an der Art erkennen, wie aufblitzende Sensationsmeldungen nach ihrem Erscheinen allmählich wieder verlöschen. Das plötzliche Auftauchen von News folgt dem Stil der Information, die etwas ans Licht bringt und gegenständlich werden lässt. Ihr Verlöschen folgt dem Modus der Kommunikation, die das betreffende Ereignis solange kommentierend breittritt, bis es, verdaut oder unverdaut, in die alltägliche Halbvergessenheit zurücksinkt. Es ist weniger der informative Gehalt solcher Meldungen, der die Menschen fasziniert; diese haben vielmehr Freude am kommunikativen Einschmelzen und kommentierenden Durchkneten der News. Dabei bricht oft ein Gemeinschaftserleben durch, welches heutzutage, etwa beim globalen Trauern, das zugrundeliegende reale Referenzereignis beinahe gleichgültig erscheinen lässt. Es ist weniger die Gier nach Informationen, als vielmehr eine »Gier nach Geschichten« (Max Frisch), die hier den Ton angibt. Ereignisse mit Neuigkeitscharakter finden natürlich statt: »Denn es ist immer neues Geschehen im Anzuge«[182], und nichts in der realen Welt geschieht streng genommen zweimal. Das Alltagsbewusstsein erträgt die Neuigkeit des Neuen aber nur in kommunikativer Form – also nur dann, wenn

---

181 Ganz zurecht hat daher Karl Jaspers die Augenblicke existenzieller Kommunikation – »Die Stunde der wahren Empfindung« (Peter Handke) – an ›Grenzsituationen‹ gebunden. Diese treten, so Jaspers, »in restloser Klarheit fast nie in unsere lebendige Erfahrung ein, sondern wir haben faktisch fast immer angesichts der Grenzsituationen einen Halt. Ohne ihn würde das Leben aufhören. Der Mensch ist faktisch relativ selten verzweifelt. Er hat einen Halt, bevor er überhaupt verzweifelt werden kann; nicht jeder, die wenigsten leben in Grenzsituationen« (Psychologie der Weltanschauungen, München Zürich ²1994, 229).
182 Nicolai Hartmann: Zur Grundlegung der Ontologie, Berlin ⁴1965, 173.

sich der Informationsgehalt der Neuigkeiten in Kommentare, Geschichten oder Debatten einschmelzen lässt.

6. Kontakt mit der Sache: Vom Sinn der Recherche

Bei der Erörterung des Zusammenhangs zwischen Wahrheit und Erfindung wurde deutlich, dass man durchaus sinnvoll vom Entdecken oder Auffinden der Wahrheit sprechen kann. Ich möchte diesen Faden jetzt wieder aufnehmen, und zwar von der anderen Seite. Wir wissen, dass man die Wahrheit entdecken kann, aber man kann sie natürlich auch absichtlich verdecken, oder sie kann unwillkürlich verborgen bleiben. Dem Entdecken der Wahrheit stehen also Phänomene wie Lüge, Täuschung und Irrtum gegenüber, und diesen wende ich mich nun zu.

Ich komme dazu wieder auf unser Ehepaar zurück. Wenn der Mann zu seiner Frau sagt, er sei auf der Party seines Freundes gewesen, obwohl er tatsächlich in der Kneipe war, dann lügt er. Es ist klar, dass beim Lügen, ganz anders als bei der Wahrheit, ein Moment der Erfindung im Spiel ist. Schließlich muss der Lügner seine Phantasie bemühen, um an die Stelle dessen, was wirklich (geschehen) ist, etwas Irreales zu setzen.

Nehmen wir also an, der Mann lügt. Wenn die Ehefrau der ganzen Sache nicht weiter nachgeht, entdeckt sie die Lüge nicht; ihr bleibt die Wahrheit, die der Mann seinerseits kennt, verborgen. Die Frau ist dann, so scheint es, mehr als nur eine Belogene. Man könnte meinen, dass sie durch die Lüge ihres Mannes geradezu von der Wahrheit abgeschnitten ist – so als ob diese für sie gar nicht mehr besteht.

Doch der Schein trügt. Denn was die beiden Eheleute über den Aufenthaltsort des Mannes wissen oder nicht, ist für die Frage nach der Wahrheit belanglos. Das Wahr- oder Falschsein der Aussage ist eine Sache, das Wissen der beiden hierüber eine andere. Natürlich trifft nur eine Antwort, die der Mann gibt, auf die Wirklichkeit zu, und eben dieses Zutreffen ist die Wahrheit. Aber was die Frau weiß oder nicht weiß, hat mit diesem Zutreffen nichts zu tun; es ist für die Wahrheit als solche ohne Bedeutung. Wenn der Mann seine Frau belügt, so bedeutet das nicht, dass sie nunmehr ›das Unwahre weiß‹. Unmittelbar wissen kann die Frau nur, was ihr Mann ihr sagt. Und selbst wenn die Frau die Wahrheit wüsste, also ein Wissen darüber hätte, wo ihr Mann gewesen ist, so ließe auch dieses Wissen das Sein der Wahrheit unangetastet.

Angenommen nun, die Frau will herausfinden, ob ihr Mann die Wahrheit sagt. Für eine diesbezügliche Recherche stehen ihr viele Wege offen – z.B. ein Anruf bei dem besagten Freund. Es ist durchaus möglich, dass sie auf einem dieser Wege herausfindet, ob ihr Mann die Wahrheit gesagt hat. Aber sie könnte dabei niemals herausfinden, was ›die Wahrheit‹ ist. Das muss sie bereits wissen, damit sie mit ihren Nachforschungen überhaupt beginnen kann.

Die Leute, die die Frau in der Kneipe danach fragt, ob ihr Mann am fraglichen Abend dort gewesen ist, teilen der Frau irgendetwas mit; ob Wahres oder Falsches, ist für meine Argumentation nicht von Belang. Entscheidend ist, dass in den Aussagen der Befragten erneut die Relation des Zutreffens oder Nichtzutreffens steckt, die das Wesensmerkmal der Wahrheit ist. Natürlich weiß die Frau um diese Relation, und zwar auch dann, wenn sie sich diese während ihrer Recherche nicht ständig vor Augen führt. Wäre ihr das Wesen der Wahrheit unbekannt, hätten ihre Nachforschungen keinen Sinn, sie könnte dann gar nicht recherchieren.

Es ist also kein Widerspruch zu sagen, dass man, um das Wahrsein einer bestimmten Aussage durch Nachforschungen herauszufinden, bereits wissen muss, was die Wahrheit ist. Die Frau weiß nicht, ob das, was der Mann sagt, wahr ist – aber sie möchte es wissen, und darum recherchiert sie. Aber sie weiß natürlich schon vorher, was die Wahrheit ist, und nur deswegen kann sie überhaupt zu forschen beginnen. Die Sache ist einfach die: Um zu untersuchen, ob etwas, das jemand sagt, wahr ist, muss die Wahrheit als solche jenseits der empirischen Recherche Bestand haben und dem Forschenden in ihrem Wesen bekannt sein. Damit sind wir wieder beim Wahrheitsphänomen angelangt. Denn die Wahrheit hat Bestand, und sie ist den Menschen umrisshaft bekannt – und zwar unabhängig davon, ob jemand belogen wird oder nicht.

Das Bestehen der Wahrheit ist, wie ich mehrfach betont habe, kein offenkundiges. Im wahrsten Sinne des Wortes ›offenkundig‹ wird das jeweils Wirkliche nur dann, wenn es sich durch geistige Zuwendung offenbart. Etwas Wirkliches, dem sich der menschliche Geist nicht durch ein Erforschen, das in Aussagen mündet, zuwendet, ist einfach nur als das da, was es ist. Die Realität ist die Basis wahrer und falscher Aussagen, aber sie spricht sich nicht von selbst aus oder verbirgt sich. Sie muss befragt werden, und dann gibt sie Antworten in Gestalt jener wahren Aussagen, die Menschen über sie treffen. Gegenüber dem, was wirklich (geschehen) ist, hat der Mensch die Position dessen inne, der Fragen hat. Und es ist auch nur der Mensch, der sich entweder über die Realität täuschen oder absichtlich etwas Falsches über sie sagen, also lügen kann. Auf unser Beispiel bezogen heißt das zweierlei.

Erstens weiß die Frau nicht, ob ihr Mann etwas Zutreffendes sagt, und sie muss daher, falls ihr daran liegt, es zu wissen, durch Erforschung der Realität das Wahr- oder Falschsein der Behauptung feststellen. Dabei wird sie ihren Zweifel nicht ins Uferlose treiben. Sie wird etwa nicht bezweifeln, dass ihr Mann tatsächlich ihr Mann (oder überhaupt ein Mann, ein Mensch usw.) ist. Diese Tatsache gehört in den Bereich des hintergründig Offenkundigen, das unerforscht bleiben kann. Die Recherche sähe natürlich entsprechend anders aus, wenn die Frau sich fragen würde, ob ihr Mann überhaupt ein Mann oder ein Mensch ist. Aber auch in diesem Fall gäbe es hintergründige Offensichtlichkeiten, die sie nicht in Frage stellen würde – z.B. die, dass sie und dieser vermeintliche Mann bzw. Mensch sich gerade im selben Raum aufhalten.

Zweitens ist das unmittelbare Ziel der Recherche, die die Frau anstellt, nicht die Wahrheit selbst. Ihr Ziel ist es zu ermitteln, wo ihr Mann war, und dieses ›wo er war‹ ist nicht die Wahrheit, sondern etwas Reales: nämlich der Aufenthaltsort des Mannes am fraglichen Abend. Die Wahrheit selbst besteht gleichsam unterhalb der empirischen Ebene der Recherche, in deren Verlauf das, was die Wahrheit als solche ist, zu keinem Zeitpunkt zum Thema oder Problem wird. Ein Wahrheitsbewusstsein ist für den Erfolg der Recherchen, die die Frau anstellt, nicht erforderlich. Es genügt, dass die Wahrheit als die Beziehung des Zutreffens besteht, ohne dass die Frau diese Beziehung bedenkt, während sie Fragen stellt und Antworten erhält. Die Frau wertet wie jeder Forschende das fortwährende Bestehen der Relation des Zutreffens praktisch aus, ohne bei der Recherche auf diese Relation und ihr Bestehen zu reflektieren. Dennoch kann man sagen, dass die Wahrheit das Forschen und Recherchieren trägt. Denn eine Recherche ohne das Bestehen der Wahrheit wäre ein absurdes Unternehmen.

Im Alltag lassen Menschen ihre Aussagen und Gedanken ständig von der Relation des Zutreffens tragen. Es gibt keinen praktischen Handgriff, bei dem diese Relation aussetzt, und zwar unabhängig von der (gegebenen oder fehlenden) Aufmerksamkeit auf sie. Die Wahrheit ist immer da, wo Menschen sprechen, erkennen und handeln. Aber sie ist jenseits dessen da, was die Menschen über sie meinen, denken oder wissen. Und sie besteht in ihrer Wesentlichkeit auch dort noch, wo sich im menschlichen Erkennen der Irrtum oder in ihren Absichten die Lüge eingeschlichen hat.

Im »Reich reiner Echtheit«[183], also vor allem im Bereich der wissenschaftlichen Erkenntnis, gilt der Grundsatz: Ich will wissen, was wirklich los ist. Die Frau in unserem Beispiel betreibt sozusagen Alltagswissenschaft, aber diese unterscheidet sich in struktureller Hinsicht nicht von offizieller Wissenschaft. Wie Nicolai Hartmann darlegt, gehört es zum Geist der Wissenschaft, dass er unbeirrt auf die Erfassung des Wirklichen drängt; es gibt hier kein »unechtes Für-Wahr-Nehmen«, so dass man auch »das Phänomen des Irrtums in der Wissenschaft und im Gesamtfortgang der Erkenntnis überhaupt nicht als ein geistig Unechtes bezeichnen kann. Es ist kein Untreuwerden der Erkenntnistendenz an sich selbst, kein Abweichen von der Idee des Wahren«. Was den Irrtum betrifft, so ist die Wissenschaft »stets hinter ihm her«, indem sie »ihm gleichsam auflauert, und wenn sie ihn gefasst hat, ihn notwendig preisgeben muss« (ebd.). Die Lüge sowie der aufrechterhaltene Irrtum zerstören dagegen willentlich den »Kontakt mit der Sache«: Und dort, wo dieser »verloren geht, versinkt der Ge-

---

[183] Nicolai Hartmann: Das Problem des geistigen Seins, Berlin ³1962, 379.

danke in die unendliche Relativität des Denkbaren. Ob er Systeme und Weltbilder baut gleich Kartenhäusern; ob er der Suggestion der Menge, der Stimmungsmache, der Mode unterliegt und nur noch denken kann, wie ›man‹ denkt; ob ihn die Leidenschaft des Eiferers, der Fanatismus der Partei in Bann schlägt, immer ist es der Kontakt mit der Sache, der da fehlt. [...] Der Geist der Wissenschaft aber ist auf allen ihm zugänglichen Gebieten die bewusste Tendenz, die Sachfühlung herzustellen« (ebd., 390f.).

Natürlich ist Hartmann nicht entgangen, dass der Kontakt mit der Sache in der wissenschaftlichen Praxis ständig aktiv aufrechterhalten werden muss. Denn es gibt wissenschaftsexterne Faktoren, die den Kontakt unterbinden: »Am bekanntesten wohl ist hier das Hineinspielen weltanschaulicher und religiöser Bedürfnisse. Das Geglaubte und autoritativ Hingenommene kann [die] Erkenntnis verfälschen, hemmen, ihr Einsichten vorspiegeln, die sie nicht hat; ja es kann ihr auch inhaltlich vorschreiben, was sie einzusehen habe«. Es kann sogar »bis zur Gewaltherrschaft über die Wissenschaft kommen, dergestalt, dass die Wissenschaft ›gezwungen‹ wird, zu beweisen, was der gewaltsame Wille verlangt« (ebd., 378). Diese und weitere Faktoren können, wie aktuell die Diskussionen um die Frage der Wissenschaftsfreiheit zeigen, den Sinn der Recherche tatsächlich pervertieren. Die Frage, die sich in diesem Kontext stellt, lautet, ob es »die Wissenschaft selbst ist, die der Verfälschung verfällt«, ob sie sich »gegen das Aufgedrängte« (ebd.) zur Wehr setzt. Fest steht: »Unechtes Wissen wäre ein solches, das den Irrtum [oder auch die lügenhafte Manipulation] einsähe, und sich dennoch verführen ließe, an ihm [oder ihr] festzuhalten« (ebd.). Hartmann zufolge kann dies »im einzelnen Kopf« durchaus vorkommen, nicht aber im Gros der Forschergemeinschaft. Er ist jedenfalls der optimistischen Überzeugung, dass es im »Wesen der Wissenschaft liegt [...], den eingesehenen Irrtum abzutun« (ebd., 379).

Man sieht aus diesen Bemerkungen, dass Irrtum und Lüge für das Verständnis der Wahrheit hilfreiche Phänomene sind, und ich möchte im folgenden Abschnitt diese Hilfe bewusst in Anspruch nehmen. Ich gehe dabei aber nicht auf die vielfältigen Formen des

Unwahren im Detail ein. Vielmehr werde ich am Phänomen der Lüge exemplarisch andeuten, wie die Unwahrheit zum Verstehen der Wahrheit beitragen kann. Mir ist klar, dass man die zahlreichen Varianten, in denen die Unwahrheit auftritt – Irrtum, Lüge, Betrug und Selbsttäuschung sind nur einige davon – nicht gleichsetzen darf. Aber um eine Analyse der Unwahrheit geht es mir in diesem Essays ja nicht. Wenn ich mich im nächsten Abschnitt auf die Lüge konzentriere, so nicht deshalb, um sie selbst zu verstehen. Vielmehr soll durch ihre umrisshafte Beschreibung hindurch an der Profilierung der Wahrheit weitergearbeitet werden.

7. Gedanken über die Lüge

Wer lügt, sagt Nichtzutreffendes. Er wird etwa gefragt: »Wo warst Du?«, und seine Antwort gibt daraufhin nicht den tatsächlichen Aufenthaltsort an, sondern, nun ja, wie soll man sagen: ›einen anderen‹. Doch man muss an dieser Stelle genau sein. Der im Falle der Lüge angegebene Ort mag zwar wie ein realer Ort erscheinen, und der Lügner wird sich natürlich bemühen, eine möglich realistisch erscheinende Angabe zu machen, damit man dieser Glauben schenkt und sie für wahr hält. Aber das Problem ist, dass der angegebene Ort tatsächlich ein irrealer Ort ist, und seine Angabe somit überhaupt keine Ortsangabe. Wir wollen die Sache näher betrachten und nehmen uns dafür wieder etwas Zeit.

Wirklich ist zunächst das Bestehen der Lüge als solches. Wenn gelogen wird, wird gelogen, und das beinhaltet normalerweise, dass der Belogene, anders als der Lügner, um die Unwahrheit des Behaupteten nicht weiß. Dies liegt daran, dass eine Lüge äußerlich nicht anders erscheint als eine wahre Aussage: Man sieht ihr das Falschsein nicht unmittelbar an. Hätten Lügen die sprichwörtlich kurzen Beine, so läge darin ein sichtbares Indiz oder sogar ein Kriterium der Unwahrheit. Aber da sie diese kurzen Beine nicht haben, gibt es kein solches Kriterium. Manche werden sagen leider, andere werden sagen Gott sei Dank.

Dass Menschen überhaupt lügen oder belogen werden können, verweist indirekt auf das Bestehen der Wahrheit. Da Wahrheit und Lüge eng zusammenhängen, ist es merkwürdig, dass viele Menschen bezüglich der Frage nach der Existenz der Wahrheit zur Skepsis neigen, während sie andererseits doch kaum bezweifeln, dass es die Lüge gibt. Können denn beide Phänomene unabhängig voneinander bestehen? Wohl kaum: In einer Welt, in der es die Unwahrheit gibt, gibt es notwendig auch die Wahrheit. Das umgekehrte Verhältnis besteht dagegen nicht bzw. nicht zwingend. Denn immerhin theoretisch ist eine Welt denkbar, in der die Menschen niemals lügen, und in der auch sonst nichts Unzutreffendes geäußert wird. Eine Welt dagegen, in der weder das Sagen der Wahrheit noch irgendetwas Treffendes vorkommt, ist unvorstellbar. Dies müsste eine Welt sein, in der nicht nur alles Gesagte lügenhaft ist, sondern in der auch von der Sache her nichts so ist, wie es ist. Man kann sich vielleicht eine Welt vorstellen, in der alle Menschen lügen und behaupten, sie seien Maschinen. Aber eine Welt, in der alle Menschen tatsächlich Maschinen sind, kann es nicht geben. In der realen Welt sind die Dinge immer, was sie sind. Und nur weil das so ist, kann es in ihr die Lüge geben.

Schauen wir nun einmal, was beim Lügen geschieht. Wer seine Mitmenschen belügt, erzeugt mittels seiner Worte ein Gewebe des Trugs und des Scheins. Es handelt sich dabei aber um einen Schein eigener Art, der z.B. nicht mit dem ästhetischen Schein im Bereich der Kunst verwechselt werden darf.[184] Der Lügner weiß, dass mit

---

[184] In seiner Ästhetik betont Nicolai Hartmann: »Gerade die Vortäuschung des Wirklichen ist der echten Kunst von Grund aus fremd. Alle Theorie des Scheines und der Illusion, die diesen Weg einschlägt, verkennt einen wichtigen Wesenszug im künstlerischen Erscheinenlassen; eben dieses, dass es nicht Wirklichkeit vortäuscht, dass vielmehr das Erscheinende auch als Erscheinendes verstanden und nicht als Glied in den realen Lauf des Lebens eingefügt wird, sondern gerade aus ihm herausgehoben und gleichsam gegen das Gewicht des Wirklichen abgeschirmt dasteht (Ästhetik, Berlin ²1966, 36). Was Hartmann meint, ist dies: Der Apfel auf einem Gemälde lädt den Betrachter nicht zum Essen ein, und der Schauspieler, der in seiner Rolle in Verzweiflung versinkt, veranlasst das Publikum nicht dazu, auf die Bühne zu springen und ihm Mitleid zu spenden. Und auch »in der Dichtung [...] tritt ein Sinn der

jeder weiteren Masche, die er dem selbst gewebten Lügennetz hinzufügt, die Anstrengung, den Schein zu wahren, wächst. Denn seine Lügengeschichte muss in ihrer Scheinhaftigkeit fortlaufend gegen die Beständigkeit der Wahrheit, die gegen diese Geschichte ausgesagt werden könnte, abgedichtet werden. Es ist leicht einzusehen, warum die Anstrengung für den Lügner so groß ist. Die Dinge nehmen ihren Lauf, sie können durch das Lügen nicht real geändert werden. Zwar gelingt der Lüge eine alternative Darstellung der Dinge oder Ereignisse; aber die dargestellte Wirklichkeit ist eben nicht die Wirklichkeit selbst, auch wenn das lügenhafte Darstellen als solches real ist. Es ist daher jederzeit möglich, dass jemand die Realität jenseits der Darstellung entdeckt – weshalb der Lügner das Reale, das für die Wahrheit den wesentlichen Pfeiler darstellt, immerfort vor dem Belogenen verbergen muss. Doch Vorsicht: Was der Lügner verschleiert, ist keineswegs unmittelbar die Wahrheit; denn diese kann er nicht verbergen, das kann niemand. Der Lügner verbirgt, so merkwürdig es klingt, die Realität – und es ist egal, ob man dieses Tun als Verdrehen, Verklären oder Verleugnen bezeichnet, solange man nur im Auge behält, dass der Lügner gegen die Wahrheit nichts ausrichten kann. Der Lügner tut das, was einem sich Irrenden unwillkürlich widerfährt, mit bewusster Täuschungsabsicht. Aber weder er noch der sich Irrende beseitigen die Wahrheit, indem sie die Realität verschleiern oder fehlerhaft auffassen.

Der Lügner nutzt vor allem seine Phantasie: Er gibt etwas Ausgedachtes als Geschehenes aus. Der Belogene weiß um diese Operation des Lügners nicht; und daher ist der Lügner zunächst auch nur für sich selbst ein Lügner, während er für den Belogenen einfach jemand ist, der etwas meint oder behauptet. Ganz unabhängig jedoch davon, was Lügner und Belogene jeweils wissen: Es ist so, dass der Lügner lügt. Und das heißt eben, dass das vom Lüg-

---

Rede auf, der jenseits des Gewichtes von wahr und unwahr steht, sich um diesen Gegensatz nicht kümmert und [...] ohne das Ethos des Bezeugens oder Verleugnens von Realem dasteht. Dieser Sinn der Rede ist das Erscheinenlassen um seiner selbst willen, das »Fabulieren«, das eigentliche »Dichten« (ebd., 103).

ner Gesagte nicht (oder zumindest nicht so wie gesagt) geschehen ist, dass es niemals (auf diese Weise) wirklich war. Der konkrete Inhalt der Lüge hat zwar durchaus Realität, das heißt, er wirkt in den realen Zusammenhang des Lebens und Meinens der Belogenen hinein. Aber er hat diese Realität nur als Erfindung. Das weiß zwar zunächst nur der Lügner. Aber dieser geht nicht darin auf, ein Wissender zu sein; er ist vielmehr nach wie vor eine Person und muss als solche mit der Lüge leben. Dem ›Wissensvorsprung‹ des Lügners in Bezug auf die Realität der Lüge braucht daher keineswegs ein entsprechender ›Gefühlsvorteil‹ auf der Erlebnisseite seiner Person zu entsprechen. Im Gegenteil: Gerade bei Lügenden, die nicht völlig kaltblütig zu Werke gehen, wird der zweifelhafte Vorsprung des Wissens durch eine generelle Gespanntheit und Unruhe im Lebensgefühl aufgewogen, weswegen der Lügner seine Gefühle denn auch zu kontrollieren und zu ›privatisieren‹ hat. Es ist offensichtlich, warum ein vermeintliches Mehr an Wissen beim Lügner mit einem Mehr an Unbehagen einhergeht. Jede Konfrontation des Lügners mit der unbeugsamen Realität kann zu seiner Entlarvung führen. Stets droht die Möglichkeit der Aufdeckung seiner Erfindung, die im Realzusammenhang der Geschehnisse ja niemals jenen Platz einnahm, den der Lügner ihm erfinderisch andichtet.

Es ist also die Realität selbst, welche die Existenz des Lügners so unkomfortabel macht. Der allgemeinste Aspekt der Realität besteht in ihrem So-und-nicht-anders-Sein. Real ist nicht, was möglicherweise oder denkbarerweise sein könnte; real ist das was ist. Da alles, was möglich ist, realistisch betrachtet nur möglich ist, wenn es wirklich wird bzw. sich verwirklicht, haben es Lügner sehr schwer. Ihre Lage ist letztlich sogar zum Verzweifeln. Denn die durch die Lüge verleugnete Wirklichkeit zeigt sich durch das Ableugnen in keiner Weise beeindruckt – sie widersteht dem Phantasierten auf ganzer Linie, indem sie es an keiner Stelle in sich aufnimmt. Was nicht so passiert ist, wie es dargestellt oder erdichtet ist, ist eben überhaupt nicht passiert. Es erfordert daher, relativ zum Umfang des Erfundenen, ein hohes Maß an lügnerischem Aufwand, um die Realität, die nicht aufhört, so zu sein, wie sie ist bzw. war, anders erscheinen zu lassen. Ein Lügner kann vieles Mögliche ersinnen und als wirklich vor uns hinstellen. Aber er kann es nicht faktisch in den Realzusammenhang einbauen. Kurz, er kann das von ihm Ausgedachte nicht in etwas verwandeln, das wirklich ist oder sich verwirklicht.

Der Gegensatz von Denkmöglichkeit und Realmöglichkeit ist ein Kernthema in Nicolai Hartmanns Modalontologie, die sich mit den Seinsmodi (Wirklichkeit, Möglichkeit, Notwendigkeit, Zufälligkeit) beschäftigt. Die zentrale These Hartmanns lautet, dass es in der realen Welt, anders als etwa in der Phantasie, keine freischwebenden Möglichkeiten gibt. Es verwirklicht sich stets nur das wirklich Mögliche, nicht dagegen das unverbindlich Denkbare oder Vorstellbare. Das Wesen der Realmöglichkeit macht Hartmann an einem Beispiel deutlich: »Man denke sich den Fall, dass ein Steinblock im Gebirge dicht am Abhang liegt, durch eine leise Erschütterung ins Rollen kommt und nun zu Tale rollt. Der Stein »kann nicht« ins Rollen kommen, bevor eine bewegende Kraft ihn aus dem noch vorhandenen Gleichgewicht bringt, obgleich alle übrigen Bedingungen des Hinabrollens längst vorhanden sind – und zwar weit fundamentalere Grundbedingungen, etwa die Höhe seiner Lage über der Talsohle […], die Schwerkraft der Erde, die schiefe Ebene des Abhanges usw.; so geringfügig der erste Anstoß sein mag, der ihn aus dem Gleichgewicht bringt, er ist doch die letzte noch fehlende Realbedingung seines Rollens, welche die Totalität der Bedingungen erst vollständig macht. Solange diese letzte Bedingung fehlt, ist sein Rollen durchaus »unmöglich«. Es wird erst »möglich« in dem Augenblick, in dem sie hinzutritt. Sie macht das Maß voll. […] Es ist die Eigenart des Realen, dass es in ihm kein »bloß Mögliches« gibt. Wo und wie immer etwas real möglich wird, da wird es auch schon real notwendig. Was im Realzusammenhange sein »kann«, das »muss,« in ihm auch sein«.[185] Hartmann ist sich bewusst, dass seine Theorie der Realmöglichkeit für das Alltagsbewusstsein eine Zumutung darstellt. Dieses geht nämlich davon aus, dass zu jedem Zeitpunkt

---

[185] Nicolai Hartmann: Möglichkeit und Wirklichkeit, Berlin [3]1966, 153f.

vieles möglich ist.[186] Hartmann ist dagegen ist überzeugt, dass in dieser Hinsicht nur ein nüchterner Blick auf die Realität zur »Austreibung der Gespenster aus dem Weltbilde des Menschen« führen kann. Er weiß aber auch, dass der philosophische Versuch der Gespensteraustreibung »nicht ohne Widerstand vonstatten gehen« kann, denn »er ist nicht eine Frage der Einsicht allein. Denn so ist der Mensch: er liebt seine Gespenster« (ebd., 163f.).

Vor diesem Hintergrund wird deutlich, dass der Lügner, sofern er nur tunlichst vermeidet, sich auf die Wirklichkeit zu beziehen, eine große Freiheit genießt. Aber diese Freiheit ist – anders als diejenige des Künstlers, der keinerlei Betrugsabsichten hegt – auf Sand gebaut. Der Lügner muss nämlich, um erfolgreich täuschen zu können, peinlich genau auf die Kohärenz seines Lügengebildes achten. Er muss, so paradox es klingt, dafür sorgen, dass sein Lügengewebe ›stimmt‹, also eine innere Folgerichtigkeit und Nachvollziehbarkeit aufweist. Der Lügner fingiert: Er erfindet Sachverhalte, anstatt über Tatsachen zu berichten. Aber die von ihm fingierten Sachverhalte müssen zugleich den Schein von etwas Realmöglichem erzeugen, um nicht unglaubwürdig zu wirken. Seine

---

[186] »Aber woher will der Mensch denn eigentlich wissen, dass so unübersehbar vieles möglich ist, was nicht wirklich wird? Da real möglich nur das ist, wofür die Totalität der Bedingungen in der jeweiligen Realsituation beisammen ist, der Mensch aber eben diese Totalität im Leben so gut wie niemals fasst, und aus nachfolgender Erfahrung stets nur die Möglichkeit des »einen« ersieht, das zur Wirklichkeit gelangt, – mit welchem Recht redet er sich da ein, dass gleichzeitig noch so viel anderes real möglich war? Dass es in seinen Gedanken – oder soll man sagen, in seiner den Ereignissen vorauseilenden Phantasie – ein weites Reich des »bloß Möglichen« gibt, das nicht wirklich ist und niemals wirklich wird, ist doch kein Grund, es auch als in der Realwelt bestehend anzunehmen. Dass der Mensch diese Annahme naiverweise macht, ist begreiflich. Aber dass er sie in der philosophischen Besinnung festzuhalten sucht, mit keinem anderen Grunde als dem der vertrauten Denkgewohnheit, ist durchaus nicht ebenso begreiflich. Denn bedächte er, dass er damit eine Spaltung durch die reale Welt legt, gemäß der alles Wirkliche von einem Gefolge des »bloß Möglichen« wie von einem Gespensterschwarm umlagert ist, er würde sich wohl hüten, Annahmen zu machen, für die es in aller Welt keinen Anhalt gibt« (Nicolai Hartmann: Möglichkeit und Wirklichkeit, Berlin ³1966, 163).

Lüge muss realistisch erscheinen; sie darf nichts enthalten, was der Zuhörer als irreal oder unrealisierbar durchschaut. Der geübte Lügner ist also kein Surrealist, sondern eher ein Hyperrealist. Er legt seine Lüge so an, dass sie über die Maßen glaubwürdig erscheint. So wie in der hyperrealistischen Malerei Schatten, Lichteffekte, Texturen und Oberflächen eindeutiger dargestellt werden als sie tatsächlich wahrgenommen werden, so stellt der Lügner die Geschehnisse als ›wahrer‹ als jemand, der schlicht die Wahrheit sagt. Das Sagen der Wahrheit ist keine exakte Abbildung oder Spiegelung der Wirklichkeit, sondern eine zwar treffliche, aber zugleich bloß andeutungshafte, annähernde Realitätswiedergabe. Dagegen liefert die Lüge häufig eine überpräzise Darstellung des fingierten Sachverhalts, der sein vermeintliches Wahrsein dem Zuhörer geradezu aufdrängt. Dazu passt die Tatsache, dass der Lügner sein Lügengebilde rational durchkonstruiert, es also auf Wahrscheinlichkeit und innere Stimmigkeit hin durchdenkt.

Von einer eigentlichen Freiheit des Bildens kann also bei der Lüge keine Rede sein. Das liegt nicht allein an den hohen Konsistenzanforderungen des Lügens, sondern vor allem daran, dass der Lügner mit der von ihm geleugneten Realität nach wie vor in Kontakt steht – es ist die Wirklichkeit, von der die Lüge sich abstößt. Da nur das möglich ist, was sich fortlaufend verwirklicht, bleibt der Lügner im Prozess des Lügens auf ambivalente Weise in das Reale verstrickt. Der Lügner ist wirklich ein Lügner; schon das verengt den Spielraum seiner Freiheit. Und das von ihm Erfundene ist ein reales Irreales, das sich auf seine Weise – nämlich als Lüge, die unentdeckt bleiben, aber eben auch entlarvt werden kann – in den Verlauf der realen Geschehnisse einfädelt. Der Lügner ist jemand, dessen die-Unwahrheit-Sagen gerade deswegen aufgedeckt werden kann, weil es wirklich ist. Natürlich kommt es nicht immer dazu, dass Lügner überführt werden. Aber selbst dort, wo es nicht dazu kommt, ist es schlicht so, dass ein Lügner nur als Lügner existieren kann; etwas anderes ist unmöglich. Die Existenz des Lügners ist keine freie Existenz, auch wenn das Lügengebilde frei erfunden ist. Die Existenz des Lügners und seiner

Lüge unterliegt dem Bestehen der Wahrheit nicht weniger als diejenige von Menschen, die die Wahrheit sagen.

Vor allem engmaschige Lügengewebe bedürfen der fortlaufenden und punktgenauen Manipulation der Dinge, die in ihnen zur Darstellung kommen. Was nicht zur Realität passt, muss tunlichst unter Verschluss gehalten werden. Ein Lügner hat fortwährend damit zu tun, alle relevanten Aussagen so zu modellieren, dass sie trotz ihres Widerstreits zum Wirklichen doch wie das Wirkliche erscheinen. Er gleicht hierin dem Jongleur, der seine Bälle fortwährend gegen den Widerstand der Schwerkraft in der Luft halten muss. Wo dies nicht gelingt, rückt die Wirklichkeit, welche ihrerseits notorisch indifferent gegenüber Wahrheit und Lüge ist, dem erlogenen Inhalt auf den Leib. Die Spannung, die auf das Lügennetz drückt, kann sehr stark werden. Das Netz kann schließlich zerreißen, und die ganze Story fliegt auf.

Wie schon gesagt, dazu muss es nicht kommen; und im Falle großflächig konstruierter Lebenslügen kommt es dazu vielleicht tatsächlich nicht. Und doch impliziert die Lüge ein Leben in der ständigen Spannung potenziellen Auffliegens. Trotz allem effektiven Komfort, den selbst eine erfolgreiche Lügenbiographie mit sich bringt, ist das Lügenleben – und letztlich auch schon jedes harmlose Nichtwahrhabenwollen oder Sich-etwas-Vormachen – ein Leben in Unbehaglichkeit und Unruhe. Ganz anders steht es mit dem Sagen der Wahrheit, welches nachgerade leicht ist. Nichts ist weniger aufreibend und spannungsgeladen als einfach zu sagen, was der Fall ist: Wen man liebt, was man denkt, wie man sich fühlt, was man gern isst. Und selbst, wenn man etwas nicht weiß, weil man sich in der fraglichen Sache nicht auskennt, ist die es ganz leicht, sein wissendes Nichtwissen wahrheitsgemäß zuzugeben: »Ich weiß es nicht!«.

Ein Lügner hat nicht nur in moralischer Hinsicht viel zu schultern. Für ihn teilt sich die Welt in zwei Bereiche: in die des Realen in seiner Faktizität einerseits sowie in die ›Welt‹ des von ihm Erfundenen andererseits. Ununterbrochen muss der Lügner dafür sorgen, dass beide ›Welten‹, von denen die phantastisch konstruierte ›Welt‹ eine Irrealität darstellt, voneinander getrennt bleiben.

Man könnte sagen, dass der Lügner sich damit aus eigener Willkür zu einer Art Schizophrenie verurteilt. Der Lügner leidet natürlich nicht im psychiatrischen Sinne an Schizophrenie, teilt aber mit dieser Erkrankung durchaus einige strukturelle Merkmale. Karl Jaspers (1883-1969) zufolge sind die drei konstitutiven Merkmale schizophrenen Wahns die subjektive Gewissheit, die Unkorrigierbarkeit durch Erfahrungen oder Argumente sowie die Unmöglichkeit des Wahninhalts.[187] Auch ein Lügner weist diese Merkmale auf. Er ist sich erstens subjektiv seiner Lüge gewiss, wenngleich er freilich um sie als um eine als Lüge weiß. Er darf sich zweitens durch Erfahrungen, die seine Lüge in Gefahr bringen, nicht irritieren lassen, auch wenn ihm dies – anders als dem Wahnkranken – immerhin prinzipiell möglich ist. Und er ist sich drittens auch darüber bewusst, dass der Inhalt seiner Lüge eine Realunmöglichkeit darstellt, da er das Realwirkliche, an dessen Stelle er das Lügengebilde setzt, kennt.

Was den Schizophrenen und den Lügner zudem strukturell vergleichbar macht, ist die »Endgültigkeitstönung«: die »Lähmung der Persönlichkeit« bzw. ihr Einrasten in machtvollen »Größenideen«.[188] Die ›großartige‹ Macht der Lüge besteht darin, dass man mittels ihrer seinen Mitmenschen eine selbsterzeugte Weltversion glaubhaft unterbreiten kann, von der man zugleich (und im Gegensatz zum Schizophrenen) nicht wahnhaft überzeugt ist. Allerdings ist diese Macht erkauft durch die Tönung der Endgültigkeit. Es bedarf einer paranoischen Kontrolle darüber, dass die Lüge unentdeckt bleibt, damit sie weiterbestehen kann. Die Paranoia des Schizophrenen ist von anderer Art, und in gewisser Weise ist sie sogar komfortabler als die des Lügners. Das leidvolle Kranksein des Schizophrenen besteht darin, dass sein Wahn nicht aufgedeckt, oder genauer, dass er selbst ihn nicht entdecken kann – denn für das Wahnbewusstsein existiert keine Wirklichkeit außerhalb des Wahngebildes, da dieses selbst als das Wirkliche er-

---

[187] Vgl. Karl Jaspers: Allgemeine Psychopathologie, Berlin ⁹1973.

[188] Hermann Schmitz: System der Philosophie, Band IV: Die Person, Freiburg/München 2019, 427.

scheint. Der Lügner weiß genau: Ich bin ein Lügner. Der Schizophrene dagegen weiß nicht, dass er geisteskrank ist.

Wer die Wahrheit sagt, bleibt der realen Welt treu; also der allen Menschen (inklusive dem Lügner) vorgegeben und vertrauten Wirklichkeit, die sich nicht gegen wahrheitsgemäße Wiedergaben sträubt. Das gezielte Erforschen der Wirklichkeit etwa in den Wissenschaften bedeutet, ähnlich wie das Lügen, Arbeit und Anstrengung. Aber diese Arbeit muss nichts hinterm Berg halten, sondern kann sich, gleichsam ohne doppelte Buchführung, der einen und einzigen Realität zuwenden.

Die Relation zwischen Wahrheit und Lüge ist nicht symmetrisch. Zwar ist die Lüge eine Form der Unwahrheit, aber das Sagen der Wahrheit ist umkehrt kein aktives Vermeiden der Lüge. Die Asymmetrie hat ihren Grund letztlich darin, dass die Wirklichkeit, vom imaginären Lügengewebe unbeeindruckt, fortbesteht. Lügen müssen immer wieder gegen das Wirkliche aufrechterhalten werden, während umgekehrt vom Wirklichen keinerlei Zwang ausgeht, es wahrheitsgemäß auszusagen. Die Notwendigkeit, ein Narrativ aktiv aufrechtzuerhalten, liegt allein auf Seiten des Lügners. Dagegen verhalten sich Wirklichkeit und Wahrheit gegeneinander zwanglos und inaktiv: Es gibt sie beide, aber man muss zu ihrem Sein nichts dazutun. Der Lügner ist demgegenüber zur Arbeit verdammt. Es handelt sich aber nicht um eine konstruktive Arbeit, sondern um ein Anarbeiten des persönlich Ausgedachten und als wahr Verbreiteten gegen die Realität.

Irgendwo ist der Ehemann, dessen Frau ihn fragt, wo er war, gewesen; daran ist nichts zu ändern. Der Mann kann sich, wenn er aus irgendeinem Grund lügen will, sehr viele Orte ausdenken, an denen er ›war‹ – die Vielfalt eigenphantastischer Möglichkeiten ist vielleicht ein Aspekt des besonderen Reizes, den das Lügen für die Menschen hat. Die Wahrheit wird jedoch durch die Lüge, also durch das Sagen der Unwahrheit, nicht im Mindesten betroffen – selbst dann nicht, wenn das Netz der Lügen derart dicht gestrickt ist, das schließlich der Lügner selbst an seine Lügen glaubt, sie also für die Wahrheit hält. Die Wahrheit wird von dem Tun und Treiben desjenigen, der Unwahres zur Wahrheit erklärt, nicht im

Geringsten berührt. Der Mann war, wo er war, nirgendwo anders. Und wenn offenbar wird, wo er war, wird damit eben der wirkliche Aufenthaltsort des Mannes offenkundig. Man kann dann darüber nicht mehr debattieren. Alles Reden wäre dann nur noch ein Sich-Herausreden, was bekanntlich für alle Beteiligten stets in hohem Maße peinlich ist.

Wenn jemand etwas Wahres sagt, dann ist dieses Sagen gewissermaßen die äußere Anzeige der Wahrheit. Doch auch wenn niemand jemals die Wahrheit sagte, geschähe das, was geschähe – nichts sonst als das wirklich Geschehende kann geschehen. So hängt die Identität der Wahrheit letztlich allein vom Gefüge des Realzusammenhangs ab. Natürlich sind auch das Phantasieren, das Lügen und das Sich-etwas-Vormachen reale Geschehnisse. Aber das Phantasierte, Erlogene und Eingebildete existiert nicht – es wird durch das Realsein ihrer Erfinder nicht seinerseits etwas Reales. Real ist das Lügen, aber der Lügeninhalt ist irreal, und genau deshalb kann man die Lüge entlarven. Das Reale sowie insbesondere die Wahrheit kann man hingegen nicht ›entlarven‹. Die Realität ist nichts, was sich vor uns verstellt, und die Wahrheit ist nichts, was Menschen verbergen oder verstecken können. Die Menschen können lügen, also Unwahres äußern. Aber damit wird nicht die Wahrheit versteckt, denn diese bleibt über alles Lügen hinweg beständig. Weil die Wahrheit ihre hintergründige Präsenz nicht verlieren kann, können Lügner entlarvt werden oder ihre Lüge eingestehen.

Ob es richtig ist, dass die Wahrheit uns Menschen frei macht, sei dahin gestellt. Die Vorstellung jedenfalls, dass Lügner ein freieres und an Möglichkeiten reicheres Leben haben, ist definitiv falsch. Der Lügner selbst mag wohl wähnen, er habe freies Spiel. Aber er hat es nicht; gerade er ist der fortdauernd Abhängige. Ein Schicksal, in dessen Verlauf sich jede Lüge am Ende rächt, gibt es nicht – die Schicksalsidee entstammt, ohne freilich eine Lüge zu sein, dem Reich der Phantasie. Aber jeder Lügner erleidet bereits durch die höchst anormale Spannung, in die er seine Existenz versetzt, fortlaufend die ›Strafe‹ für sein Tun. Er mag äußerlich im Wohlstand leben oder Ansehen genießen, aber er ist ein Lügner, und er weiß, dass er es ist. Man mag dieses Sein und Wissen, wenn man so hoch greifen will, sein ›Schicksal‹ nennen. Ich würde einfach sagen, dies ist sein unruhiges und doppelbödiges Leben. Niemand hat es ihm von irgendwo her geschickt, sondern er selbst hat es sich nach und nach so ungemütlich eingerichtet.

Die Unwahrheit trifft das Wirkliche nicht, sie verfehlt es. Wo das geschieht – sei es beim absichtlichen Lügen oder beim unwillkürlichen Irrtum – liegt ein merkwürdiges Phänomen vor. Es sagt sich nämlich so leicht, dass eine Aussage unzutreffend ist. Aber es ist gar nicht so einfach zu verstehen, was das eigentlich bedeutet. Wenn beim Fußball ein Schuss neben das Tor geht, bereitet das Nichttreffen keine Verständnisschwierigkeiten. Aber wohin geht eigentlich eine Aussage, die das Wirkliche verfehlt? Man kann nicht antworten, sie gehe ins Nichts – denn was soll das ›sein‹, das Nichts? Man kann auch nicht sagen, die Aussage trifft ins Unwirkliche. Denn Unwirkliches ist zwar nicht gerade nichts, aber man kann sich darunter kaum etwas vorstellen. Man kann jedenfalls nicht sinnvoll sagen, dass eine Falschaussage zwar einerseits auf die Wirklichkeit zielt bzw. sich auf die Realität richtet, dass sie sie dann aber verfehlt. Das Getroffenwerden der Realität durch Aussagen und Vorstellungen ist verständlich, aber das entsprechende Verfehlen gibt Rätsel auf.

Angenommen, der Ehemann im Beispiel belügt seine Frau: Er behauptet, auf der Party gewesen zu sein, war aber tatsächlich in der Kneipe. Man kann nun nicht sagen, dass er mit dieser Behauptung die Wirklichkeit verfehlt. Die Lüge zielt nicht an der Wirklichkeit vorbei. Vielmehr wird im Realen ein Irreales eingeführt, zu dem es kein Original gibt. Es ist ganz gleichgültig, was der Mann erfindet: Allein dadurch, dass er ›erfindet‹, erschafft er ein Gebilde, welches das Reale weder treffen noch verfehlen kann. Illusionäres oder Fiktives kann nämlich mit dem Realen nicht konkurrieren; so wie auch niemals eine reale Person in eine Fiktion oder Illusion ›eintreten‹ oder, umgekehrt, eine fingierte Figur aus ihrem fiktionalen Zusammenhang in die Wirklichkeit ›hinüberwechseln‹ kann. Die Inhalte von Lügen, Phantasien und Fiktionen haben keinen Kontakt zur Realität, gehen aber auch nicht, und das ist der kuriose Punkt, an ihr vorbei.

Ein Schuss, der im irrealen Raum des Fiktionalen – im Roman, im Film oder auch in der Phantasievorstellung – abgefeuert wird, geht nicht an einem wirklichen Menschen vorbei, denn vorbeigehen oder treffen kann nur ein Schuss, der im Realraum von einem wirklichen Menschen abgegeben wird. Phantasmen, Fiktionen, Illusionen und Lügen hingegen sind reine Bewusstseinsgebilde. Das Phantasieren, Fingieren und Lügen hat zwar einen Anker im Realen, sofern es von wirklichen Autoren aus Fleisch und Blut initiiert und gestaltet wird. Aber das inhaltliches Gewebe des Phantastischen, Fiktiven oder Erlogenen ist irreal; es spielt in einer Sphäre, die den Binnenraum des Autorbewusstsein nicht transzendiert. Nicolai Hartmann drückt diesen Umstand so aus: »Die Illusion bedeutet überhaupt, […] dass die Fühlung mit dem Ansichseienden verloren geht. […] Die Phantasie schweift frei, ohne Realobjekt; dasselbe tut die Illusion, auch sie hat nur noch selbstgeschaffene, intentionale Objekte. Wie das Phantasierte im Vorstellungsbereich keinen Erkenntniswert hat, so das Illusorische keinen Seinswert«.[189] Denn: »Wo der Akt den »Gegenstand« nicht zur Repräsentation bringt, sondern ursprünglich hervorbringt, da ist nur »reine Vorstellung« (Gedanke, Phantasie) ohne Erkenntnis«.[190] Phantasieinhalte repräsentieren die Wirklichkeit also weder zutreffend noch unzutreffend; und daher ist eine Lügengeschichte auch keine ›unzutreffende wahre Geschichte‹. Reine Bewusstseinsgebilde repräsentieren überhaupt nicht, sondern sie

---

[189] Nicolai Hartmann: Zur Grundlegung der Ontologie, Berlin ⁴1965, 180. Näheres zum Verhältnis von Bewusstsein und Erkenntnis findet sich in Thomas Rolf: Around the corner. Über einige Beziehungen zwischen Bewusstsein und Erkenntnis. In: Andreas Hetzel, Jörg Martin u.a. (Hg.): Allegorien des Bewusstseins. Versuche wider die Eindeutigkeit, Freiburg/München 2021, 152-168.

[190] Nicolai Hartmann: Grundzüge einer Metaphysik der Erkenntnis, Berlin ⁵1965, 491.

erzeugen eine »artifizielle Präsenz«[191], die in keinem Kontakt zur Wirklichkeit steht.

Man kann den Rolle, die Imaginationen im Alltagsbewusstsein spielen, nicht hoch genug veranschlagen. Im Alltag schwebt vieles in einem unpersönlichen Nebel von Einbildungen, die der österreichische Philosoph Robert Pfaller (*1962) in einer hervorragenden Studie über das gesellschaftliche Imaginäre als »Einbildungen ohne Eigentümer« bezeichnet.[192] Natürlich ist dieses Imaginäre kein Ergebnis absichtlichen Lügens. Aber es gibt sehr viele Inhalte persönlichen wie öffentlichen Meinens, die einer Realitätsprüfung nicht standhalten. Lügen, Vorurteile und Irrtümer verfehlen das Wirkliche auf ganz unterschiedliche Weise; und es ist durchaus ein Unterschied, ob jemand in voller Absicht betrügt, oder ob er sich unwillkürlich über etwas im Irrtum befindet. Effektiv aber ist es in solchen Fällen stets so, dass die Wirklichkeit in unzutreffender Weise zur Darstellung kommt.

Was Darstellungen, die nicht auf die Realität zutreffen, eigentlich repräsentieren, ist eine interessante Frage. Und ebenso interessant ist die Frage, wie es den Inhalten von Lügen oder Irrtümern gelingt, sich im Bewusstsein der Menschen festzusetzen. Ich möchte diese Fragen hier aber nicht weiter verfolgen. Klar ist jedenfalls, dass bei ihrer Untersuchung, die insbesondere von Phänomenologen vielfach durchgeführt worden ist, die Betonung auf den Phänomenen des Phantasiebewusstseins liegen muss.[193] Wir halten hier nur fest: Nicht die Realität ist Quelle und Sitz des Imaginären, sondern ein Bewusstsein, das sich, so gut es ihm möglich ist, vom Realen abwendet und in sich selbst verschließt.

---

[191] Vgl. Lambert Wiesing: Artifizielle Präsenz. Studien zur Philosophie des Bildes, Frankfurt/M. ⁵2018.

[192] Robert Pfaller: Die Illusionen der anderen. Über das Lustprinzip in der Kultur, Frankfurt/M. ⁷2018.

[193] Vgl. Edmund Husserl: Phantasie und Bildbewusstsein, Hamburg 2006 sowie Jean-Paul Sartre: Das Imaginäre. Phänomenologische Psychologie der Einbildungskraft, Reinbek bei Hamburg 1980.

8. Jenseits des Wahren: Empfinden, Gebieten, Fordern

Vieles was Menschen äußern, hat zur Wahrheit keinen unmittelbaren Bezug. Eine Frage z.B. ist ein Beleg dafür, dass es objektbezogene Äußerungen ohne Wahrheitscharakter gibt. Die Frage: »Wer hat die Kokosnuss geklaut?« hat einen objektiven Inhalt: Es geht um den Diebstahl einer Kokosnuss und um die Frage nach dem Dieb. Aber die Frage selbst ist natürlich weder wahr noch falsch. Ganz ähnlich steht es mit emotionalen Ausdrücken wie »Verdammt noch mal!« oder »Lassen Sie mich endlich in Ruhe!«. In der philosophischen Fachsprache heißen solche Äußerungen nicht wahrheitsfähig. Von ihnen gibt es sehr viele; man kann sogar sagen, dass die meisten alltäglichen Sprechakte nichts mit der Wahrheit zu tun haben. Im Alltag geht es eben nur selten um objektives Informieren oder Repräsentieren der Realität.

Diese Wahrheitsindifferenz gilt für bewertende Beurteilungen oder Deutungen von Situationen und Sachlagen ebenso wie für Bemerkungen darüber, wie man eine bestimmte Sache bewertet (»Ich sehe das so…«). In solchen Fällen ist der Wunsch, die eigene Sicht auf die Dinge zum Ausdruck zu bringen, stärker als das nüchterne Interesse an trefflicher Darstellung; das Wahrheitsstreben tritt in diesen Fällen fast ganz hinter die Artikulation persönlicher Vorlieben zurück. Das wird beim Interpretieren von Situationen oder Verhaltensweisen exemplarisch deutlich. Man kann kaum sinnvoll fragen, welche der zahlreichen möglichen Deutungen einer Sachlage wahr sind. Natürlich können Deutungen mehr oder weniger stimmig, d.h. dem Sinngebilde, um dessen Deutung es geht, mehr oder weniger angemessen sein. Aber ihrer Eigenart nach sind sie, ebenso wie Einschätzungen oder Beurteilungen, etwas wesentlich anderes als objektive Realitätswiedergaben. Bei Interpretationen oder Deutungen geht es um das Verstehen des Sinns von Sachverhalten, nicht um eine informative Schilderung von Tatsachen. Entsprechend ist die Haltung, die man solchen Äußerungen gegenüber einnimmt, eine kommunikative und dialogische – keine unpersönlich-taxierende, sondern eine verstehend-nachvollziehende Einstellung charakterisiert die Haltung des Verstehens. Das Verstehen strebt nicht nach Wahrheit, sondern es zielt auf Verständigung. Und natürlich setzt es, wie kommunikative Akte ganz allgemein, ein elementares Vorverständnis zwischen Sprechenden und Hörenden bezüglich des zu deutenden Sinngebildes voraus.

Dass es viele Formen des Sprechens und Denkens gibt, die nicht auf die sachliche Entdeckung des Wirklichen aus sind – die also nicht primär den Charakter von Informationen haben – ist kaum zu übersehen. Das Sich-Verständigen ist eine dieser Formen, die Äußerung ästhetischen Erlebens (oder auch generell die Bekundung persönlichen Geschmacks) eine weitere. Äußerungen dieser Art handeln von sinnlichen oder sinnhaften Widerfahrnissen, und sie sind ebenfalls nicht direkt auf die Wahrheit gerichtet. Einer mag z.B. Erdbeeren, ein anderer nicht – und beide können sich, was den Geschmack von Erdbeeren betrifft, nicht so miteinander streiten, dass dabei das Sagen der Wahrheit von zentraler Bedeutung ist. Geschmacksfragen sind, da sie ein Objekt (z.B. Erdbeeren) haben, nicht rein subjektiv. Aber dennoch ist ein Satz wie »Erdbeeren sind lecker« nicht unmittelbar wahr oder falsch, da er sich auf das persönliche Erleben des einzelnen bezieht. Ob das, was erlebt wird, von allen Menschen unterschiedlich erlebt wird, kann in unserem Zusammenhang offen bleiben. Wichtig ist allein die Feststellung, dass Erlebnisse und Erkenntnisse etwas kategorial Verschiedenes sind.[194] Erlebnisse gehören dem seelischen Sein des Menschen an und sind also solche nicht auf ein objektives Wahr- oder Falschsein hin angelegt. Hierin unterscheiden sie sich vom Erkennen, für das der gegenständliche Bezug auf die Wirklichkeit wesentlich ist.

Wer den Satz »Erdbeeren sind lecker« äußert, trifft keine Aussage über Erdbeeren, sondern spricht über sich selbst. Er sagt, im Normalfall durchaus wahrheitsgemäß, etwas über sein Erleben, über die Qualität seines Erdbeergeschmacks aus. Natürlich kann man die Äußerung »Ich mag gern Erdbeeren« als eine Mitteilung

---

[194] Vgl. dazu Michael Landmann: Erkenntnis und Erlebnis. Phänomenologische Studien, Berlin 1951.

oder Nachricht auffassen – aber sie ist keine Information über Erdbeeren, sondern über das Geschmackserleben dieser Person. Wenn man also vom Wahr- oder Falschsein einer solchen Geschmacksbekundung spricht, bezieht man sich auf die Aufrichtigkeit des Sprechenden: Es trifft eben zu, dass die betreffende Person Erdbeeren mag. Für das Wahrsein der Äußerung »Erdbeeren sind lecker« ist allerdings die Aufrichtigkeit des Sprechers für sich genommen nicht entscheidend. Denn dieser Satz ist nur wahr, wenn Erdbeeren nicht nur dieser oder jener Person lecker schmecken, sondern wenn sie als solche lecker sind. Aber das ist nicht so – Erdbeeren sind nicht an sich lecker. Das Leckersein gehört nicht zur Qualität der Erdbeeren, sondern zur Beschaffenheit persönlichen Geschmackserlebens. Einige Menschen mögen Erdbeeren, andere nicht. Aber in Bezug auf den Geschmack von Erdbeeren – oder aller anderen Dinge, deren Qualität am subjektiven Erleben hängt – gibt es kein Wahr- oder Falschsein; es gibt hier allenfalls eine Aufrichtigkeit oder Unaufrichtigkeit von Äußerungen. Man stelle sich eine offizielle Nachricht vor, die lautet: »Wissenschaftler haben das Leckersein von Erdbeeren festgestellt«. So eine Nachricht kann es nicht geben.

Selbst wenn jemand, dem Erdbeeren schmecken, bei einem anderen Menschen die Änderung seiner Geschmacksvorlieben bewirken könnte, würde das nicht heißen, dass sich dadurch sein eigenes Erleben ›bewahrheiten‹ würde. Erlebnisse sind nicht Erkenntnisse, sie sind nicht wahr oder falsch. Dass Erdbeeren gut oder schlecht schmecken, ist nicht wahr oder falsch; und genau dies ist es, was mit dem Wort ›Geschmackssache‹ in Bezug auf Erlebniszusammenhänge treffend ausgedrückt wird. In solchen Zusammenhängen spielt die Wahrheit allenfalls an Rande eine Rolle; etwa derart, dass jemand Erdbeeren eben wirklich lecker findet, und dass daher die betreffenden Äußerungen sein tatsächliches Geschmackserleben zum Ausdruck bringen. Ehrlichkeit sowie Wahrhaftigkeit sind aber mit Wahrheit, wie ich bereits dargelegt habe, allenfalls lose verbunden.

Ich möchte mit dem soeben Gesagten natürlich nicht behaupten, dass alles sinnliche Erleben an persönlichen Geschmack oder persönliches Empfinden gebunden ist. Ein rotes Auto ›ist‹ rot, und die Wahrnehmung der Autofarbe ist keine Geschmackssache. Natürlich kann man rote Autos mögen oder nicht; das ist Sache des Geschmacks. Aber um rote Autos persönlich mögen zu können, muss man deren Rotsein, das selbst nichts Persönliches ist, zur Kenntnis nehmen. Und das tun die Menschen auch jederzeit: Sie kaufen rote, blaue oder grüne Autos – und keine ›als rot, blau oder grün empfundenen‹. Natürlich ist nicht alles sinnlich Erlebte Geschmackssache. Wo es sich jedoch um Fragen des Geschmacks handelt, sind Wahrheit oder Falschheit keine Kriterien des betreffenden Erlebens.

Neben ästhetischen Aussagen zielen auch ethisch-normative Urteile und Ideen – also solche, in denen ein Seinsollen zum Ausdruck kommt – nicht auf die Entdeckung des Realen. Der Grund dafür ist leicht einzusehen. Das Wirkliche ist Inbegriff all dessen, was ist, und gerade indem es ist (bzw. war oder sein wird), kann man es entdecken. Dasjenige hingegen, was aus moralischen Gründen sein soll, besteht gerade nicht – bestünde es, so könnte es nicht etwas sein, das sein soll. Bei ethischen Aussagen kann man, fast besser noch als im Falle ästhetischer Beurteilungen, das Moment der Irrealität zu fassen bekommen. Das ästhetisch Gemeinte ist, wie das Geschmacksphänomen zeigt, weniger irreal als vielmehr etwas Subjektives. Das ethisch Gemeinte dagegen hat direkt den Charakter des Irrealen, weil der Inhalt dessen, was sein soll, nicht in den Bereich des (schon) Wirklichen fällt. Wirklich ist hier allein das Moment des Forderns selbst. Aber eine Forderung ist nur dann sinnvoll, wenn das Geforderte nicht schon realen Bestand hat.

Man denke an das biblische Gebot: »Du sollst nicht töten« (Exodus 20, 13). Eine Relation des Zutreffens dieses Gebots auf Wirkliches gibt es nicht. Gebote beschreiben nicht etwas Reales, sondern sie gebieten etwas, das nicht oder noch nicht wirklich ist. Natürlich gebietet das biblische Gebot wirklich, dass die Menschen nicht töten sollen; und natürlich ist auch wirklich gemeint, der Mensch solle nicht töten. Aber man kann eben nicht sagen, dass es wahr ist, dass der Mensch nicht töten soll. Das könnte man nur sagen, wenn der Mensch tatsächlich nicht töten würde; was er aber sehr wohl tut, sofern man es ihm ja gerade verbietet. Zwar kann man dieser und anderen Gebotsforderungen zustimmen. Aber ähnlich wie im Falle ästhetischen Erlebens, bei dem der subjektive Geschmack keine wahrheitsrelevante Rolle spielt, hat auch im Falle ethischen Forderns die Zustimmung zur jeweiligen Forderung keine Bedeutung für deren ›Wahrsein‹. Denn das inhaltliche Wahrsein einer Forderung gibt es nicht.

Forderungen ethisch-religiöser oder politisch-rechtlicher Art sind für sich betrachtet nicht wahr oder falsch. In einer Zeit, in der Menschen vieles fordern – und zwar häufig im unpersönlichen Wir-Stil: ›Wir fordern einen sofortigen Stopp aller noch laufenden Atomkraftwerke‹ oder ›Wir fordern ein Ende aller Tierversuche‹ – ist es wichtig, sich diese Tatsache klar vor Augen zu führen. Unabhängig davon, was jemand einfordert oder für absolut erforderlich erachtet: Forderungen als solche sind niemals wahr, so vehement sie auch vorgetragen werden. Erneut gilt: Das Fordern selbst ist, wo es geschieht, real, und die Menschen wollen in der Regel wirklich, dass das, was sie fordern, verwirklicht wird. Aber das, was sie fordern, ist inhaltlich weder wahr noch falsch.

Ethische oder auch politische Forderungen haben also mit der Wahrheit direkt nichts zu tun. Die geforderten Inhalte sind ihrem Wesen nach irreal, denn es gibt im Realen nichts, auf das sie zutreffen oder das sie verfehlen. Das spricht natürlich nicht gegen die Objektivität der Moral, diese ist vielmehr geschenkt. Denn jede Forderung fordert ja etwas, jedes Gebot hat einen gegenständlichen Inhalt. Allerdings ist dieser etwas Nicht-Bestehendes; kein Seiendes, sondern ein Seinsollendes. Die Relation des Zutreffens existiert also für ethische oder anderweitige Forderungen nicht. Es gäbe sie, genau betrachtet, nur dann, wenn Werte eine reale Kraft hätten, durch die Ideen vom Typ Forderung oder Gebot zu zutreffenden Ideen würden. Das einzige, was aus Sollensforderungen wahrheitsgemäße Aussagen machen würde, wäre eine Art Realnotwendigkeit, die von bestimmten inhaltlichen Werten derart zwingend ausginge, dass deren Verwirklichung nicht ausbleiben kann. Man nehme noch einmal das biblische Gebot: »Du sollst nicht töten«. Die Möglichkeit, dass ein solches Gebot etwas Wirkliches zutreffend bestimmt, wäre dann realisiert, wenn es wirklich so ist, dass niemand töten soll. Das allerdings könnte nur der Fall sein, wenn der Wert des Lebens derart zwingend auf das Wertgefühl der Menschen einwirkte, dass nunmehr bereits tatsächlich nicht mehr getötet werden würde. Nur dann wäre ein Satz der Form: »Du sollst (nicht)…« in ähnlicher Weise wahrheitsfähig wie ein Satz der Form: »Es regnet (nicht)«. Nun macht schon die Gewundenheit dieser Formulierungen deutlich, dass es eine solche zwingende Kraft der Werte selbst bei einem Menschen mit intaktem Wertgefühl nicht gibt.[195]

9. Ob die Wahrheit nutzt oder schadet

Der Titel eines äußerst lesenswerten Buches von Rüdiger Safranski (*1945) – » Wieviel Wahrheit braucht der Mensch?« – spielt mit der Frage, ob die Wahrheit für den Menschen etwas Nützliches darstellt. Ich möchte diese Frage aufgreifen und untersuchen, ob die Wahrheit nutzt oder schadet. Die Kurzfassung meiner Antwort lautet Nein: Die Wahrheit ist nicht nützlich, und sie ist auch nicht schädlich. Zumindest sind diese Merkmale nicht wesentlich für sie.

Dass das so ist, wird deutlich, wenn wir erneut an den Unterschied zwischen Wahrheit und Wissen denken. Nützlich im strengen Sinne kann allenfalls das Wissen um die Wahrheit sein, während die Wahrheit selbst ebenso wenig nützt oder schadet wie der Umstand, dass ein Kreis rund ist. Manche Menschen behaupten, dass jemand, der im Leben stets ehrlich und aufrichtig ist, am Ende als der Dumme dasteht, weil andere ihn ständig übervorteilen. Damit meinen sie wohl, dass es in den Kämpfen der Men-

---

[195] Ich habe die Ausführungen zur Wertphilosophie an dieser Stelle bewusst kurz gehalten; insbesondere über die Frage nach der determinierenden Kraft von Werten sowie über deren Irrealität wäre noch manches mehr zu sagen. Ich verweise hierfür auf die differenzierten Ausführungen zu einer materialen Wertethik in Nicolai Hartmann: Ethik, Berlin [4]1962.

schen um bestimmte Lebensgüter Nachteile mit sich bringt, wenn man sich zu sehr an der Wahrheit orientiert. Andere wiederum behaupten, dass sich die Wahrheit, mag sie zwischenzeitlich auch Einschränkungen im Lebenskomfort mit sich bringen, langfristig auszahlt und bewährt. Es ist letztlich egal, welcher dieser gegensätzlichen Meinungen man mehr zuneigt. Beiden Auffassungen geht es nämlich überhaupt nicht um die Nützlichkeit oder Schädlichkeit der Wahrheit, sondern nur um den angeblichen Nutzen oder Schaden bestimmter menschlicher Verhaltensweisen und Lebenseinstellungen.

Welche Verhaltensweisen und Einstellungen für einen Menschen nützlich oder schädlich sind, hängt von vielem ab; vor allem natürlich von den Zielen, die Menschen sich setzen und verfolgen. Relativ zu diesen Zielen sind bestimmte Verhaltensweisen und Einstellungen zielführend, nützlich und erfolgversprechend, andere dagegen sind eher unnütz, abträglich oder direkt schädlich. Mit der Wahrheit hat alles das nichts zu tun. Die Wahrheit ist nämlich kein Mittel zum Zweck, kein nützlicher oder schädlicher Schritt auf dem Weg zu menschlichen Zielen. Und sie ist auch kein finales Ziel menschlichen Strebens, das klassischerweise als das Gute bezeichnet wird. Weder ist die Wahrheit ein Mittel, das zielführend ist, noch ist sie ein Zweck, der von den Menschen um seiner selbst willen erstrebt wird.

Machen wir uns das am Beispiel klar. Natürlich ist es nützlich zu wissen, dass Gift tödlich ist, oder auch, welche Stoffe im Besonderen Gifte sind. Dieses Wissen dient uns dazu, in Bezug auf das, was wir zu uns nehmen, vorsichtig zu sein, wobei stillschweigend vorausgesetzt wird, dass wir das Ziel haben, am Leben zu bleiben. Man kann diese Voraussetzung aber auch abändern, ohne dass das Argument an Kraft verliert. Denn auch für jemanden, der das Ziel hat zu sterben, ist Wissen über die Giftigkeit bestimmter Stoffe nützlich – nur dass dieser Mensch eben darauf bedacht sein wird, einen für seine Absicht zielführenden Stoff zu verwenden, also ein Gift. Ob es moralisch gut oder anderweitig sinnvoll oder zweckdienlich ist, Gifte einzusetzen oder nicht, spielt in dieser Überlegung keine Rolle. Denn ob etwas nützlich ist oder nicht, hängt vom Zweck ab, den jemand verfolgt – und unter dem Gesichtspunkt der Nützlichkeit ist es allein der Zweck, der die Wahl der Mittel bestimmt.

Wir müssen, um diesem Gedanken konsequent zu folgen, auf Genauigkeit bestehen. Bleiben wir im Beispiel: Es ist wahr, dass Gift schädlich ist, wenn man am Leben hängt, und es ist ebenfalls wahr, dass Gift von Nutzen ist, wenn man aus dem Leben scheiden möchte. Beide Aussagen über den Nutzen von Giften zu bestimmten Zwecken sind wahr. Aber ist das Wahrsein dieser Aussagen selbst nützlich? Eher nicht! Nützlich ist allein das Wissen der Menschen um Gifte und ihre Wirkungen; denn das Wissen darüber kommt den Zwecken derjenigen, die am Leben bleiben oder sterben wollen, entgegen. Und doch ist dieses Wissen verschieden vom Wahrsein des jeweils Gewussten. Wissen ist von Nutzen, das Wahrsein des Gewussten dagegen ist unmittelbar weder nützlich noch unnütz oder schädlich. Die Wahrheit besteht jenseits von Nutzen und Schaden sowie auch generell jenseits moralischen Gut- oder Schlechtseins. Sie ist gegenüber nutzenorientierten Bewertungen indifferent.[196]

Es ist daher streng genommen unsinnig sich zu fragen, ob der Mensch die Wahrheit eigentlich braucht, und in welcher Dosierung sie ihm nutzt oder schadet. Es ist offensichtlich, dass die Wahrheit – im Gegensatz zu Dingen, in Bezug auf die man Nutzenerwägungen anstellen kann – keine Quantifizierung im Sinne eines Mehr oder Weniger zulässt. Man kann zwar sinnvoll fragen,

---

[196] Man muss die Lehre vom Wert (›Axiologie‹) von der Seinslehre (›Ontologie‹) ebenso strikt unterscheiden wie die Idee des Guten von der des Wahren. Beides wurde in der Philosophie oft miteinander identifiziert, d.h., man hielt das Seiende unmittelbar für etwas Gutes. Das ist aber »metaphysischer Optimismus. Er könnte als solcher für die Ontologie gleichgültig sein; es geht sie schließlich nichts an, ob Sein etwas Gutes ist oder nicht. Aber das ändert sich, wenn man umgekehrt das Sein im Wert verankert. Und das eben ist der geheime Hintergedanke darin: Sein ist im Grunde nichts anderes als Vollkommenheit, Wert. Dem zu begegnen ist aber leicht. Es gibt in der Welt das Unvollkommene, Schlechte, Wertwidrige, es gibt das Böse. Es ist um nichts weniger wirklich als das Vollkommene und Gute« (Nicolai Hartmann: Zur Grundlegung der Ontologie, Berlin ⁴1965, 57f.)

wieviel Kohlenhydrate der menschliche Körper unter diesen oder jenen Lebensbedingungen benötigt, und ab wie vielen Kohlenhydraten pro Tag ein Schaden für ihn entsteht. Aber man kann nicht sinnvoll fragen, ob es gelegentlich nützlicher oder erfolgversprechender ist, nur die ›halbe‹ Wahrheit zu sagen – einfach deshalb, weil es, wie wir schon gesehen haben, die halbe Wahrheit nicht gibt. Nehmen wir an, jemand wollte, um irgendeine ›bittere Wahrheit‹ etwas weniger schmerzvoll erscheinen zu lassen, ›eine Portion Unwahrheit‹ zu ihr hinzufügen. Im Sinne größerer Annehmlichkeit für denjenigen, den die Wahrheit trifft, ist das sicherlich ein edler Zug. Aber es geht einfach nicht! Was auch immer der Edelmütige halbiert, die Wahrheit ist es nicht.

Natürlich kann man in edler Absicht bestimmte Ereignisse rhetorisch beschönigen, damit sie einen Mitmenschen nicht mit voller Härte treffen. Aber die Härte wird dadurch nicht als solche erweicht, sondern durch die Form ihrer Darstellung bloß weicher präsentiert. Das mag bei dem, der mit geschönten Tatsachen konfrontiert wird, weniger Schaden anrichten; jeder kennt wohl Fälle, in denen jemand die Wahrheit aus moralischen oder psychologischen Motiven durch die sprichwörtliche Blume sagt. Doch abgesehen davon, dass man solche Akte der Abmilderung scheinbarer Härte nicht quantitativ bestimmen kann, gilt, dass die Wahrheit selbst keine Abstufungen hat. Wie blumig auch immer man die Wahrheit sagt: Wenn man sie sagen will, muss man sie ganz sagen – und zwar unabhängig davon, ob es dem anderen nutzt und gefällt.

Das ist zugegebener Maßen schwer zu verdauen, aber sehen wir darin einfach das Positive. Es bedeutet im Grunde, dass die Wahrheit möglicherweise die einzige im vollen Sinne des Wortes geistige Relation ist, die es gibt. Das Merkwürdige an dieser Relation ist, dass sie – obwohl sie jenseits von Nutzen und Schaden besteht – zugleich nicht in einem Jenseits der menschlichen Erfahrung angesiedelt ist. Wie schon öfters bemerkt, ist die Wahrheit ein Phänomen, also etwas Gegebenes und Vertrautes; sie hat ihren Sitz also nicht in irgendeiner Hinterwelt. Die Wahrheit ist weder übermenschlich noch göttlich. Man kann ihr diese Attribute anhängen, doch sie perlen sofort wieder von ihr ab. Die Indifferenz der Wahrheit deutet zwar durchaus auf eine gewisse Art von Transzendenz hin. Aber es handelt sich dabei nicht um ein Transzendieren, das die Wahrheit in eine phantastische Überwelt erhebt, sondern – mit dem Worten des Philosophen und Soziologen Arnold Gehlen (1904-1976) – um eine »Transzendenz ins Diesseits«.[197] Wenn es irgendwo im Diesseits der realen Welt ein Jenseitiges gibt, dann im Phänomen der Wahrheit. Die Wahrheit besteht, aber ihr entspringt kein Nutzen oder Schaden für den Menschen. Und wenn man in Bezug auf sie unbedingt von einem Wert sprechen will, so sollte man, erneut mit den Worten Gehlens, einzig und allein vom »Selbstwert im Dasein« (ebd., 15) sprechen, nicht dagegen um einen empirischen Nutzwert.

Es hat also keinen Sinn, die Wahrheit einer Vorstellung oder Aussage als nützlich oder schädlich zu betrachten. Vorstellungen und Aussagen mögen nützlich oder schädlich sein, aber ihr Wahrsein ist es nicht. Um das noch besser zu verstehen, greifen wir zu einem weiteren Beispiel. Nehmen wir an das Trinkwasser in einer bestimmten Region ist verseucht. Schädlich für die davon betroffenen Menschen ist nicht das Wahrsein der Aussage, die diesen Sachverhalt trefflich wiedergibt, sondern das Trinkwasser selbst – und allenfalls noch die Vorstellung von vergiftetem Trinkwasser, sofern diese etwa eine ständige latente Angst bei den Menschen in der Region auslösen kann. Nicht die Wahrheit selbst ist nützlich oder schädlich, sondern das saubere oder verseuchte Trinkwasser sowie die zutreffenden oder verfehlten Vorstellungen der Menschen über den Wasserzustand.

Man wird vielleicht einwenden, dass es doch einen festen Zusammenhang zwischen wahren Vorstellungen und Nützlichkeit geben muss. Das ist aber nicht bzw. nur sehr eingeschränkt der Fall. Zwar könnte man meinen, dass es grundsätzlich nützlich ist, sich Zutreffendes vorzustellen, während es demgegenüber schädlich ist, Unzutreffendes zu meinen. Eine feste Verbindung besteht

---

[197] Arnold Gehlen: Urmensch und Spätkultur. Philosophische Ergebnisse und Aussagen, Frankfurt/M. ⁶2004, 16.

hier aber nicht. Denn es kommt darauf an, was die Menschen jeweils als nützlich ansehen, und das wiederum ist abhängig davon, welche Ziele und Zwecke sie verfolgen. Tendenziell kann man sagen – aber auch das ohne Anspruch auf allgemeine Gesetzlichkeit – dass für das elementare Ziel biologischen Überlebens ein größerer Nutzen aus wahren Vorstellungen entspringt. Wer sein Leben erhalten möchte, wird eher erfolgreich sein, wenn er sich über Zustände, die das Wohl von Leib und Leben betreffen, nicht täuscht oder täuschen lässt. In den freieren und spielerischen Kontexten menschlicher Selbstentfaltung kann dagegen durchaus ein Nutzen von illusionären Vorstellungen ausgehen. Denn der schöne oder auch unschöne Schein bereichert das Leben gerade in Bereichen, in denen eine unmittelbare Lebensgefährdung nicht zu befürchten ist. Wenn überhaupt, so reimt sich Wahrheit eher auf Selbsterhaltung als auf Selbstentfaltung. Und sofern die Vertreter der pragmatistischen Wahrheitstheorie vor allem diese vitale Dimension des Menschseins im Auge haben, kann man ihnen uneingeschränkt zustimmen.

Es ist allerdings nicht eindeutig, ob die Pragmatisten die unmittelbare Überlebensdienlichkeit wahrer Ideen meinen, wenn sie von deren Nützlichkeit sprechen. Wenn etwa der amerikanische Philosoph und Psychologe William James (1842-1919) betont, dass die »Geltung der Wahrheit« in einem »Vorgang des Sich-geltend-Machens«[198] besteht, dann bleibt offen, ob diese Durchsetzung im Dienst der Überlebenssicherung oder der persönlichen Selbstentfaltung steht. Das Ziel nackter Lebenssicherung erlaubt keine Fehler; eine einzige falsche Vorstellung in Bezug auf einen giftigen Stoff endet tödlich. Dagegen müssen für die Durchsetzung von persönlichen Interessen, die oberhalb des Niveaus von Überlebensinteressen liegen, falsche Vorstellungen nicht notwendig abträglich sein. Im Gegenteil: Im Ringen um soziale Anerkennung oder gesellschaftliche Machtvorteile können auch falsche Vorstellungen oder Lügen dienlich und zielführend sein.

---

[198] William James: Der Pragmatismus. Ein neuer Name für alte Denkmethoden, Hamburg 2016, 126.

Zwischen Selbsterhaltung und Selbstentfaltung besteht keine Beziehung auf Augenhöhe, sondern ein unumkehrbares Schichtungsverhältnis. Die individuellen und kulturell-spielerischen Formen des Menschseins können sich nur auf gesicherter materieller Grundlage überhaupt entfalten. Und was die Lebenserhaltung des Menschen angeht, so ist diese auf einen klaren Überhang an wahren Vorstellungen angewiesen. Wahre Vorstellungen haben, auf das Ganze des menschlichen Lebens gesehen, tatsächlich existenzielle Priorität gegenüber ›überflüssigen‹ Vorstellungen, die es sich erlauben können, hier und da falsch zu sein. Natürlich gilt auch dies nur, wenn Menschen die Erhaltung des Lebens als ein Ziel ansehen, was aber wohl der Normalfall sein dürfte. Alle oder doch fast alle Menschen wollen überleben, und indem ihnen am Leben liegt, sind wahre Vorstellungen für sie von Nutzen.

10. Die Wahrheit ist nicht verhandelbar

Die Indifferenz der Wahrheit gegenüber menschlichen Ziel- und Zwecksetzungen macht schließlich auch die Idee, dass die Wahrheit auf sozialer Übereinkunft beruht, hinfällig. Die Konsenstheorie der Wahrheit, wie sie im 20. Jahrhundert maßgeblich von Jürgen Habermas (*1929) ausgearbeitet worden ist[199], macht die rationale Übereinkunft der Menschen zur Bedingung der Wahrheit von Aussagen und Vorstellungen. Dass es sich bei dieser Bedingung nicht um eine Realursache handeln kann, ist klar. Es hat zu keinem Zeitpunkt in der Geschichte jemals tatsächlich eine Übereinkunft darüber stattgefunden, was künftig als wahr gelten soll.[200]

---

[199] Vgl. Jürgen Habermas: Theorie des kommunikativen Handelns (2 Bände), Frankfurt/M. 2022.

[200] Zurecht weist Markus Gabriel darauf hin, dass es »keinen primordialen Akt der Anerkennung [gibt], der das Soziale aus der Taufe hebt« (Frankfurt/M. 2023, 508). Laut Gabriel »generiert eine am Konsens ausgerichtete Sozialontologie eine Mythologie des fernen Ursprungs«, übersieht aber, dass »soziale Tatsachen nicht aus Deklarationen bestehen« (ebd.). Gabriel hat durchaus

Die Konsenstheoretiker würden das natürlich zugeben, aber sie würden darin keinen Einwand sehen. Habermas und den Denkern in seinem Gefolge geht es nicht um die Beschreibung faktisch erzielter Konsense, sondern – in Analogie zur Transzendentalphilosophie Kants – um die Bedingungen der Möglichkeit von Konsens. Sie wollen sicherstellen, dass Geltungsansprüche bezüglich der Wahrheit in rationalen Diskussionen artikuliert werden. Es sind also Regeln vernünftigen Diskutierens, die aus ihrer Sicht darüber entscheiden, was gerechtfertigter Weise als wahr gilt. Ein Konsens ist somit das Resultat von Aushandlungen, die unter rational normierten Kommunikationsbedingungen stattfinden. Ob ein Konsens auf dieser Grundlage jemals wirklich erzielt wird, ist zweitrangig – das wäre übrigens auch gar nicht so leicht festzustellen.[201] Vorrangig ist, dass die Möglichkeitsbedingungen für Konsens in Gestalt rationaler Diskursnormen definiert sind.

Nehmen wir einmal an, eine solche ideale, von Rationalität getragene Sprechsituation im Sinne der Konsenstheorie der Wahrheit wäre realisiert – dies wäre für die Wahrheit eines kommunikativen Sprechakts ohne Bedeutung. Denn selbst wenn die Menschen im Zuge gemeinsamen Aushandelns etwas ›für wahr erklärten‹, würde dadurch das für wahr Erklärte nicht ›wahr werden‹. Zwar kann man sich darauf einigen, was künftig als verbindlich gelten soll, indem man Rationalitätsstandards entsprechend verbindlich normiert. Aber selbst ein Konsens, der rational erzielt und zudem durch Recht und Moral stabilisiert wäre, könnte allenfalls feststellen, was die Menschen für wahr halten. Ein Konsens führt zu intersubjektiver Übereinstimmung. Aber die diskursethische Rationalität respektvoll miteinander verhandelnder Gesprächspartner greift nicht auf die diskursjenseitige Wirk-

---

Recht: »Wir kooperieren nicht deswegen, weil wir irgendwann eingesehen hätten, dass dies eine gute Idee ist, da eine solche Einsicht bereits eine Kooperation wäre. Wir kooperieren folglich grundlos« (ebd.).

[201] Der Konsenstheorie fällt nämlich »zur Last, dass kein Merkmal angegeben werden kann, wann die erwartete Übereinstimmung erreicht ist, denn diese kann durch nachträgliche Bedenken jederzeit aufgehoben werden, wofür die Geschichte der Naturwissenschaft Beispiele gibt« (Hermann Schmitz: Gibt es die Welt?, Freiburg/München 2014, 41f.).

lichkeit hinüber. Die Welt, über die kommuniziert wird, wird durch rationale Diskurse nicht rationalisiert. Sie bleibt, im Verhältnis zu jeglichem Sprechen über sie, stets ein Irrationales.

Man kann die Irrationalität der Wirklichkeit im Sprechen und Erkennen zwar perspektivisch und ausschnittweise wiedergeben. Aber ob dies gelingt, hängt nicht von Diskursregelungen ab, wie argumentativ stimmig bzw. zustimmungsfähig diese auch sein mögen. Eine Theorie darüber, wie sich Konsens erzielen oder wie sich, ganz generell, rational diskutieren lässt, ist keine Theorie, die die Wahrheit zum Gegenstand hat. Ihr Thema ist die sprachlich artikulierte menschliche Vernunft; und von dieser haben wir bereits im dritten Kapitel gesehen, dass sie neben dem grundlegenden Pol der transdiskursiven Wirklichkeit nur die sekundäre Seite der zweiseitigen Wahrheitsbeziehung darstellt.

Ähnlich wie die Kohärenztheorie der Wahrheit, der zufolge das Wahrsein von der logisch-argumentativen Stimmigkeit von Überzeugungen abhängt, geht es auch der Konsenstheorie um die interne Abstimmung von Perspektiven und Sichtweisen, die in den Prozess der Konsensbildung einfließen – alles und jeder soll gehört werden. Das Gewicht, das die Konsenstheorie auf die Intersubjektivität der Verständigung legt, ist allerdings so stark, dass die Irrationalität der Welt, die als solche weder Diskurs noch Sprache ist, aus dem Blick gerät. Mit der Verflüchtigung der Welt zum Inbegriff von Gegenständen rationaler sprachlicher Verständigung wird die genuine Nicht-Vernünftigkeit der Wahrheit ebenso abgeblendet wie deren eigentliche Immoralität. Von Hans-Georg Gadamer stammt ein Gedanke, der auch von Konsenstheoretikern stammen könnte: »Sein, das verstanden werden kann, ist Sprache«.[202] Das mag richtig sein, betrifft aber nur jene geistigen und gesellschaftlichen Aspekte der Wirklichkeit, die durch Kommunikation und Sinnverstehen ausgezeichnet sind. In diesen jedoch spielt die Wahrheit, wie wir bereits gesehen haben, eine eher untergeordnete Rolle.

---

[202] Hans-Georg Gadamer: Wahrheit und Methode. Grundzüge einer philosophischen Hermeneutik, Tübingen [7]2010, XXI.

Vernünftige Kommunikation ist natürlich eine sehr sinnvolle menschliche Praxis. Aber sie ist keine Praxis, in der über die Wahrheit ›entschieden‹ wird, oder in der Menschen sich miteinander auf das Wahre ›einigen‹. Auf keinen Fall kann durch einen (idealen oder realen) Konsens die Relation des Zutreffens selbst normiert oder rationalisiert werden. Die Wahrheit ist keine soziale Tatsache, sie ist kein Effekt sozialer Interaktionen. Zwar haben die formalen oder informellen Regeln der Moral, der Sitte und des Rechts, ebenso wie die konsenstheoretischen Diskursregeln, den Charakter sozialer Konstruktionen[203], aber für die Wahrheit selbst gilt das nicht. Die Wahrheit ist, im Gegensatz zu Moralvorstellungen oder Rechtsvorschriften, nicht etwas, das ›gilt‹ oder dem die Menschen mittels Vernunft und Sprache ›Geltung verleihen‹. Die Wahrheit ist nicht verhandelbar, ja sie ist noch nicht einmal im strengen Sinne des Wortes diskutabel. Alles was Menschen tun können, ist sie zu sagen – oder sie mit den relativ bescheidenen geistigen Mitteln, die ihnen zur Verfügung stehen, theoretisch zu beschreiben. Wie schwer bereits eine solche Beschreibung ist, hat sich in diesem Essay wohl hinlänglich gezeigt.

Menschen gestalten durch ihr Handeln die Welt, und durch ihr Sprechen und Denken gestalten sie zudem jene Bilder, in denen die Welt dem Geist mehr oder weniger zugänglich wird. Was im Zuge der aktiven Auseinandersetzung mit der Realität aber weder gebildet noch umgebildet wird, ist die Wahrheit. Menschen können die Wahrheit nicht gestalten, da diese sich immer in ihrer Gestalt präsentiert. Der Mensch muss sie nehmen, wie sie ist. Dass er darüber hinaus, sei es mit oder ohne Sprache, vieles tun oder lassen kann, ist klar. An der Wahrheit jedoch findet die »vita acitva« (Hannah Arendt) ihre Grenze. Menschen können das Wesen der Wahrheit in Umrissen erkennen und versuchen, das Erkannte so treffend wie möglich auszudrücken. Aber sie können die Wahrheit nicht durch Sprechen und Handeln erzeugen oder verändern. Sie können sagen, tun und denken, was sie wollen: Aber sie kön-

---

[203] Vgl. John R. Searle: Die Konstruktion der gesellschaftlichen Wirklichkeit. Zur Ontologie sozialer Tatsachen, Frankfurt/M. ²2023.

nen nichts daran machen – und sind auch nicht dafür verantwortlich – dass die Wahrheit die Wahrheit ist.

Man sieht hier noch einmal recht deutlich, dass zwischen dem unerweichlichen Bestehen der Wahrheit auf der einen und den menschlichen Möglichkeiten des Sprechens und Handelns auf der anderen Seite kein Widerspruch besteht. Der Mensch kann in der Welt vieles verändern, aber eben nicht alles. Es gibt Dinge, die sich nicht ändern lassen, und die sich zudem auch nicht von selbst verändern – so wie eben die Wahrheit. Wo die Idee der Wahrheit im menschlichen Geist lebendig ist, dort repräsentiert sie, durchaus stellvertretend für andere unveränderbare Dinge, die Grenzen der Manipulierbarkeit.

In gewisser Weise behauptet die Wahrheit jenen Platz, welchen in der traditionellen Ontologie das Sein sowie in der traditionellen Theologie Gott besetzt hatte. Die moderne Philosophie hat das Sein (sowie die Ontologie) für erledigt und Gott (sowie der Theologie) für tot erklärt. Was immer man von solchen Deklarationen halten mag: *Die bleibende Frage ist doch die, ob sie wahr sind.* Wie immer bei metaphysischen Fragen, so ist auch hier zu erwarten, dass die Diskussionen jenseits von Konsens und Dissens ohne absehbares Ende weitergehen. In einer solchen Situation ist dann der Weg tatsächlich das Ziel. Und es dürfte derjenige gut unterwegs sein, der mit offenem Visier der Irrationalität der Probleme gegenübertritt und im klaren Bewusstsein der Reichweite und Grenzen seiner Erkenntnis die Wahrheit an seiner Seite fühlt.

Der Weg der Erkenntnis, von dem ich hier spreche, ist kein Rennen. Es gibt keine Stoppuhr, keine Sieger und keine Verlierer; das sprichwörtliche Dabeisein ist alles. Das Motto auf diesem Weg könnte lauten: »Walk the line with some grace and say it wasn't a race. Ain't that a reason for living?« (Roddy Frame). Um die Wahrheit kann und braucht man man nicht zu kämpfen. Jeder, der wirklich auf dem Weg mit dabei ist, darf sich ihrer Begleitung sicher sein.

FINALE: KEINE ANGST VOR DER WAHRHEIT

Die Quintessenz meiner Beschäftigung mit der Wahrheit trifft sich ziemlich genau mit dem Fazit, das der Philosoph Thomas Grundmann (*1960) am Ende seines kleinen Buches *Philosophische Wahrheitstheorien* (2018) zieht. Grundmann schreibt, »dass Wahrheit als Übereinstimmung mit einer objektiven, denkunabhängigen Realität begriffen werden kann«, und »dass ein solch robuster Realismus der Wahrheit nicht automatisch zu skeptischen Problemen führt«. Wenn sich, so Grundmann weiter, »die Wahrheit auf diese Weise als absolut und objektiv analysieren lässt, dann kann man verstehen, warum Wahrheit als kritischer Bezugspunkt jedes Standpunkts fungieren kann, und warum die Wahrheit in diesem substanziellen Sinne auch einen intrinsischen Wert für Menschen haben kann. Das, was wir von der Wahrheit mitten im Leben erwarten, kann sie halten. Und die Philosophie kann uns darin versichern, dass das so ist«.[204]

Die Idee der Wahrheit als Korrektiv alltäglicher oder philosophischer Meinungen erscheint mir überall dort unverzichtbar, wo es um die Objektivität der Erkenntnis geht. Allerdings auch nur dort: Denn nur beim sachorientierten Erkennen hat die Wahrheit die Funktion einer von besonderen Standpunkten unabhängigen Instanz. Ich habe im Verlauf des Essays häufig betont, dass eine streng objektive Orientierung in den meisten Bereichen menschlichen Lebens nicht von Bedeutung ist. Unverbindliche Meinungen, moralische und ästhetische Bewertungen sowie weltanschauliche Haltungen sind Beispiele für Artikulationen geistigen Lebens, in denen es weniger um Wahrheit als um kommunikative Verständigung oder auch um die Durchsetzung von Standpunkten geht. Das Bemühen um Objektivität und Neutralität, das die wahrheitsgemäße Erforschung der Wirklichkeit charakterisiert, tritt im Alltag hinter die Motive des Kommunizierens und Rechthabens zurück. Hier taucht die Frage nach der Wahrheit nur in Ausnahme-

---

[204] Thomas Grundmann: Philosophische Wahrheitstheorien, Stuttgart 2018, 58.

situationen auf – etwa dann, wenn jemand, aus welchen Gründen auch immer, etwas genauer wissen will, was Sache ist. Dieser Essay repräsentiert eine derartige Ausnahmesituation. Sein Ziel bestand darin zu ermitteln, was im Falle der Wahrheit Sache ist.

Auch wenn Objektivität die Ausnahme und nicht die Regel ist, verträgt sie sich durchaus mit Subjektivität, Anteilnahme und Engagement. »Unter Objektivität pflegt man die Haltung des sich besinnenden und um Erkenntnis bemühten Menschen zu verstehen, in der er bemüht ist, sein affektives Betroffensein zurückzustellen, um ohne […] Eifer für oder gegen sein Objekt, mit unbefangener Sachlichkeit diesem gerecht zu werden. So zu verfahren, ist unerlässlich für sauberen Erkenntnisgewinn und braucht gar nicht das Zeugnis des affektiven Betroffenseins zu verleugnen; denn der Mensch kann sich die Doppelseitigkeit leisten, einerseits sein affektives Betroffensein kühl zu beobachten und andererseits darin und dafür lebendig engagiert zu sein. Gefährlich wird es erst, wenn der Betreffende seine Objektivität ausschließlich setzt und sein affektives Betroffensein nur noch als einen Gegenstand auffasst, den er in nüchterner Einstellung zur Kenntnis nimmt und […] seziert, statt sich beim Erkenntnisstreben zugleich darauf einzulassen«.[205] Wie Sie gemerkt haben, ist die Wahrheit ein Thema, das mir am Herzen liegt. Ich hoffe aber, dass die phänomenologische Ontologie der Wahrheit, die ich in diesem Buch dargestellt habe, die Balance zwischen objektiver Nüchternheit und affektivem Betroffensein einigermaßen halten konnte.

Wir sind damit am Ende des Essays angelangt. Lassen Sie mich abschließend aber noch einmal ganz kurz auf die Frage zurückkommen, was es mit der (im ersten Kapitel erwähnten) Angst vor der Wahrheit auf sich hat. In gewisser Weise hängen Wahrheit und Angst tatsächlich sehr eng zusammen; aber der Zusammenhang ist hintergründig und fällt daher nicht so leicht ins Auge. Ich will ihn hier aber immerhin noch andeuten und Ihnen damit ein wenig Stoff zum Weiterdenken geben.

---

[205] Hermann Schmitz: Gibt es die Welt?, Freiburg/München 2014, 46.

In Nicolai Hartmanns Buch *Zur Grundlegung der Ontologie* findet sich die beste Darstellung menschlicher Angst, die ich bislang gelesen habe. Hartmann schreibt:

»Man ängstigt sich im Leben meist ohne Anlass zu eigentlicher Befürchtung – etwa wenn eine erwartete Person ein wenig zulange ausbleibt –, man malt sich aus, was alles geschehen sein könnte, und suggeriert sich das Ausgemalte an; die unwahrscheinlichste Möglichkeit nimmt Gestalt an. Die Angst ist erfinderisch, ausschweifend und unbelehrbar in der Ausschweifung; so oft sie auch ihre eigene Nichtigkeit erfährt, sie bleibt doch im Selbstbetruge stehen. Ihr Wesen ist nicht das Rechnen mit dem wirklich Anrückenden, und sei es auch ein bloß unbestimmtes, sondern die innere Gestörtheit des Gleichgewichts und der subjektive Zwang zu Selbstquälerei. Die Angst ist nicht etwa gegenstandslos. Denn sie ist eindeutig auf das Anrückende gerichtet; und die Unbestimmtheit, in der ihr das Anrückende erscheint, ist wohlbegründet. Die »Gegenstandslosigkeit«, die man ihr nachsagt, ist etwas anderes: nämlich gerade das Abschweifen von der Fühlung mit dem wirklich Kommenden – wie etwa die nüchterne Erwartung ihrer fähig ist –, die Neigung zur Verfälschung des vorsehenden Blickes sowie zur rein subjektiven Erzeugung von Bildern und Vorstellungen, die hemmungslos dem wirklich Vorsehbaren (und vielleicht auch wirklich zu Befürchtenden) untergeschoben werden. Das also ist das Eigentümliche der Angst, daß die wirkliche Fühlung mit dem Anrückenden, deren der Mensch sehr wohl fähig ist, in ihr zerstört wird. Die Transzendenz des Aktes, die Realitätsbezogenheit, ist aufgehoben«.[206]

Müssen wir vor dem Hintergrund dieser Gedanken Angst vor der Wahrheit haben? Versetzt uns der weiße Wal der Philosophie dermaßen in Schrecken, dass wir mit Ahab'scher Besessenheit versu-

---

[206] Nicolai Hartmann: Zur Grundlegung der Ontologie, Berlin ⁴1965, 181.

chen sollten, ihn zur Strecke zu bringen? Ist der Moby Dick der Wahrheit wirklich so furchteinflößend, dass wir ihn uns mit allen Mitteln vom Leibe halten müssen?

Wie meine Antwort auf diese Fragen aussieht, können Sie sich denken. Und wie Sie selbst darüber denken, ist natürlich ganz Ihre Sache. Ich glaube aber, dass Hartmann Recht hat: Es kommt für uns Menschen letztlich darauf an, die Fühlung mit der Wirklichkeit nicht zu verlieren, wenn sich unsere Angst zu rühren beginnt. Der Kontakt zum Wirklichen – das ist ja genau das, was meiner an Nicolai Hartmanns Philosophie orientierten Auffassung zufolge das Wesen der Wahrheit ausmacht. Es gibt sicher vieles im Leben, vor dem man aus gutem Grund Angst hat, aber für mich persönlich gehört die Wahrheit nicht dazu. Ich denke, dass gerade sie es ist, die mir die Angst wenn schon nicht nehmen, so doch um einiges erträglicher machen kann. Das ist aber, wie gesagt, nur meine Meinung. Und ich würde zu gern wissen, wie Sie die Sache sehen.

LITERATUR

Aristoteles: Über die Seele (De Anima), Hamburg 2017

Aristoteles: Metaphysik, Reinbek bei Hamburg [4]2005

Arendt, Hannah: Wahrheit und Lüge in der Politik. Zwei Essays, München/Berlin 2017

Bacon, Francis: Neues Organon, Teilband 1, Lateinisch-Deutsch, Hamburg 1990

Bakewell, Sarah: Das Café der Existenzialisten. Freiheit, Sein & Aprikosencocktails, München [5]2023

Beisbart, Claus: Was heißt hier noch real? Wirklichkeiten in Zeiten von Computersimulation und virtueller Realität, Stuttgart 2024

Bennett, Maxwell R.; Hacker, Peter M.: Philosophische Grundlagen der Neurowissenschaften, Darmstadt [2]2012

Berger, Peter L.; Luckmann, Thomas: Die gesellschaftliche Konstruktion der Wirklichkeit. Eine Theorie der Wissenssoziologie, Frankfurt/M. [28]2021

Bergson, Henri: Zeit und Freiheit. Versuch über das dem Bewusstsein unmittelbar Gegebene, Hamburg 2016

Blumenberg, Hans: Die nackte Wahrheit, Frankfurt 2019

Blumenberg, Hans: Licht als Metapher der Wahrheit. In: Studium generale 10 (1957), 432-447

Boghossian, Paul: Angst vor der Wahrheit. Ein Plädoyer gegen Relativismus und Konstruktivismus, Frankfurt/M. 2013

Cassirer, Ernst: Symbolische Prägnanz, Ausdrucksphänomen und ›Wiener Kreis‹, Hamburg 2011

Chalmers, David: Realität+. Virtuelle Welten und die Probleme der Philosophie, Frankfurt/M. 2023

Cicovacki, Predrag: The Analysis of Wonder. An Introduction into the Philosophy of Nicolai Hartmann, New York/London 2014

Claessens, Dieter: Das Konkrete und das Abstrakte. Soziologische Skizzen zur Anthropologie, Frankfurt/M. 1993

Davidson, Donald: The Folly of Trying to Define the Truth. In: Journal of Philosophy 93, 1996, 263-278

Davidson, Donald: Inquiries into Truth and Interpretation, Oxford 1984

Franck, Georg: Ökonomie der Aufmerksamkeit. Ein Entwurf, München 2007

Gabriel, Markus: Fiktionen, Frankfurt/M. 2023

Gabriel, Markus: Der Mensch als Tier. Warum wir trotzdem nicht in die Natur passen, Berlin 2022

Gadamer, Hans-Georg: »Rituale sind wichtig«. Interview mit Thomas Sturm. In: Der Spiegel 8/2000

Gehlen, Arnold: Der Mensch. Seine Natur und seine Stellung in der Welt, Wiebelsheim [16]2014

Gehlen, Arnold: Urmensch und Spätkultur. Philosophische Ergebnisse und Aussagen, Frankfurt/M. [6]2004

Gigerenzer, Gerd: Bauchentscheidungen. Die Intelligenz des Unbewussten und die Macht der Intuition, München 2007

Goethe, Johann Wolfgang: Faust. Der Tragödie erster und zweiter Teil. Urfaust, München 1986

Grundmann, Thomas: Philosophische Wahrheitstheorien, Stuttgart 2018

Gümüsay, Kübra: Sprache und Sein, Berlin 2020

Habermas, Jürgen: Theorie des kommunikativen Handelns (2 Bände), Frankfurt/M. 2022

Hartmann, Nicolai: Grundzüge einer Metaphysik der Erkenntnis, Berlin [5]1965

Hartmann, Nicolai: Ethik, Berlin [4]1962

Hartmann, Nicolai: Das Problem des geistigen Seins, Berlin [3]1962

Hartmann, Nicolai: Zur Grundlegung der Ontologie, Berlin [4]1965

Hartmann, Nicolai: Möglichkeit und Wirklichkeit, Berlin [3]1966

Hartmann, Nicolai: Der Aufbau der realen Welt, Berlin [3]1964

Hartmann, Nicolai: Philosophie der Natur, Berlin/New York [2]1980

Hartmann, Nicolai: Teleologisches Denken, Berlin [2]1966

Hartmann, Nicolai: Ästhetik, Berlin [2]1966

Hartmann, Nicolai: Neue Wege der Ontologie, Stuttgart [3]1949

Hartmann, Nicolai: Die Erkenntnis im Lichte der Ontologie. In: Kleinere Schriften, Band I: Abhandlungen zur systematischen Philosophie, Berlin 1955, 122-180

Hartmann, Nicolai: Der philosophische Gedanke und seine Geschichte. In: Kleinere Schriften, Band II: Abhandlungen zur Philosophie-Geschichte, Berlin 1957, 1-47

Hartmann, Nicolai: Diesseits von Idealismus und Realismus. In: Kleinere Schriften, Band II: Abhandlungen zur Philosophie-Geschichte, Berlin 1955, 278-322

Hartmann, Nicolai: Wie ist kritische Ontologie überhaupt möglich? In: Kleinere Schriften, Band III: Vom Neukantianismus zur Ontologie, Berlin 1958, 268-313

Hartmann, Nicolai: Zum Problem der Realitätsgegebenheit, Berlin 1931

Hartmann, Nicolai: Kategoriale Gesetze. Ein Kapitel zur Grundlegung der allgemeinen Kategorienlehre. In: Philosophischer Anzeiger, Jahrgang 1 (1925-1926), 201-266

Hartung, Gerald; Wunsch, Matthias; Strube, Claudius (Hg.): Von der Systemphilosophie zur systematischen Philosophie – Nicolai Hartmann, Berlin 2012

Heidegger, Martin: Sein und Zeit, Tübingen [19]2006

Heller, Agnes: Das Alltagsleben. Versuch einer Erklärung der individuellen Reproduktion, Frankfurt/M. 1978

Herder, Johann Gottlieb: Abhandlung über den Ursprung der Sprache, Köln 2015

Hogrebe, Wolfram: Metaphysik und Mantik. Die Deutungsnatur des Menschen, Frankfurt/M. 1992

Horn, Eva: Zukunft als Katastrophe. Frankfurt/M. [2]2020

Husserl, Edmund: Die Krisis der europäischen Wissenschaften und die transzendentale Phänomenologie, Hamburg 2012

Husserl, Edmund: Logische Untersuchungen, Hamburg 2009

Husserl, Edmund: Phantasie und Bildbewusstsein, Hamburg 2006

Israel, Jonathan I.; Mulsow, Martin (Hg.): Radikalaufklärung, Frankfurt/M. 2014

Jaeger, Friedrich (Hg.): Grundlagen und Herausforderungen der Human-Animal Studies, Stuttgart 2020

James, William: Der Pragmatismus. Ein neuer Name für alte Denkmethoden, Hamburg 2016

Jaspers, Karl: Psychologie der Weltanschauungen, München Zürich [2]1994

Jaspers, Karl: Allgemeine Psychopathologie, Berlin [9]1973

Jaster, Romy; Lanius, David: Die Wahrheit schafft sich ab. Wie Fake News Politik machen, Stuttgart 2019

Kant, Immanuel: Kritik der reinen Vernunft, Stuttgart 2024

Klages, Ludwig: Vom Traumbewusstsein. Ein Fragment, Hamburg 1952

König, Siegfried: Philosophie der Gegenwart. Hauptwerke der letzten drei Jahrzehnte, Nürnberg 2014

Krämer, Sybille: Medium, Bote, Übertragung. Kleine Metaphysik der Medialität, Frankfurt/M. 2008

Landmann, Michael: Erkenntnis und Erlebnis. Phänomenologische Studien, Berlin 1951

Lefebvre, Henri: Kritik des Alltagslebens. Grundrisse einer Soziologie der Alltäglichkeit, Frankfurt/M. 1987

Lersch, Phillip: Aufbau der Person [11]1970

Luhmann, Niklas: Soziale Systeme. Grundriß einer allgemeinen Theorie, Frankfurt/M. [18]2021

Luhmann, Niklas: Die Realität der Massenmedien, Wiesbaden [5]2017

Luhmann, Niklas: Die Gesellschaft der Gesellschaft. Erster Teilband 1-3, Frankfurt/M. 1998

Mannheim, Karl: Ideologie und Utopie, Frankfurt/M. [9]2015

McGinn, Colin: Die Grenzen vernünftigen Fragens. Grundprobleme der Philosophie, Stuttgart 1996

McLuhan, Marshall: Understanding Media. The Extensions of Man, London/New York 2008

Melville, Herman: Moby Dick. Aus dem Amerikanischen von Matthias Jendis, München [6]2023

Merleau-Ponty, Maurice: Das Sichtbare und das Unsichtbare, München [2]1994

Merleau-Ponty, Maurice: Phänomenologie der Wahrnehmung, Berlin 1966

Morgenstern, Martin: Nicolai Hartmann zur Einführung, Hamburg 1997

Müller-Freienfels, Richard: Irrationalismus. Umrisse einer Erkenntnislehre, Leipzig 1922

Nassehi, Armin: Muster. Theorie der digitalen Gesellschaft, München [3]2019

Neuhäuser, Gabriele: Kritischer Wissenschaftsrealismus. Grundlegung und Anwendung, Würzburg 2014

Nietzsche, Friedrich: Nachgelassene Fragmente 1885-1887. In: Kritische Studienausgabe in 15 Bänden, Band 12, München/New York 1980

Perler, Dominik: Spinozas Antiskeptizismus. In: Zeitschrift für philosophische Forschung, Band 61/2007, 1-26

Perler, Dominik; Wild, Markus (Hg.): Der Geist der Tiere. Philosophische Texte zu einer aktuellen Diskussion, Frankfurt/M. 2005

Pfaller, Robert: Die Illusionen der anderen. Über das Lustprinzip in der Kultur, Frankfurt/M. [7]2018

Pfaller, Robert: Erwachsenensprache. Über ihr Verschwinden aus Politik und Kultur, Frankfurt/M. 2017

Pfaller, Robert: Wofür sich zu leben lohnt. Elemente materialistischer Philosophie, Frankfurt/M. [6]2015

Pfaller, Robert: Zweite Welten. Und andere Lebenselixiere, Frankfurt/M 2012

Poli, Roberto; Scognamiglio; Carlo; Tremblay, Frederic u.a. (Hg.): The Philosophy of Nicolai Hartmann, Berlin 2011

Reckwitz, Andreas: Die Gesellschaft der Singularitäten, Frankfurt/M. [6]2019

Rickert, Heinrich: Der Gegenstand der Erkenntnis, Teilband 2/2, Berlin/Boston 2018

Rolf, Thomas: Around the corner. Über einige Beziehungen zwischen Bewusstsein und Erkenntnis. In: Andreas Hetzel, Jörg Martin u.a. (Hg.): Allegorien des Bewusstseins. Versuche wider die Eindeutigkeit, Freiburg/München 2021, 152-168

Rolf, Thomas: Erlebnis und Repräsentation. Eine anthropologische Untersuchung, Berlin 2004

Rolf, Thomas: Normalität. Ein philosophischer Grundbegriff des 20. Jahrhunderts, München 1999

Rorty, Richard: Der Spiegel der Natur. Eine Kritik der Philosophie, Frankfurt/M. 1987

Rosa, Hartmut: Beschleunigung und Entfremdung. Entwurf einer kritischen Theorie spätmoderner Zeitlichkeit, Frankfurt/M. [9]2022

Safranski, Rüdiger: Einzeln sein. Eine philosophische Herausforderung, München 2021

Sartre, Jean-Paul: Das Sein und das Nichts. Versuch einer phänomenologischen Ontologie, Reinbek bei Hamburg [23]2022

Sartre, Jean-Paul: Das Imaginäre. Phänomenologische Psychologie der Einbildungskraft, Reinbek bei Hamburg 1980

Schapp, Wilhelm: Beiträge zu einer Phänomenologie der Wahrnehmung. Mit einer Einleitung von Thomas Rolf, Frankfurt [5]2013

Scheler, Max: Der Mensch im Weltalter des Ausgleichs (1927). In: Gesammelte Werke, Band IX: Späte Schriften, Bonn [3]2008, 145-170

Schmidt, Siegfried J. (Hg.): Der Diskurs des Radikalen Konstruktivismus, Frankfurt 1987

Schmitz, Hermann: System der Philosophie, Band III/4: Das Göttliche und der Raum, Freiburg/München 2019

Schmitz, Hermann: System der Philosophie, Band IV: Die Person, Freiburg/München 2019

Schmitz, Hermann: Ausgrabungen zum wirklichen Leben. Eine Bilanz, Freiburg/München [2]2018

Schmitz, Hermann: Gibt es die Welt?, Freiburg/München 2014

Schmitz, Hermann: Der Leib, Berlin/Boston 2011

Schmitz, Hermann: Kurze Einführung in die Neue Phänomenologie, Freiburg 2009

Schmitz, Hermann: Der Spielraum der Gegenwart, Bonn 1999

Schopenhauer, Arthur: Die Welt als Wille und Vorstellung, Köln 2009

Schütz, Alfred; Luckmann, Thomas: Strukturen der Lebenswelt, Konstanz/München [2]2017

Searle, John R.: Die Konstruktion der gesellschaftlichen Wirklichkeit. Zur Ontologie sozialer Tatsachen, Frankfurt/M. [2]2023

Searle, John R.: Sprechakte. Ein sprachphilosophischer Essay, Frankfurt/M. [13]2019

Sennett, Richard: Zusammenarbeit. Was unsere Gesellschaft zusammenhält, Berlin 2019

Skirbekk, Gunnar (Hg.): Wahrheitstheorien. Eine Auswahl aus den Diskussionen des 20. Jahrhunderts, Frankfurt/M. 1997

Sloterdijk, Peter: Du musst dein Leben ändern. Über Anthropotechnik, Frankfurt/M. [4]2012

Uexküll, Jakob von: Streifzüge durch die Umwelten von Tieren und Menschen: Ein Bilderbuch unsichtbarer Welten, Berlin 2023

Wiesing, Lambert: Artifizielle Präsenz. Studien zur Philosophie des Bildes, Frankfurt/M. [5]2018

Williams, Bernard: Wahrheit und Wahrhaftigkeit, Frankfurt/M. 2013

Wittgenstein, Ludwig: Philosophische Untersuchungen. In: Werkausgabe. Band 1: Tractatus-logico-philosophicus, Tagebücher 1914–1916, Philosophische Untersuchungen, Frankfurt/M. 1984

Woodson, Thomas: Ahab's Greatness: Prometheus as Narcissus. In: ELH, Volume 33/3 (1966), 351-369

PERSONENREGISTER

Aquin, Thomas von *29*

Arendt, Hannah *169, 251*

Aristoteles *21, 123, 150, 170, 207*

Austin, John L. *207*

Bacon, Francis *158*

Bakewell, Sarah *114*

Beisbart, Claus *50*

Bennett, Maxwell R. *195*

Berger, Peter L. *31*

Bergson, Henri *36*

Blumenberg, Hans *44, 199*

Boghossian, Paul *17*

Cassirer, Ernst *29*

Cézanne, Paul *128*

Chalmers, David *82*

Cicovacki, Predrag *14*

Claessens, Dieter *115*

Davidson, Donald *75, 174*

Dingler, Hugo *169*

Frame, Roddy *252*

Franck, Georg *134*

Frege, Gottlob *75*

Frisch, Max *218*

Gabriel, Markus *37, 92, 96, 136, 145, 248*

Gadamer, Hans-Georg *22, 71, 250*

Gehlen, Arnold *111, 144f., 214, 246*

Gigerenzer, Gerd *89*

Goethe, Johann Wolfgang *97, 153f., 156, 203*

Grundmann, Thomas *9, 253*

Gümüsay, Kübra *58*

Habermas, Jürgen *248f.*

Hacker, Peter M. *195*

Handke, Peter *217*

Hartmann, Nicolai *passim*

Hegel, Georg Friedrich Wilhelm *94, 102*

Heidegger, Martin *13, 41f., 91, 114, 202*

Heller, Agnes *114*

Herder, Johann Gottlieb *144*

Hogrebe, Wolfram *35*

Horn, Eva *156*

Husserl, Edmund *110, 135, 152, 236*

James, William *247*

Jaspers, Karl *217, 231*

Jaster, Romy *205*

Jürgens, Udo *49*

Kant, Immanuel *29, 165, 177ff., 249*

König, Siegfried *74*

Klages, Ludwig *93, 133*

Krämer, Sybille *206*

Landmann, Michael *13, 238*

Lanius, David *205*

Lefebvre, Henri *114*

Lersch, Phillip *35*

Luckmann, Thomas *31, 114*

Luhmann, Niklas *15, 92, 138ff., 205, 216*

MacIntyre, Alasdair *74*

Mannheim, Karl *150, 156, 166, 176, 180*